DOIT-ON LE DIRE ?

le goût des idées

collection dirigée
par
Jean-Claude Zylberstein

Parus

JACQUES BAINVILLE

Doit-on le dire ?

(1924-1936)

Préface de Christophe Parry

Paris
Les Belles Lettres
2015

www.lesbelleslettres.com
Retrouvez Les Belles Lettres sur Facebook et Twitter.

© 2015, pour la présente édition
Société d'édition Les Belles Lettres
95 bd Raspail 75006 Paris.

ISBN : 978-2-251-20050-7
ISSN : 2111-5524

PRÉFACE

« PAS UN SEUL ARTICLE ENNUYEUX ! »

Felix qui potuit rerum cognoscere causas
VIRGILE, *Géorgiques.*

Son style classique, élégant, quiet, « qui n'est riche, dira l'historien Pierre Gaxotte, que par les nuances de l'idée qui l'anime », de même que ce « goût de l'article rapide, du trait ramassé[1] », où s'exprime l'acribie qui le caractérise, ont souvent valu à Jacques Bainville d'être comparé à Voltaire. Lui qui est « un journaliste assez habile, voilà tout », ainsi qu'il l'explique avec beaucoup d'ironie dans son *Nouveau dialogue dans le salon d'Aliénor* (1928), écrirait de surcroît « comme Voltaire, la langue de tout le monde, mais comme personne[2] ». La comparaison est d'autant plus usuelle que Bainville a préfacé et commenté un volume des *Romans et contes* de l'écrivain et philosophe Arouet en 1925-1926[3]. Et

1. Pierre GAXOTTE, « La sagesse de Bainville », dans *Le Souvenir de Jacques Bainville*, Paris, Les Amis des beaux livres, 1936, p. 68-69.
2. Comte Charles DE SAINT-AULAIRE, Préface à l'ouvrage posthume de Jacques BAINVILLE, *La Russie et la barrière de l'Est*, Paris, Plon, 1937.
3. VOLTAIRE, *Romans et contes*, Paris, La Cité des livres, 1925-1926.

si l'art de conter, écrit-il dans sa préface, consiste à la fois à généraliser et à abréger – *Multa paucis*, « beaucoup de choses en peu de mots », en somme –, il en est alors de l'article du journaliste comme du conte : en quelques mots, avivant la curiosité du lecteur, il expose un problème, une situation, et en dégage les difficultés ou le danger *ad usum Delphini*. En outre, toujours d'après Bainville, c'est un modèle qui convient bien « aux esprits ironiques », et d'ironie, l'auteur de l'*Histoire de deux peuples* (1915), de l'*Histoire de trois générations* (1918), des *Conséquences politiques de la paix* (1920) – son maître ouvrage – ou encore du *Critique mort jeune* (1927) et du *Vieil Utopiste* (1927) n'en manque assurément pas.

C'est même dans un journal dont il a fourni le titre, *Candide* – encore Voltaire ! –, fondé par son ami Arthème Fayard[4] au printemps 1924, l'année de sa monumentale *Histoire de France*, que lui avait justement réclamée Fayard, que Bainville évoque « l'ironie paisible, qui est salubre, qui soulage et qui permet d'avancer plus allégrement sur le chemin de la vie ». Et d'ajouter, dans le même article : « L'optimisme est trop souvent démenti par l'événement pour ne pas avoir tort[5]. » C'est encore dans *Candide*, plus exactement dans les billets intitulés « Doit-on le dire ? » qu'il livrera jusqu'à sa mort, en 1936, et dont près de deux cent cinquante sont ici réunis, qu'il paraît le plus proche de ses profondes aspirations. Enfin, ce *Candide. Grand hebdomadaire parisien et littéraire*, il aurait pu en être le directeur, mais cela aurait immédiatement donné une marque Action française au journal et le choix s'est finalement porté, au terme de tractations familiales, sur Pierre Gaxotte (dont le père, le notaire Jules Gaxotte, a pris la succession de celui de Mme Arthème Fayard en son étude de Revigny, dans la Meuse).

---

4. Arthème Fayard II, fils et successeur (en 1895) d'Arthème Fayard Ier, fondateur de la maison d'édition. Il mourra en 1936, la même année que Bainville.

5. « La glace est rompue », 1924, p. 33 de la présente édition.

Imprimé en grand format (43 x 60 cm), comptant de douze à vingt-quatre pages, le journal devient rapidement l'un des principaux hebdomadaires politiques de l'entre-deux-guerres, à tel point que sa réussite inspirera la création de *Gringoire* (éditions de France, 1928), à droite, et même de *Marianne* (Gallimard, 1932) et de *Vendredi* (1935), à gauche. Il tire à 80 000 exemplaires dès 1924, atteindra environ 150 000 exemplaires en 1930 et 465 000 en 1936 ; presque 400 000 encore à la veille de la Seconde Guerre mondiale. À titre de comparaison, *Gringoire* tirera en 1936 à 600 000 exemplaires, *Marianne* à 60 000 et *Vendredi* à 100 000. Publié à Clermont-Ferrand à partir du 3 juillet 1940 (il n'avait pas paru à Paris depuis le 12 juin), *Candide* cessera de paraître à l'été 1944, pris dans la tourmente de la guerre. Si sa page littéraire est des plus fameuses – Marcel Aymé, par exemple, y donnera une nouvelle le 29 mai 1940 en prépublication, *Les Bottes de sept lieues* –, une large place est donnée naturellement à la politique, nationale et internationale, ainsi qu'à la vie parisienne. Des photos émaillent les colonnes du journal et une pleine page est consacrée en outre à des dessins humoristiques, dont le succès incitera Fayard à créer un autre hebdomadaire en 1927 où ils seront encore plus nombreux : *Ric et Rac*. Un maître, en ce domaine, s'illustre particulièrement : Sennep[6]. Ses caricatures de Léon Blum, notamment, marqueront longtemps les esprits (Blum est pour lui « la mariée », car « de son union avec Édouard Herriot est né le Cartel des gauches »). Mais de maîtres, ce nouveau-né de la presse française n'en manque pas : outre Marcel Aymé et Pierre Gaxotte, déjà cités, Albert Thibaudet, Pierre Veber (à la tête des « Quatre jeudis »,

6. Jean-Jacques Charles Pennès, dit Jean Sennep (1894-1982), l'un des plus grands illustrateurs de la presse française, influencera notamment Jean Effel et Jacques Faizant. Proche de Bainville, il ne manquera pas de lui écrire « ce jeudi 28 mars [1935, jour de l'élection de ce dernier à l'Académie française] » : « Mon cher maître, savez-vous toute la joie de vos amis et quel plaisir leur a fait votre élection ? […] Votre fidèlement dévoué, J. Sennep. »

la rubrique d'échos politiques), René Bizet, Georges Blond, Louis Bertrand, Abel Faivre, Benjamin Crémieux, Dominique Sordet et Léon Daudet – son ami de toujours – accompagnent le coryphée Jacques Bainville, plus ou moins régulièrement. Et tous de se repaître de l'unique consigne donnée par Arthème Fayard : « Pas un seul article ennuyeux ! »

Bourreau de travail, « journaliste-né » qui a collaboré à près de trente-cinq journaux quotidiens, hebdomadaires ou mensuels (assidûment dans une quinzaine d'entre eux), Bainville, explique Mme Léon Daudet[7], « emportait chez lui, chaque soir, avec un sourire un peu las, d'énormes paquets de journaux qu'il dépouillait en un clin d'œil, car il saisissait avec la rapidité de l'éclair la chose essentielle parmi le fatras des textes ou des phrases vaines[8] ». Clairvoyant, intelligent, il sait surtout, dans ses billets, rendre simples les événements les plus obscurs, qu'ils soient politiques, historiques, culturels ou économiques. Moult articles sont ainsi consacrés à la « question allemande », sujet sur lequel il est ferré à glace, ou encore à l'avenir et surtout à la stabilisation du franc, une préoccupation dont témoigne un ouvrage commis dès 1919, *Après la guerre. Comment placer sa fortune*, et qu'il résume en 1926 : « Il s'agit de ne pas signer avec l'inflation un armistice prématuré et une paix sans victoire, de ne pas laisser tomber aux mains d'un cartel démocratique la Ruhr de la monnaie[9]. » Surtout, il se joue de tous les sujets avec malice. Et tout est propice à un papier : une pièce de théâtre, un livre, un discours, un simple fait divers… : d'après Gaxotte, il pourrait s'occuper également des sports, du courrier des lettres et même des mots

---

7. Marthe Allard (1867-1960), seconde épouse de Léon Daudet, alias « Pampille », son nom de plume dans *L'Action française*.

8. Mme Léon DAUDET, « Souvenirs… », dans *Le Souvenir de Jacques Bainville*, *op. cit.*, p. 53.

9. Cité par Dominique DECHERF, *Bainville, l'intelligence de l'histoire*, Paris, Bartillat, 2000, p. 303-304.

croisés ! Le comte de Saint-Aulaire a pu écrire à cet égard que son intelligence est « comme la grâce et la lumière selon Bossuet : elle se distribue sans se diviser ».

La rubrique « Doit-on le dire ? » figure en première page de *Candide*, sur deux colonnes, environ soixante lignes. Elle est signée « L'observateur ». S'y développent l'esprit universel, le scepticisme, l'ironie, nous l'avons vu, véritable cicérone, mais également l'humour de son auteur, dont témoignent par exemple les articles « Conversation aux enfers », dans lequel Bainville fait confabuler des hôtes illustres du nocher Charon, Napoléon Ier, Alexandre Ribot, Louis XV, Voltaire, Renan et Montesquieu notamment, ou « La plus dangereuse espèce d'imbéciles : les imbéciles instruits », dont le titre est à lui seul tout un programme… Et que dire de « Une république de célibataires » ! : « En France, le président de la République n'a pas d'enfant, le président du Conseil n'a pas d'enfant, le ministre des Affaires étrangères n'a pas d'enfant. Notre personnel est composé en majorité de célibataires, de telle sorte qu'il est fort ridicule de faire des discours pour la repopulation. […] l'exemple qui vient d'en haut c'est qu'il vaut beaucoup mieux, dans la vie, ne pas s'encombrer d'une postérité[10]. » Assurément Bainville jubile, s'en prenant à « L'égalité des peuples » – sujet toujours contemporain : « On me trouve absurde quand je soutiens que nous ne serons vraiment en République que le jour où chacun choisira son père et sa mère » –, à « L'armée de la SDN » – « Qu'arriverait-il si le dieu des combats, par une distraction dont il n'est pas avare, laissait succomber la juste cause ? En quel lieu l'armée de la paix en déroute rassemblerait-elle ses débris ? Dans les murs de Genève ? » – ou à Léon Blum, « qui hésitait encore entre la profession de littérateur et le métier de socialiste » – « M. Léon Blum et quelques autres s'en désolent

10. « Une république de célibataires », 1930, p. 228 de la présente édition.

bien inutilement, mais les révolutions ne sont plus du goût des Français »…

Naturellement, Bainville ne se refait pas : né à Vincennes le 9 février 1879 au sein d'une famille bourgeoise et républicaine, il n'en devient pas moins royaliste (« le régime républicain s'est bletti », d'après lui), proche de Charles Maurras et de Léon Daudet et collaborateur éminent à *L'Action française*, où il fait florès avec ses articles de politique étrangère. L'on connaît d'ailleurs l'anecdote qui veut que le maréchal Lyautey se faisait apporter *L'Action française* plié dans le sens de la hauteur, pour n'apercevoir que l'éditorial de Jacques Bainville[11]. Lors, dans *Candide*, nettement orienté à droite, celui-ci choisit ses cibles, usant de la plus grande élégance pour rompre en visière en 1924 avec « Le socialiste désabusé et le républicain perpétuel » – « Les députés qui étaient partisans du vote obligatoire sont aujourd'hui d'avis qu'il vaudrait mieux proroger la Chambre et ne pas donner aux citoyens l'occasion de mal voter » – et avec « Le métier parlementaire ». Ou encore pour démontrer brillamment, en 1931, que comme d'autres « volent de succès en succès, nous volons de catastrophe en catastrophe », enfin pour bourreler « saint Gambetta » en 1933. S'il dresse au jour le jour la courbe du décours du bonheur français, au moins le fait-il de façon comique, avec cette « parfaite clarté, [ce] style agile et sobre, [cette] extrême souplesse dans la discussion, [ce] souci et [cet] art de simplifier, de sérier les idées, [cette] mesure et [cette] aisance de bonne compagnie, [cette] culture et [cette] mémoire toujours prête à lui fournir l'anecdote ou le "mot" topiques » que lui reconnaîtra Benjamin Crémieux[12].

Royaliste, certes, mais nommé chevalier de la Légion d'honneur par décret du 20 septembre 1920 rendu sur le rapport du ministre des Affaires étrangères, Alexandre Millerand –

---

11. Cité par Arnaud Teyssier, *Lyautey*, Paris, Perrin, coll. « Tempus », 2009, p. 467.
12. Dans *La NRF*, 1ᵉʳ mars 1936, p. 428.

« un ancien socialiste, un socialiste très désabusé[13] ». Déjà commandeur de la Couronne d'Italie, de celle de Roumanie, chevalier de l'ordre de Léopold, l'ordre militaire et civil le plus important de Belgique, l'« homme de lettres et publiciste » Bainville s'est révélé, dit son dossier à la rubrique « Détails sur les services extraordinaires rendus par le candidat », comme « un de nos publicistes les plus éminents et [qui] occupe une situation des plus en vue dans le monde de la presse, aussi bien en France qu'à l'étranger. Spécialisé dans les questions de politique extérieure où il écrit depuis près de quinze ans, a publié dans l'*Action française*, dans *La Liberté* et dans *Excelsior* des articles remarqués. Dirige *La Revue Universelle*, a écrit dans *La Revue des Deux Mondes* et dans d'autres périodiques des études de grande valeur. A publié plusieurs ouvrages de politique extérieure où il a toujours fait preuve d'une compétence éprouvée et s'est montré écrivain de grand talent ». Ajoutons qu'à deux reprises il refusa d'écrire dans *Le Figaro* qu'il n'a tenu qu'à lui de diriger à la fin de 1922, à la mort d'Alfred Capus.

Bainville était surtout un être profondément sensible, respectueux et fin connaisseur de la nature humaine, ce dont témoigne à notre sens ce *Doit-on le dire ?*, publié posthume en 1939 avec une préface d'André Chaumeix – comme Bainville ancien du lycée Henri-IV, journaliste de talent et membre de l'Académie française (élu en 1930). Le Bainville voltairien, qui a confessé lutter contre sa misanthropie, pour qui le scepticisme est une nuance bien prononcée, a également avoué avoir caché son nihilisme[14]. Son ironie n'était alors qu'un moyen pour lui de s'extirper des malheurs du temps, de s'en prendre « aux meilleurs des mondes », de pourfendre ce que nous appelons

---

13. « Le socialiste désabusé et le républicain perpétuel », 1924, p. 23 de la présente édition.
14. Voir à ce sujet son cahier « Pour moi », dans Christophe DICKÈS (édition établie et présentée par), *Jacques Bainville, la monarchie des lettres. Histoire, politique & littérature*, Paris, Robert Laffont, coll. « Bouquins », 2010, p. 1104-1108.

aujourd'hui le « politiquement correct », de faire fi enfin de ce genre humain, politique, qui n'a pas su l'écouter, lui, *vox clamantis in deserto*, spécialiste de l'Allemagne qui avait notamment mis en garde ses contemporains contre le danger pangermaniste et prévu le nazisme dès 1918 : « Devant quoi la France, au sortir de la grande joie de sa victoire, risque-t-elle de se réveiller ? Devant une République allemande, une république sociale-nationale supérieurement organisée et qui, de toute façon, sera deux fois plus peuplée que notre pays. Cette république (si l'Allemagne reste une république, ce qui n'est pas encore assuré) […] sera productrice et expansionniste. […] Cette république des Allemands-Unis, qui aura achevé l'unité allemande, continuera l'empire[15]. »

Emporté par un cancer de l'œsophage, le 9 février 1936, Jacques Bainville a enduré mille maux avec un stoïcisme et un courage admirables. « Sa dernière année fut atrocement pénible, a rapporté Henri Massis : de mois en mois, presque de jour en jour, on le voyait devenir de plus en plus translucide. Dans son fin visage sec brillaient ses longs yeux mystérieux. Il souffrait beaucoup, et pourtant il continuait à vivre, à écrire ses articles prophétiques[16] […]. » – « Sa plume ne tomba de ses mains qu'à la dernière minute », a ajouté par ailleurs son complice Léon Daudet. Et justement, dans l'un de ses derniers articles[17], « L'alliance soviétique », le dernier ici repris, Bainville se demande : « Comment l'histoire se terminera-t-elle ? » Et il ajoute : « J'ai grand peur de le deviner. » Cette prescience, louée entre autres admirateurs par Marcel Proust – « À monsieur Jacques Bainville, à la Raison anticipatrice dont les événements

---

15. « Demain », *L'Action française*, 14 novembre 1918. Voir l'article complet dans Christophe Dickès, *op. cit.*, p. 614.

16. Henri Massis, *Maurras et notre temps*, Paris-Genève, La Palatine, 1951, t. I, p. 152.

17. Le dernier, « Vitalité du capitalisme », a paru le lendemain de sa mort dans *L'Éclair de Montpellier*.

suivent après coup l'ordre infaillible, effroyable et gracieux[18] » –
et Michel Déon – « La clairvoyance de Bainville tient de la
magie » –, a toujours été servie par un style incomparable.
Et si « pour tout oser, a-t-il écrit dans "L'ami du peuple[19]", il
faudrait, comme Voltaire lui-même, joindre beaucoup de style
à beaucoup d'esprit », reconnaissons que plus que quiconque
Jacques Bainville est libre de tout entreprendre pour le plus
grand plaisir de ses lecteurs.

Christophe PARRY

18. Envoi de Marcel Proust à Jacques Bainville dans *Sodome et Gomorrhe*, en 1922.
19. « L'ami du peuple », 1928, p. 176 de la présente édition.

PRÉFACE
DE
LA PREMIÈRE ÉDITION

Ce volume, formé des articles qui paraissaient chaque semaine dans Candide, est l'un des plus représentatifs du talent de Jacques Bainville. La variété des sujets traités y est le signe de la curiosité et de l'étendue de l'esprit. La franchise en marque la probité simple et courageuse. La mesure constante atteste la sagesse. Le ton enfin est révélateur d'un art charmant, limpide et d'une qualité toute française. Dans l'œuvre abondante de Jacques Bainville, il est des livres qui donnent une plus grande impression de puissance, par l'ampleur et par la construction. Il n'en est peut-être pas qui renseigne mieux sur ce qu'il y avait d'alerte dans son intelligence, d'aigu dans son jugement et d'agrément dans son langage.

L'article court devait tout naturellement tenter un écrivain comme Jacques Bainville. Ce genre oblige à une concentration de pensée et à une lucidité d'expression qui ont un vif attrait, où ne résiste point un journaliste aimant son métier. Il est d'autant plus séduisant qu'il est plus difficile. Ramasser les idées et rassembler les arguments, dépouiller le raisonnement et la phrase de tout ce qui n'est pas indispensable, être sobre et direct, ne retenir que l'essentiel, atteindre à une plénitude lumineuse, c'est toute une science. A lire ce recueil, on s'assure que Jacques

Bainville a eu pour cette forme littéraire une prédilection, et on s'assure aussi qu'il y a excellé.

Chacun des articles qui composent ce volume compte cinquante lignes à peine. Et chacun est comme le raccourci savoureux d'une méditation. La substance en est si riche que l'auteur aurait pu aisément donner à son sujet beaucoup de développement. Ce n'était pas son dessein. Il s'est tenu volontairement à une brièveté frappante. Chaque fois il a réussi ce tour de force qui consiste à dire le plus de choses possibles dans le moins de mots possibles. Aucune concession à l'éloquence et nul excès verbal. Une exactitude continue. A chaque page ce mérite tout classique, la raison parée de l'esprit.

Et quelle variété ! Sur toutes les affaires, petites ou grandes, qui ont occupé Paris et la France depuis 1924, Jacques Bainville confie au lecteur son impression. Une représentation théâtrale, une lecture, la publication des lettres de Napoléon, une candidature aux élections législatives, les déclarations d'un ministre, les crises financières, les difficultés diplomatiques, tout est objet de remarques pittoresques et de réflexions valables. Mais ce qui fait la valeur exceptionnelle de ces articles séparés, c'est que sous la diversité des phénomènes se retrouve l'unité de la pensée. Ces notes qui sont sans lien apparent concourent toutes à une impression d'ensemble. L'auteur est comme un promeneur qui se placerait successivement à des points de vue différents pour étudier un même paysage, dont il aurait l'air d'offrir avec fantaisie des images distinctes et dont il donnerait peu à peu une connaissance approfondie. Et ce paysage considéré sans cesse avec tant d'attention, de perspicacité et d'amour, c'est la France même.

Jacques Bainville qui avait une vaste culture et qui avait beaucoup réfléchi savait qu'il n'y a pas de questions isolées. Tout problème a des causes souvent anciennes et touche à beaucoup d'autres. Peu d'écrivains ont eu, comme l'auteur, la faculté de saisir les rapports entre les choses. C'est précisément ce qui confère à ses remarques toute leur portée. On peut relire avec profit ce qu'il a écrit depuis 1924 sur la crise financière et sur la crise diplomatique. Il les a vues, non pas comme des épisodes d'un jour, mais comme les effets d'une politique étatiste et d'une conception démocratique dont il a distingué avec sûreté les conséquences.

Ainsi les aventures de notre monnaie ont été minutieusement décrites et à la fois le développement en a été prévu. « L'État, écrit Jacques Bainville, encourage l'épargne comme l'éleveur engraisse les moutons. Quand l'épargne devient capital, elle est bonne pour l'abattoir. » Ailleurs, il ajoute : « Il y a des gens qui n'ont pas voulu croire que le franc pût glisser sur la même pente que le mark… On s'imaginait que la leçon profiterait. Mais les leçons ne profitent jamais à personne parce qu'on se croit toujours d'une autre essence que les autres. » Il donne ensuite cet avertissement : « Il y aurait bien peu de bêtises à recommencer pour que le franc nouveau dépérît comme l'ancien. Nous savons maintenant comment ces accidents-là arrivent. Il suffit d'une goutte, d'une toute petite goutte d'un poison bien connu. L'étiquette porte : Socialisme. » Et enfin cette remarque sur la confiance : « La seule chose à éviter c'est de faire peur à l'argent. Dès qu'on l'effraie, il devient subtil et malin. Parlez-lui doucement : il n'y a pas plus naïf. Il achète les lotions qui font repousser les cheveux. Il souscrit aux emprunts d'État. Il croit tout ce qu'on lui raconte. Il n'y a pas plus facile à prendre, quand on ne l'effarouche pas. » N'est-ce pas, en quatre phrases, le secret des épreuves financières dont nous souffrons encore ?

Avec le souci de l'avenir du franc, le problème des relations franco-allemandes domine ce livre. Jacques Bainville est de ceux qui ont discerné où menait, surtout depuis 1924, la politique des illusions, des concessions et des abandons. Il n'a pas été un instant dupe de la mode internationale qui sévissait à Genève.

Les fluctuations de l'opinion ne l'ont jamais ébranlé : il sait ce qu'exige une direction véritable de l'État. « En 1914, écrit-il, les gens se sont écriés tout d'une voix : "C'est du joli, la Cour internationale de La Haye. L'arbitrage a bien empêché les Allemands de nous envahir." En 1924, vous êtes un mauvais cœur si vous élevez un doute sur la Société des Nations. » Quelques années passent et non sans sarcasme, Jacques Bainville fait cette remarque : « Je ne donne plus très longtemps pour que le régime hitlérien et la doctrine hitlérienne soient l'objet du snobisme qui a déjà servi les gens de Moscou. L'engouement sera même bien plus fort. Les modes intellectuelles qui viennent d'Allemagne prennent toujours chez nous. Après Karl Marx, pourquoi pas l'anti-Karl Marx ? »

Ces observations sur les manifestations les plus superficielles de l'esprit public ne l'arrêtent qu'un instant. Il va au fond des choses. Une politique insensée qui se développe librement, à partir de 1924, tend à relever la puissance germanique. Les vainqueurs de 1918, qui ont dû faire tant de sacrifices et d'efforts pour échapper à des épreuves mortelles se livrent à cette opération paradoxale qui fera l'étonnement des historiens : ils recréent avec une incroyable ignorance du germanisme le péril qu'ils ont conjuré, et dans cette entreprise déraisonnable, ils réussissent pleinement. « Nous allons quitter la Rhénanie, déclare Bainville, et c'est plus tard seulement que les conséquences de l'évacuation seront senties. C'est plus tard qu'on pensera : "Comme nous étions tranquilles, l'Europe et nous, quand nous occupions Mayence…" Des regrets, nous nous en préparons presque tous les jours de notre vie, sans nous en douter, mais quand on s'en doute, c'est trop bête. »

Là se révèle le fond de la pensée de Bainville. Ce qui le frappe le plus dans la marche des affaires publiques, c'est le dérèglement d'esprit qu'elles manifestent. Quand il trouve chez un homme une marque de supériorité, il s'empresse de la signaler avec contentement. Mais il éprouve le plus souvent une grande mélancolie à constater la pauvreté intellectuelle. Où va le régime électif ? Il a son idée là-dessus et il l'exprime ainsi : « La politique est un métier, un petit métier fort chanceux, exercé par quelques professionnels de la démagogie. Et, à chaque fournée électorale, on constate que le niveau baisse. On en arrivera au point qu'il sera difficile de trouver des parlementaires capables de déchiffrer un budget. Alors il deviendra nécessaire d'imiter le maréchal Pilsudski et de créer comme lui des "listes d'État" afin, dit la loi polonaise, "de faire entrer dans les Assemblées des personnages éminents que les réalités parfois brutales d'une campagne électorale éloignerait peut-être de la politique". "Étant donné que le peuple souverain a le droit, qu'il exerce pleinement d'élire des représentants illettrés, il faudra en venir là ou à quelque chose d'approchant, si l'on veut conserver le régime parlementaire dont l'invention remonte d'ailleurs à quelques aristocrates anglais qui le réservaient comme un club à leurs familles." »

Tout le livre est d'un historien et d'un philosophe. De là la sérénité constante. Il y a dans ce recueil d'articles peu de passion. Mais ce n'est point par manque de flamme. Un écrivain qui a confiance dans les destinées de son pays peut s'affliger des erreurs. Il ne se désespère jamais. Il sait que les annales de toutes les nations sont remplies du récit de leurs convulsions et qu'elles finissent par retrouver leur équilibre tant qu'elles ont l'instinct de la conservation et tant qu'elles sont riches de ressources morales et matérielles. Il est plein de zèle pour un avenir meilleur, mais il a appris par l'étude du passé que tout est imparfait et que le bon sens reprend lentement ses droits. Il décrit avec calme, et il a rempli sa mission quand il a réussi à faire passer sur les êtres et sur les événements un rayon de raisonnable lumière. Il a lui-même défini, et très bien, ce qu'il a fait : « Il y a, écrit-il, une façon de voir les choses, avec une ironie paisible, qui est salubre, qui soulage et qui permet d'avancer plus allégrement, sur le chemin de la vie. C'est par là que l'on communique tout de suite entre gens d'esprit. »

Un jour que nous causions de notre métier auquel nous étions attachés tous les deux, je citais à Jacques Bainville un mot que m'avait dit Paul Bourget, et qui lui paraissait, comme à moi, plein de grandeur : « La dignité du journaliste, m'avait déclaré Paul Bourget, c'est d'écrire chaque matin ou chaque soir un article périssable, comme s'il devait être lu toujours. »

Quel meilleur éloge peut-on faire de ce livre de Jacques Bainville que d'évoquer cette belle parole à son sujet ?

ANDRÉ CHAUMEIX
de l'Académie Française

1924

LE SOCIALISTE DÉSABUSÉ
ET LE RÉPUBLICAIN PERPÉTUEL

Il y a peu de temps, il était question de punir les citoyens indifférents à la chose publique qui ne déposaient pas de bulletin dans l'urne et qui ne se servent de leur carte d'électeur que pour toucher des mandats postaux. Les députés qui étaient partisans du vote obligatoire sont aujourd'hui d'avis qu'il vaudrait mieux proroger la Chambre et ne pas donner aux citoyens l'occasion de mal voter.

Cependant, les députés qui, dans l'ancienne Chambre, avaient trouvé la prorogation fort bonne et toute naturelle, parce qu'ils étaient alors la majorité, ne veulent plus en entendre parler parce qu'ils sont maintenant la minorité.

Ainsi vous étiez hier un mauvais citoyen si vous ne votiez pas. Vous serez un citoyen paisible et respectueux de l'ordre si vous êtes d'avis qu'il ne faut pas d'élections. Vous étiez un bon républicain en admettant que la Chambre de 1914 devait rester en fonctions une fois ses pouvoirs expirés et que l'élection n'avait à se prononcer ni sur la guerre ni sur la paix. Vous êtes un réactionnaire si vous estimez que la Chambre de 1919 peut prolonger son temps et qu'il vaut mieux ne pas risquer d'élections pendant le « Verdun financier ».

Cela prouve que les doctrines changent avec les situations. Et rares sont les hommes qui ne changent pas.

Nous avons, à la tête de l'État, un cas intéressant pour les amateurs de psychologie, un homme invariable et un homme qui a beaucoup varié. Ce sera un beau parallèle pour les dissertations futures. Et déjà on oppose souvent M. Millerand à M. Poincaré. Le vrai contraste, où réside-t-il ?

C'est que M. Poincaré n'a jamais été que républicain. M. Millerand est un ancien socialiste, un socialiste très désabusé. Il a évolué tandis que son président du Conseil restait pareil à lui-même. M. Millerand a commencé par la démagogie et il en connaît le pouvoir ; aussi est-il pour la prorogation. M. Poincaré croit à la raison du peuple souverain et à sa vertu. Il aimerait mieux risquer une révolution que d'avoir seulement l'air de tricher avec les règles du jeu constitutionnel. Il ne proroge pas.

M. Millerand était subversif lorsque M. Poincaré, jeune homme sage, était républicain de gauche. Et M. Millerand, devenu conservateur, se rappelle les temps où, démagogue, il savait si bien chatouiller l'électeur à l'endroit où les caresses du candidat sont irrésistibles. Il s'inquiète de sa propre image. Quand le miroir de la politique la lui montre plus jeune de trente ans, il voit Léon Blum et Vaillant Couturier…

Que ne verra-t-on pas, dans trente ans ?

LE PACIFISTE EN PRISON

> *Lettre du professeur Quidde à M. Ramsay Mac Donald.*
> *De la prison centrale de Munich.*

Cher monsieur Mac Donald,

Les bonnes relations que nous avons entretenues au Bureau international de la paix m'encouragent à vous écrire. Vous n'ignorez pas la situation pénible et véritablement choquante dans laquelle je me trouve. Je suis en prison, cher monsieur Mac Donald, comme un simple malfaiteur. Et quel est mon crime ? J'ai voulu mettre le peuple allemand en garde contre le militarisme et l'impérialisme. Je lui ai conseillé d'accepter le traité de Versailles, quelles qu'en puissent être les rigueurs, parce que notre bonne volonté ramènera la concorde entre les hommes et parce que toutes les fautes sont rachetées par l'expiation.

Voilà pourquoi j'ai été considéré comme un traître et jeté dans un cachot. J'avais espéré d'abord que cette arrestation serait pour la forme et qu'on me relâcherait tout de suite. Le général Ludendorff, coupable de complot à main armée contre les institutions républicaines, a eu la permission de rester à son domicile. Mais un professeur humanitaire est sans doute beaucoup plus dangereux, dans l'Allemagne d'aujourd'hui, qu'un militaire conspirateur.

Votre haute intervention, cher monsieur Mac Donald, serait toute-puissante. Grâce à elle, la liberté me serait rendue et je pourrais de nouveau mettre mon activité au service de la réconciliation entre les peuples. Je songe, dans ma cellule, que les Français, avant la guerre, n'emprisonnaient pas les pacifistes mais les partisans de la revanche. Ils avaient envoyé Déroulède en exil et beaucoup parlaient de l'envoyer à Charenton. Il en va autrement chez nous et je signale ce cas, dans ma très humble personne, à l'attention de Votre Excellence, soucieuse de combattre les forces mauvaises qui préparent de nouvelles guerres.

Veuillez, etc....

Réponse de M. Ramsay Mac Donald
à M. le professeur Quidde.
Downing Street, London S.W.

Monsieur le Professeur,

J'ai pris connaissance de votre lettre avec intérêt et j'en ai pesé les termes dans ma conscience. Laissez-moi vous dire la réponse que ma conscience m'a dictée.

Il ne me semble pas que vous rendiez service à la paix du monde en recommandant à vos compatriotes de s'incliner devant le traité de Versailles. Mon ministre de l'Intérieur a dit récemment ce qu'il fallait penser de cette paix. C'est une œuvre de la violence et la tâche du parti travailliste est d'en poursuivre la révision. Les Allemands qui s'inclinent devant cet abus de la force victorieuse sont encore, sans qu'ils s'en doutent, empoisonnés d'idées militaristes.

La résistance au mal est un devoir, mais le mal c'est évidemment le traité de Versailles. Aussi j'incline à croire que vous n'avez pas été emprisonné sans des raisons qui se justifient, pour des internationalistes tels que nous, par une raison supérieure. D'ailleurs, ce n'est pas aider à la réconciliation des peuples que de représenter l'Allemagne de Luther et de Kant comme un foyer de réaction.

J'ai eu récemment l'occasion de dire au Conseil des Églises libres que notre siècle était tombé dans un excès de matérialisme. C'est pourquoi il est bon que des hommes d'élite donnent l'exemple de souffrir pour leurs idées. Dans cet esprit je suis sûr, Monsieur le professeur, que vous offrirez vos épreuves à votre grand pays et à l'harmonie des nations.

Sincèrement vôtre,

MAC DONALD.

UNE CRISE MINISTÉRIELLE

SCÈNE PREMIÈRE
Le chef de l'État, le président du conseil, les ministres

Le président du conseil. — J'ai l'honneur, Monsieur le Président, de vous apporter la démission du cabinet. Mon très cher ami, le ministre des finances, un autre moi-même, ayant posé ce matin la question de confiance, n'a pas obtenu la majorité…

Le ministre des finances. — Salut à mon dernier matin !

Le président du conseil. — Fidèles au principe de la solidarité ministérielle, nous avons décidé que le ministère se retirait tout entier.

Les ministres, *en chœur*. — Tous pour un !

Le président du conseil. — Un pour tous !

Le chef de l'État. — Permettez-moi de vous faire observer qu'un vote *matinal* n'a pas d'importance. La Chambre n'est plus jeune. Elle n'a plus de matins triomphants. Un vote à jeun ne compte pas. Ce qui est anticonstitutionnel, c'est de renverser un ministère avant dîner.

Le président du conseil. — Notre résolution est inébranlable. Nous nous en allons.

Le chef de l'État. — Si vous voulez, je peux tout arranger. J'adresserai un message à l'Assemblée : cela m'occupera.

Le président du conseil et les ministres. — Plutôt mourir ! (*Ils sortent.*)

Le chef de l'État, *seul*. — C'est jeune. Ça ne sait pas !

SCÈNE II
Le chef de l'État, le président du conseil

Le président du conseil. — Ému par l'insistance du premier magistrat de la République et par les manifestations spontanées de l'opinion, je viens, Monsieur le Président, me mettre à votre disposition pour reconstituer le cabinet.

Le chef de l'État. — J'en suis très heureux. En somme, la nuit vaut plusieurs conseils des ministres.

Le président du conseil. — En effet, j'ai réfléchi. Mon ancien ministre des finances est un imprudent. On ne pose pas la question de confiance le matin. J'en ai déjà choisi un autre.

Le chef de l'État. — Comme il vous plaira.

Le président du conseil. — Ses collègues s'étant solidarisés avec lui, je crois devoir leur laisser le bénéfice de ce beau geste.

Le chef de l'État. — Ils vous en seront reconnaissants.

Le président du conseil. — Et pour les remplacer, je choisis des adversaires à moi qui deviendront mes partisans.

Le chef de l'État. — En sorte qu'après deux ou trois opérations comme celle-là, vous n'aurez plus que des amis. Excellente idée. Mes vœux vous accompagnent. (*A part.*) Il commence à savoir la politique.

SCÈNE III
Les anciens ministres

Celui des finances. — Rien n'est plus beau que la solidarité ministérielle. C'est le principe vivifiant des démocraties.

Un autre, *inquiet*. — Croyez-vous que notre chef tiendra ?

Celui des finances. — J'en suis sûr. Tous pour un. Un pour tous.

Un troisième, *bas, à son voisin*. — C'est très joli. Mais les principes qui vivifient les démocraties tuent les ministres.

Un autre, *entrant*. — Je vous annonce une grande nouvelle. Le ministère se reconstitue.

Tous. — Bravo ! Il n'y avait pas d'autre solution.

Le même. — C'est bien mon avis. Aussi me suis-je hâté d'en faire part au président du conseil.

Tous les autres. — Nous allons chez lui de ce pas.

Le même. — C'est un peu tard. Moi, on me garde parce que je suis indispensable.

Les autres. — Et nous ?

Le même. — Soyez sans crainte. On vous réserve un grand rôle. Remplacés par d'anciens adversaires du gouvernement, vous leur serez un vivant reproche. Vous leur montrerez ce que c'est que la fidélité aux principes et la République vous en remerciera. Elle a besoin d'hommes fermes, tels que vous.

Les autres, *douloureusement*. — Il ne nous reste plus qu'à nous préparer pour le ministère prochain.

DONNE-LUI TOUT DE MÊME À BOIRE...

Le père de Victor Hugo avait-il bien fait, sinon pour fournir à son fils un sujet célèbre, de donner à boire à l'Espagnol de l'armée en déroute qui se traînait, sanglant, sur le bord de la route ? Le général Hugo exposait sa vie, qui lui appartenait, mais il exposait celle, qui ne lui appartenait pas, de son fidèle houzard. Si l'Espagnol n'avait pas manqué son coup, le général aurait été bien coupable.

Enfin, mettons que le père d'un grand poète romantique ne pouvait pas se dispenser de tendre sa gourde à un ennemi. Messieurs les experts sont aussi romantiques, bien qu'il s'agisse de 60 millions d'Allemands et du salut de 40 millions de Français.

On ne parle aujourd'hui que de relever l'Allemagne. La consigne qu'on donnait aux soldats, de 1914 à 1918, était un peu différente puisqu'il s'agissait de détruire l'adversaire. Drôle de travail, si on le détruisait pour le relever ensuite.

Vous déplaît-il de voir votre ennemi par terre ? Pas à moi. Dans la lutte électorale, le Bloc National ne prête pas d'argent à M. Cachin et M. Billiet ne reçoit pas de chèques de Moscou. En 1914, l'Allemagne avait des finances saines, une excellente monnaie et elle nous a envahis. On a comme une rage de la voir recommencer.

Les experts sont des gens très bien à qui il ne manque que d'avoir lu les fables de La Fontaine. Ils se demandent, avec une persévérance digne d'un meilleur objet, comment il sera possible de rendre aux Allemands le moyen de nous déclarer la guerre. Merci beaucoup !

Un peu d'or pour la banque de M. Schaacht, Un emprunt pour le général Ludendorff. Que faut-il encore à ces messieurs ? Peut-être de la poudre et des balles ? Mais le Reichswehr et le Casque d'acier n'en manquent pas et les ministres allemands les absolvent d'avance si leurs mitrailleuses partent contre nous…

— Donne-lui tout de même à boire, dit l'expert.

ANATOLE FRANCE OU LE SAINT DU BOLCHEVISME

Il paraît qu'Anatole France est devenu le saint du bolchevisme. Si tous les bolcheviks étaient comme lui, on verrait de drôles de choses dans la future Cité.

D'abord tout le monde devrait apprendre le latin. Nous n'ajouterons pas « pour faire plaisir à M. Léon Bérard », déplorable banalité. M. Léon Bérard n'est d'ailleurs plus ministre, ce qui n'est pas étonnant : puisqu'il était l'auteur d'une réforme, il ne fallait pas lui laisser le temps de la poursuivre. Mais, si Anatole France était Ministre de l'Instruction publique dans le gouvernement des Soviets, ça ne traînerait pas. La tradition classique serait intégralement restaurée puisque, selon Anatole France, les ennemis du latin nous auraient tous voués à « l'ignorance » et à « l'imbécillité ».

En somme, pour Anatole France, la Cité future se confond avec la Cité des livres où se promène le chat Hamilcar. C'est plutôt rassurant.

Son militarisme l'est moins. Anatole France, dirait M. Paul Souday, est un de nos bellicistes les plus distingués. On pourrait extraire de son œuvre un manuel des armées en campagne. Peut-être le destine-t-il à l'armée rouge principalement.

Il avait écrit un jour : « Plus j'y songe et moins j'ose souhaiter la fin de la guerre. » Son vœu a été exaucé au delà de ses espérances. Il est vrai que nous n'avons pas eu la guerre civile. Il ne nous manque plus qu'elle. Mais Anatole France nous a montré qu'elle était encore plus intéressante que l'autre parce qu'au moins « on sait pourquoi on se bat ». C'est véritablement alléchant.

Anatole France a écrit jadis un conte où l'on voit un homme qui, effrayé des conséquences de nos moindres paroles et de nos moindres actions, se retire au fond d'un désert. Des années se sont passées quand un voyageur pénètre dans la Thébaïde. L'ermite consterné apprend qu'il a fait école et que partout, à son exemple, des disciples inconnus abandonnent leur famille et la société.

Ainsi de grands et subtils écrivains lancent des pensées écloses au milieu de leurs livres et qui sont appliquées ensuite par Guillaume II ou par Trotzky.

LE VEAU D'OR DÉMOCRATIQUE

On chante à l'Opéra que le Veau d'or est toujours debout. Le Veau d'or de l'Histoire sainte, c'est ce qu'on appelle aujourd'hui la finance internationale. Or, la finance tout court est abhorrée par les socialistes qui se respectent, comme une forme de l'odieux capital. Mais lorsqu'elle devient internationale, le culte en est imposé par les prolétaires conscients.

S'il y a dans le monde des suppôts du capitalisme, ce sont les banquiers qu'on a réunis à l'hôtel Astoria sous le nom d'experts. Ces gaillards-là représentent les plus gros établissements de crédit du monde entier. Ils remuent à la pelle, non de vulgaires monnaies de papier, mais d'authentiques dollars. Leurs usages sont ceux du prêt à intérêts. Enfin, ce sont de véritables requins. Quant à leurs opinions, il n'y a même pas besoin de leur demander ce qu'ils pensent du bolchevisme.

Cependant, plus on est de gauche et plus on admire l'œuvre des experts. Pierpont Morgan est arrivé à Paris pour négocier l'emprunt de la Reichsbank. Voilà la bonne doctrine socialiste ! Le cartel des gauches le couvre de fleurs et l'invoque contre Poincaré et le Bloc national.

En somme, toute cette affaire prouve que l'argent est roi. On ne médit du vil métal que pour l'adorer. C'est comme l'épargne, qu'on recommande aux citoyens ainsi qu'une vertu louable et nécessaire, que tous les candidats promettent d'encourager et de défendre, et qu'on persécute d'autre part sous le nom de richesse acquise, comme si, pour acquérir de la richesse, il ne fallait pas d'abord épargner.

Nietzsche disait que la liberté est une idée d'esclaves. Tout se passe comme si le respect de la ploutocratie était une conception de socialistes. Le résultat, c'est qu'on charge maintenant les banquiers de décider du sort des peuples par-dessus la tête de leurs gouvernements. C'est ce qu'on appelle la démocratie. Et l'on est un réactionnaire quand on se permet de douter que ce soit un progrès.

LES ÉLECTIONS CARTELLISTES

Le malade qui ne se trouve pas bien sur le côté gauche se met sur le côté droit. Comme ça ne va pas mieux, il se remet sur le côté gauche. C'est ce qu'on appelle se retourner sur son lit de douleur. La France ne fait pas autre chose depuis quelques années.

Le jour du vote est celui où l'électeur a le droit et le moyen d'exprimer son mécontentement. Il n'était pas content du Bloc

National. La vie chère, les impôts… On a changé de côté, ce qui n'enlève pas le rhumatisme.

Nous verrons ce qu'on en pensera avant six mois, comment la vie sera moins chère et les impôts moins lourds. On appelle les socialistes qui promettent le paradis sur la terre. C'est une promesse imprudente, mais elle est utile pour être élu. Mais il faudrait obtenir que le franc valût un franc au lieu de valoir six sous. Ce serait un miracle. Nous l'attendrons, très heureux si le franc ne vaut pas un liard l'hiver prochain.

Les foules ont la foi et, si elles ne l'avaient pas, elles ne seraient pas des foules. Il y avait dans l'antiquité de méchantes déesses qu'on appelait Euménides ou « propices », pour les apaiser. On eût craint d'attirer un malheur en leur donnant leur vrai nom de Furies. L'électeur de nos jours raisonne de la même façon avec la guerre. Il écarte ceux qui avertissent du danger, comme si ceux-là attiraient la foudre. Il écoute ceux qui apaisent la Furie en l'appelant Euménide et qui lui disent qu'il suffit de ne pas parler de la guerre pour ne pas l'avoir.

« F…-moi la paix » est une expression qui se prononce un grand nombre de fois tous les jours à travers le territoire français. Elle répond énergiquement à un besoin de l'homme. Dimanche dernier, l'électeur a dit : « F…-moi la paix », à ceux qui lui parlent de l'Allemagne et de Ludendorff, des réparations et de la Ruhr.

Seulement ce n'est pas à Poincaré ni à André Lefèvre. C'est à l'Allemagne qu'il faudrait dire ça…

LA GLACE EST ROMPUE

Chères lectrices, chers lecteurs, voilà plusieurs semaines que nous causons et déjà nous ne causons plus, comme si nous ne nous étions jamais vus. J'ai connu un directeur de journal qui avertissait ainsi ses collaborateurs nouveaux : « Vous serez d'abord un peu gêné, comme un homme du monde dans un salon où il entre pour la première fois. L'aisance viendra dès que vous serez familiarisé avec la maison. » La différence, c'est qu'ici la maison s'est faite toute seule et que les habitués s'y sont groupés par leurs affinités.

Alfred Jarry, invité un jour au restaurant par des gens qu'il connaissait à peine et avec qui la conversation ne s'allumait pas, tira son revolver de sa poche, envoya une balle dans la glace et dit aimablement : « Maintenant que la glace est rompue, nous pouvons causer ». Nous n'avons pas eu besoin de réaliser la métaphore comme l'auteur d'*Ubu-roi*. Entre le lecteur et nous, le contact s'est établi naturellement.

Il y a une façon de voir les choses, avec une ironie paisible, qui est salubre, qui soulage et qui permet d'avancer plus allègrement sur le chemin de la vie. C'est par là que l'on communique tout de suite entre gens d'esprit.

Nous vivons dans des temps qui ne sont pas toujours commodes ? Il y a, dans la *Vie en fleurs*, un jeune garçon qui aurait voulu jouir de la douce lumière sous le règne de Louis X le Hutin. Ce siècle-là, quand on y regarde de près, fut rempli d'autant de désagréments que les autres. L'homme, dit un des personnages du conte immortel de Voltaire, est né pour vivre dans les convulsions de l'inquiétude ou dans la léthargie de l'ennui. Sachons donc qu'il est difficile de sortir de là.

L'optimiste est trop souvent démenti par l'événement pour ne pas avoir tort. Si le pessimiste avait raison, il y a longtemps que le monde se serait écroulé. Dimanche matin, j'étais au Bois, au milieu d'une foule heureuse de vivre, avide de soleil et de mouvement. Des nuées de voiturettes, souvent conduites par de jeunes femmes, exprimaient une forme nouvelle de la liberté par la conquête de l'espace ; la répudiation des moyens de transport en commun est le fait d'un peuple médiocrement communiste. « Ainsi, nous disions-nous, on a ses soucis, et qui n'en a pas ? On vit avec eux, car le monde est un spectacle où l'on n'est jamais tout à fait spectateur, mais à la fois acteur et auteur. Parlons-en toujours avec la résistance salutaire du sens commun armé d'un sourire. »

LE CAPITAL

« Aurons-nous l'impôt sur le capital ? »

Pas une fois, depuis quinze jours, je n'ai rendu une visite ou dîné en ville sans entendre poser la question. La France est un si grand pays de bourgeois ! Mais comment se fait-il que l'impôt sur le capital soit accueilli avec plus de calme que jadis l'impôt sur le revenu ? Tout le monde s'en occupe, on dirait que personne n'y croit, tandis qu'on lit au fond de la pensée de chacun : « Bien sûr que nous l'aurons. » Et l'on parle d'autre chose.

Cette tranquillité et cette inquiétude semblent contradictoires. Si l'on cherche bien, c'est l'état d'esprit d'une société qui s'habitue à vivre et à danser sur un volcan. Des catastrophes ? Comme s'il n'y en avait pas eu depuis six ans ! Est-ce que nous ne sommes pas en plein milieu des catastrophes ? La catastrophe, c'est ce que l'on prévoit ou ce qui est arrivé ; ce n'est pas ce qui arrive. Un Russe, qui avait vécu pendant quinze mois sous le bolchevisme et qui avait réussi à s'échapper, disait, comme on lui demandait s'il avait beaucoup souffert : « Je ne m'en suis aperçu qu'après être sorti de là. Sur le moment, je n'ai pas eu le temps d'y penser. »

Et puis, une expérience déjà longue (c'est beaucoup, dix ans !) nous a appris que les événements catastrophiques n'étaient pas les plus redoutables. On s'est habitué à croire que les transformations brusques se heurtaient à la résistance naturelle des choses. Bien plus graves sont les transformations lentes, celles dont on ne s'aperçoit qu'à la longue, comme quand on finit par découvrir qu'un franc ne vaut plus que six sous.

Une femme du monde, devant qui on parlait l'autre jour de l'impôt sur le capital, disait en riant : « Comme il va devenir agréable d'être pauvre ! » Après tout, cette idée-là est un soulagement pour beaucoup. Épargner, c'est un effort. Conserver une fortune, c'est un souci. Pourquoi ne pas dépenser et vivre gaîment ?

Cependant d'autres se disent que, si rien n'est sûr, il n'est pas sûr non plus que tout le monde sera ruiné. En mettant de côté un peu d'argent, il n'est pas prouvé qu'on fasse un calcul si sot. C'est un pari comme un autre, qui ressemble au pari de Pascal sur la vie future… Alors, il y a toujours quelque part un bas de laine qui se remplit.

PHILOSOPHIE DE LA COULEUR ROUGE

Invités au lever du roi, les délégués bolcheviks à Londres avaient à choisir entre le costume de cour et l'habit, entre Louis XIV et Louis-Philippe, entre l'ancien régime et la société bourgeoise. Ayant consulté le protocole de Moscou, ils reçurent cette réponse : « L'habit, avec des revers de soie rouge. »

Naguère, des dandies avaient tenté, sans succès, de prescrire non le frac, mais sa funèbre noirceur. Il n'est pas certain que les Soviets soient plus heureux. Il est moins difficile de faire une révolution dans l'État que dans la mode. En conservant l'habit, même orné de rouge, les Soviets conservent un des signes distinctifs de la bourgeoisie.

La possession d'un habit noir est une des premières étapes de l'élévation sociale. Il faut en franchir plusieurs avant de le porter en d'autres circonstances que les mariages et les enterrements. Chez le bourgeois français, ce vêtement luxueux dure toute l'existence. Il suit son propriétaire du jour de ses noces au jour de ses funérailles. Il est si respecté qu'on ne le renouvelle jamais et que, destiné aux cérémonies, il est de toute la garde-robe le plus ridiculement fripé.

Le véritable homme célèbre se reconnaît à ceci, qu'il a débuté dans le monde avec un habit loué. Aujourd'hui, un habit est une lourde dépense. Beaucoup de jeunes bourgeois ne peuvent plus se payer l'uniforme symbolique de la bourgeoisie. Les bolcheviks le maintiennent : serait-il plus fort que les révolutions ? La question est de savoir si l'habit sera bolchevisé par les revers de soie rouge ou si les revers de soie rouge seront embourgeoisés par l'habit.

Nous sommes ici devant un des mystères de la philosophie des couleurs et du vêtement. Les cardinaux ont une robe rouge. Certains magistrats aussi. L'habit rouge se porte en chasse à courre, distraction de châtelaines, de raffineurs et de grands chocolatiers. Le « ruban rouge » évoque Napoléon, la discipline militaire et l'ordre social. Mais à peine a-t-on dit « le drapeau rouge » que des images sinistres s'offrent à l'esprit. Lamartine et Gambetta se dressent pour le flétrir, et « le haillon de la guerre civile » fait trembler.

Lorsque la révolution russe n'en était encore qu'à Kerensky, un danseur russe, sur une scène parisienne, ayant agité un drapeau rouge, l'assistance fut choquée et l'organisateur de la fête se plaignit à l'impresario qui répondit aimablement : « Ce n'est rien. Après le drapeau rouge vient le drapeau noir, et, après le drapeau noir, une tête au bout d'une pique. » On pense à cet apologue quand M. Herriot prodigue à M. Léon Blum les plus touchantes effusions.

LA DÉMISSION DE M. MILLERAND

Ô Richard ! ô mon roi ! L'univers t'abandonne.

Depuis la chute du tsar, on n'avait pas vu cette solitude autour d'un trône renversé…

Il y avait une fois un calife dont l'avènement avait été salué par des acclamations sans fin. Ce calife eut beaucoup de vizirs et il les avait comblés de ses grâces. Lorsque vinrent les jours de l'infortune, ils s'éloignèrent l'un après l'autre de son palais en refusant de le servir.

Alors, le calife pensa à son favori le plus cher auquel il avait confié le gouvernement d'une de ses meilleures provinces. Il le manda auprès de lui. Et quand le favori fut devant le souverain, il heurta le sol du front, versa des larmes et dit d'une voix entrecoupée : « O commandeur des croyants, si je croyais que mon dévouement pût t'être utile, je sacrifierais ma vie avec joie pour mon bienfaiteur. Mais je suis lié à la province que tu m'as donnée en apanage. Elle m'aime. Elle languit sans moi. Souffre que je ne la laisse pas attendre plus longtemps. »

Ainsi, dans quelques siècles, se racontera l'histoire de M. Millerand, quand notre temps, à son tour, sera devenu légendaire. Et les moralistes en tireront de grandes leçons sur l'ingratitude humaine.

On en a regardé le spectacle avec ironie, mais il n'a étonné personne. Le plus certain, c'est l'indifférence du public à ces luttes parlementaires. On dirait que les choses de la politique se passent maintenant dans une sphère où n'accèdent pas les simples citoyens. J'ai vu, devant l'Élysée, cent cinquante ou deux cents badauds qui regardaient curieusement l'entrée et la sortie des vizirs. Ils n'avaient pas l'air plus résolus à défendre la Constitution qu'à l'attaquer.

Il est vrai que ce n'est pas une de ces causes qui versent de l'héroïsme au cœur des citadins. Qu'est-ce qu'une Constitution ? Aimons-nous beaucoup la nôtre ? Pour aimer, il faut d'abord connaître. Et qui donc connaît les lois constitutionnelles sous lesquelles nous vivons ? Demandez au monsieur qui passe. Il y a des chances pour qu'il connaisse mieux les règles du football ou du poker que celles qui définissent les rapports du président de la République et du Parlement.

A la vérité, les légistes font attention aux textes. Les peuples ne voient que des hommes. Ils trouvent que celui-ci est courageux et que celui-là est lâche. Ils admirent le plus énergique ou le plus rusé. Un ancien l'avait déjà dit : les chefs combattent pour la victoire et les soldats combattent pour les chefs. Quand le chef reste sous sa tente ou quand il a pour armes des plaidoiries, il n'y a pas beaucoup de soldats.

LA CRISE DU LOGEMENT

Comme Paris manque de maisons, comme c'est devenu un problème de se loger, ceux qui ont le courage de construire des immeubles devraient être honorés ainsi que des bienfaiteurs. Les propriétaires étant traités comme des délinquants, on fait tout ce qu'on peut pour dégoûter les gens de bâtir.

Si encore c'était tout ! Tandis que les feuilles publiques et même les assemblées se lamentent sur la crise du logement, on démolit tant qu'on peut, et en grande pompe. Était-il indispensable d'achever le percement du boulevard Haussmann ? Les Parisiens s'en sont passé à une époque où il y avait des appartements vides et ils s'en seraient bien passé encore. On abat tout un pâté de maisons pour ouvrir une autre rue du côté du Palais-Royal. Du côté de l'Hôtel de Ville le Métropolitain menace plusieurs centaines de familles de se trouver sans toit. A Montparnasse, c'est le chemin de fer. Est-ce que ça ne va pas finir ?

J'ai bien peur que non, parce que personne n'a l'air de s'apercevoir qu'il est absurde d'abattre des maisons quand on en manque, ni de savoir qu'on ne doit détruire que ce qu'on remplace. Ces notions élémentaires sont magistralement méconnues. On dirait que mettre la pioche quelque part, c'est tout le progrès. Parlez-nous d'un immeuble éventré, d'un beau tas de démolitions. Serait-ce l'image de l'avenir ? Le président

du Conseil municipal inaugure lui-même les « percées »,
félicite les démolisseurs et leur offre le champagne aux frais
du contribuable.

Les édiles et l'administration sont d'ailleurs à l'image du
public. Quand s'émeut-on de cette rage de destruction qui serait
blâmée sévèrement chez un particulier ? On s'en émeut si, par
hasard, on habite dans le lot condamné à disparaître. A cinquante
pas de là, indifférence complète. On n'a même pas l'air de
comprendre ni de se douter que de nouveaux milliers de sans-
abri vont s'inscrire sur les listes des agences de location. Est-ce
que notre époque ne souffrirait pas d'un manque de bon sens
qui tient à l'incapacité de coudre ensemble deux idées simples ?

Cependant les malheureux que la pénurie des logements
chasse de la ville vont s'établir en banlieue où, faute de police,
les cambrioleurs s'en donnent à cœur joie. Les bourgeois de
Saint-Cloud ont décidé de se défendre eux-mêmes. Ils organisent
des rondes de nuit, sujet de tableau pour Rembrandt. Nous
revenons au Moyen âge. Vous trouvez que c'est pittoresque ?
Moi, je trouve que ce n'est pas gai.

ILS ABANDONNENT !

« Les Pélissier abandonnent ». Jadis, le cri : « Madame se
meurt ! Madame est morte ! » n'avait pas ému autant la France.

Vous connaissez, sans doute, les frères Pélissier, l'affaire
considérable qu'ils ont abandonnée et les raisons d'une retraite
qui consterne le public : tel Achille avait consterné les Grecs en
se retirant sous sa tente. Je conviens que j'ignorais tout de cet
événement historique lorsque, passant un soir devant la maison
d'un journal sportif, je vis une grande foule qui poussait des
clameurs et une cohorte de gardiens de la paix qui s'efforçaient
de maintenir l'ordre. Était-ce une émeute ? C'était presque
une révolution.

J'appris que la raison de ce tumulte était que les frères Pélissier renonçaient à poursuivre le Tour de France. Une démission, quoi ! Et quelle démission ! Trois semaines plus tôt, M. Poincaré et M. Millerand avaient abandonné la course, sans avoir, à la différence des frères Pélissier, soulevé les cris de la rue.

La politique serait donc un sport auquel l'intérêt des peuples ne va plus. Les grandes passions collectives changent d'objet. Les peuples d'aujourd'hui, semblables d'ailleurs à certains peuples d'autrefois, attachent plus d'importance aux jeux de l'arène qu'à ceux du forum. Je n'ai voulu le croire que quand je l'ai vu de mes yeux, sous les fenêtres de *l'Auto*.

Cependant, les hommes d'État « abandonnent » aussi facilement que les coureurs cyclistes. C'est même d'une grande commodité. Voilà un métier où l'on n'est jamais tenu d'achever ce que l'on fait. On s'en va sans garder de responsabilités et sans avoir de comptes à rendre à qui que ce soit. Sauf la profession des frères Pélissier, il n'y en a pas où il soit plus facile de dire : « J'en ai assez. Que les organisateurs de la course s'arrangent ».

Il y a déjà cinq ans que, la guerre ayant fini, personne ne finit plus rien, ce qui paraît ordinaire à tout le monde. Nous sommes au régime des propos interrompus. M. Clemenceau avait fabriqué un traité. On lui a dit que son traité était exécrable. Ç'aurait dû être une raison pour le charger de démontrer qu'il était bon. On a envoyé Clemenceau aux champs, comme Cincinnatus. M. Millerand n'eut pas le temps de prouver que son système était meilleur parce que, le président de la République étant tombé de son train, on envoya bien vite l'inventeur du système à l'Élysée, d'où on l'a d'ailleurs expulsé ensuite. Celui-ci parce qu'il avait joué au golf à Cannes, celui-là parce qu'il supprimait le monopole des allumettes, ses successeurs n'ont pas eu plus que lui le temps d'aller jusqu'au bout.

Si ça ne finit pas bien, ça ne finit jamais mal, du moins pour eux. Un véritable homme d'État sait se retirer de façon à rester en réserve pour l'avenir. Si les frères Pélissier n'avaient pas abandonné, ils auraient peut-être gagné le Tour de France. On dira avant longtemps de M. Herriot ce qu'on dit déjà des autres : « Après tout, c'est peut-être lui qui aurait gagné la paix. » On le dira d'ailleurs négligemment. Car, aujourd'hui, pour que les gens s'intéressent à la chose publique, il faut au moins une guerre et une invasion.

ELLE BOURSICOTE... IL SPÉCULE

Chaque fois que sa femme se plaint que la vie est chère et demande une « rallonge », un de mes amis répond :

— Et les autres ! Comment font-ils ? Leur porte-monnaie n'est pourtant pas extensible.

— Les autres ? réplique la femme. Ils ne se refusent rien.

Et c'est vrai qu'ils ne se refusent rien. Connaissez-vous quelqu'un qui se prive de quelque chose ? S'il est quelque part de ces malheureux, personne ne sait où. Ils se cachent. Peut-être par honte de ne pas savoir appliquer dans l'existence le système D.

Faites comme moi : regardez autour de vous. Vous vous demanderez comment les autres s'y prennent. Il y a des gens dont les ressources vous sont à peu près connues et qui mènent un train d'enfer. On dirait que tout est meilleur marché qu'avant. Les vieilles dames, arrachées à leurs traditions d'économie, entraînées elles-mêmes dans le tourbillon, disent d'un mot qui peignait jadis la prodigalité folle : « On ne compte plus. »

Alors d'où vient l'argent ? Car il faut bien qu'il vienne de quelque part. Si vous posez la question, on ne manquera pas de vous répondre : « Elle boursicote. » Ou bien : « Il spécule. » Car les opérations de Bourse changent d'aspect selon le sexe.

Avec les hommes, on les croit sérieuses, scientifiques, de grande envergure. La femme n'est qu'une « margouline », contente de petits gains récoltés au hasard.

Si la spéculation rend la vie douce à tant de monde, quelle fée ! Et quel jeu admirable, où il n'y a pas de perdants ! Il est vrai, en tout cas, que vous êtes sûr d'intéresser en parlant phosphates ou pétrole. L'autre jour, on a annoncé la mort du directeur de la *Royal Dutch*. « Mettez cela en première page, ont dit les secrétaires de rédaction. C'est un événement parisien. » Le directeur n'était pas mort. Ce n'était que son frère. Tout de même, on s'est intéressé à sa nécrologie, comme, en d'autres temps, à celle du frère d'un roi.

Il suffit de se promener à travers Paris vers six heures du soir pour se rendre compte du nombre de gens que la Bourse peut nourrir. Quel succès, quel tirage pour nos confrères financiers ! Ils ont dépassé les gazettes du turf. Ce doit être parce qu'à la Bourse, à la différence d'Auteuil et de Longchamp, on gagne toujours. Moi, un vieil instinct m'avertit qu'il y en a un qui doit perdre quand l'autre gagne. Et lorsque je croise un monsieur ou une dame, le nez plongé dans les colonnes d'une « Cote » célèbre, je murmure : « Au bout Des Fossés, la culbute. » Cependant, comme les autres, je consulte la cote tous les soirs…

STATISTIQUES

J'adore les statistiques. D'abord, c'est un plaisir innocent, comme de lire les catalogues des librairies ou les résultats des grandes ventes. Ensuite, il n'est pas vrai que toutes les statistiques soient fausses et qu'elles n'apprennent rien.

J'ai sous les yeux celle des théâtres et spectacles de Paris depuis 1860 jusques et y compris 1923. Quelle admirable colonne de chiffres, fertile en leçons pour l'observateur des mœurs, encourageante pour les personnes qui vivent de l'art dramatique et de ses succédanés !

Il y a des gens qui ne croient pas au progrès indéfini. Est-ce que le théâtre, la musique, les acteurs valent mieux aujourd'hui qu'il y a soixante-quatre ans ? Je n'en sais rien et la discussion est libre. Mais ce que je sais bien, parce que la statistique est là, et elle est irréfutable, c'est qu'à Paris, en 1860, on encaissait 14.432.944 francs à l'entrée des théâtres, spectacles, concerts, lieux de divertissement, et qu'en 1923, battant tous les records, le public a versé 301.333.978 francs.

Ramenons notre monnaie nationale au cours du change, ce qui met vingt sous à trente centimes, et c'est tout de même cent millions de francs-or, contre moins de quinze sous le règne d'Offenbach, qui ont été consacrés dans Paris au culte de Melpomène, de Thalie et de Terpsichore. On peut contester les progrès de l'art. On ne contestera pas la progression des recettes.

Ce qui est beau, c'est que, depuis soixante-quatre ans, elle a été régulière. Dans la période que considère le savant statisticien, il s'est passé des événements graves ou désastreux. L'année 1871, — siège et Commune, — avait fait descendre le chiffre au-dessous de 6 millions et il avait fallu cinq ans pour revenir à la meilleure année du Second Empire. Pour l'autre guerre, 1915 seul fut mauvais, 1917 était déjà presque égal à 1913. En 1918, le déficit était largement comblé et, dès lors, on marchait à pas de géant vers les millions comptés par centaines.

Cela prouve d'abord qu'il y a beaucoup moins de gens qui restent chez eux le soir et qui goûtent en paix les joies de la famille. « Tout le malheur des hommes, disait pourtant Pascal, vient de ce qu'ils ne savent demeurer en repos dans une chambre. » Cela prouve aussi que la population française n'est pas très malheureuse puisqu'elle a tant d'argent pour le superflu, — à moins qu'après le pain, le cinéma soit le premier besoin du peuple.

Il est tout de même merveilleux, et un peu surprenant, quand on y pense, que notre vieil Opéra, avec 12 millions 200 mille francs, batte de loin tous les records… Quelle force de la tradition et de l'idéalisme ! Vous aurez beau faire, vous ne détrônerez pas ce vieux *Faust*. Et Massenet non plus. L'Opéra-Comique arrive à égalité avec un music-hall célèbre. Rue Favart, on présente des fiancés pour unions sérieuses, et les flancs de Montmartre sont réservés à des unions un peu moins durables. C'est ainsi qu'un calculateur pourrait établir la proportion des mariages réguliers et des autres, proportion qui ne doit pas plus varier que ne varie celle des naissances légitimes et des illégitimes, si nous en croyons le *Bulletin municipal*. Quelle belle chose que la statistique !

Elle me laisse croire que nos contemporains ont la bougeotte, mais qu'ils ne sont pas, tout compte fait, beaucoup plus immoraux que leurs ancêtres.

CHEVEUX COUPÉS

« Toutes celles qui ont coupé leurs cheveux sont au désespoir. » Où ai-je lu cela ? Dans les souvenirs d'une contemporaine du Directoire, Mme Reinhard, qui assista à cette révolution dans la Révolution : la coiffure à la Titus remplacée, du jour au lendemain, par les boucles à la grecque.

S'il y a encore des maris qui luttent contre la mode, — que, pour ma part, je me permets de trouver affreuse, — des cheveux courts et des nuques rases, je leur recommande, comme argument suprême, le précédent du Directoire et le retour des choses qui attendait les garçonnes de ce temps-là.

On dit que notre époque offre de grandes ressemblances avec celle où Barras était roi et Mlle Lange la reine. S'il en est ainsi, nous ne sommes plus loin de revoir des chignons au lieu de nuques virilisées par la tondeuse. Et peut-être verrons-nous aussi d'autres changements. C'est pourquoi il est toujours imprudent de donner à fond dans une mode. Qu'il s'agisse de coiffure ou de ce qu'on veut, il n'est pas bon de couper ses cheveux et les ponts derrière soi. Laissez une ressource pour un nouvel engouement qui nous ramènera à des usages anciens.

De quoi qu'il s'agisse, on suit la vogue, et un jour arrive où on le regrette. C'est toute l'histoire du mobilier. Combien de nos grands-pères se sont débarrassés de leurs vieux meubles Louis XVI qu'ils avaient trop vus ? Ils se munissaient de tables et de chaises Louis-Philippe, dont le style parut charmant dans sa fraîcheur. Leurs petits-enfants ont racheté du Louis XVI à prix d'or. Le style Louis-Philippe retrouvera bien son tour.

A la Bourse, les valeurs de pères de famille ont fait leur temps. On ne veut plus que des caoutchoucs, des sucres et des pétroles. Croyez-vous que cela dure ? Il y a vingt-cinq ans, celui qui achetait une ferme passait pour un retardataire ou un fou. Aujourd'hui, on envie le possesseur d'un pré.

Les affaires de l'État elles-mêmes ne sont pas à l'abri de ces fluctuations. Il y a dix-huit mois, tout était à la Ruhr. Maintenant, on est vieux jeu à moins de dire : « Ce ne sont pas des gages qu'il faut prendre à l'Allemagne. C'est de l'argent qu'il faut lui prêter. »

En 1914, les gens se sont écriés tout d'une voix : « C'est du joli, la Cour internationale de La Haye ! L'arbitrage a bien empêché les Allemands de nous envahir ! » En 1924, vous êtes un mauvais cœur si vous élevez un doute sur la Société des Nations.

Quand la mode du désarmement arrive, prenez soin de conserver un certain nombre de mitrailleuses. Sinon vous pourrez avoir les mêmes regrets que les femmes du Directoire, lorsque la coiffure masculine à la romaine fut remplacée, du jour au lendemain, par les boucles à la grecque.

CE QUE LISENT LES FEMMES

M. Marcel Prévost craint que les jeunes femmes d'aujourd'hui ne lisent pas beaucoup. Lisent-elles vraiment moins que celles de jadis et de naguère ? M. Marcel Prévost l'affirme. Je n'en suis pas très certain.

Mais, s'il en est ainsi, il faudrait savoir pourquoi. Il faudrait se demander, par exemple, si les nouvelles conditions de la vie, très dures pour les classes moyennes, laissent du loisir et du goût pour les choses de l'esprit. L'indifférence que M. Marcel Prévost croit constater chez les jeunes femmes ne tient-elle pas aux causes qui détournent les jeunes gens des carrières d'intellectuels, celles où l'on meurt si bien de faim ?

C'est dans les romans et au théâtre que tout le monde est censé avoir cinq cent mille francs de rente et planer au-dessus de la vile question d'argent, telle que le boulanger et le boucher nous la posent tous les jours. Demandez-vous ce qu'il reste pour la culture désintéressée, pour les curiosités de l'intelligence et pour le lyrisme, quand l'esprit est opprimé par les soucis matériels, quand les heures sont prises par le raccommodage des bas. Marguerite de Navarre ne taillait pas ses robes. Mme de Staël ne faisait pas son ménage. Mme Ackermann n'aurait pas eu le temps d'être le poète, injustement oublié, du pessimisme, si elle avait dû… mettons bercer ses enfants et se livrer aux autres soins, moins poétiques, qu'exige le premier âge.

La culture de l'esprit veut d'abord la liberté de l'esprit, qui est le plus grand des luxes, puisqu'elle suppose l'affranchissement des personnes par rapport aux misérables nécessités de l'existence. Notre confrère Robert Kemp demande, dans une enquête de la *Liberté*, comment on peut rendre aux jeunes filles le goût de la lecture. Il faudrait peut-être commencer par supprimer la vie chère, puisqu'il s'agit évidemment des jeunes filles de la bourgeoisie, et puisque la bourgeoisie est la classe la plus éprouvée par la vie chère.

Faut-il d'ailleurs que la femme, « médiateur plastique », ait tant de lecture ? C'est discutable. Celles qui lisent beaucoup lisent trop souvent au hasard et il leur arrive de ressembler à de jeunes dindes au milieu d'une bibliothèque renversée.

La qualité la plus précieuse de la femme, la plus utile à son mari et à ses enfants, c'est le bon sens. Voyez, chez Molière, Henriette, figure idéale de la jeune fille française. En face des « femmes savantes », qui ont lu tous les livres mais qui sont dans le faux jusqu'au cou, c'est toujours Henriette qui a raison, ce qui ne veut pas dire qu'elle ne sache rien.

Cette remarque amène la réponse à une deuxième question de M. Robert Kemp qui demande qu'on lui désigne les dix ouvrages qu'une femme doit avoir lus, — en plus, sans doute, de la *Gastronomie pratique*.

Jeune fille d'aujourd'hui, future épouse, future mère, ayez lu Molière, ayez-le compris. Je ne prétends pas que ce sera suffisant, mais ce sera la garantie de ce jugement sain et de cet équilibre qui sont, dans le domaine de l'esprit, la collaboration la meilleure que la femme apporte à l'homme.

HISTOIRE DE PENDU

L'autre jour, aux environs de Paris, un contribuable qui se croyait quitte envers le fisc reçut, sous enveloppe bleue, ce qu'on nomme un rappel d'impôts. Ne faisant ni une ni deux, l'infortuné se pendit à la suspension de sa salle à manger, où il n'avait plus, avec sa famille, qu'à danser devant le buffet.

Lorsque, plus tard, on écrira l'histoire du temps où nous vivons, il sera facile de peindre nos misères en traits au moins aussi noirs que celles de nos ancêtres. Le bûcheron de La Fontaine se plaignait des impôts et de la corvée. Du moins, il ne voulait pas mourir. Si l'on racontait ce qui se passe aujourd'hui de la même façon que les manuels d'histoire racontent ce qui s'est passé autrefois, nous verrions que nous sommes en pleine barbarie.

Mais l'infortune du contribuable qui a noué la corde fatale à sa suspension prend encore un autre sens et devient un symbole quand on songe à ce qui attend l'ensemble des Français.

On nous avait dit, à la fin de la guerre, d'être tranquilles et que les Allemands paieraient les dégâts qu'ils avaient commis. Les Allemands n'ont rien payé et c'est nous qui, à force de décimes et de doubles décimes, nous sommes tirés d'affaire tout seuls.

Ou, du moins, nous croyions nous être tirés d'affaire. Nous étions comme le contribuable de Palaiseau qui s'estimait en bonne et due règle avec le percepteur. Mais voilà qu'un rappel nous arrive, sous la forme d'une note que nous présentent nos alliés.

Sans doute, on a usé de ménagements avec nous. C'est-à-dire qu'on a attendu, pour nous parler de nos dettes, le moment où nous serions résignés à faire une croix sur celles de l'Allemagne. Puisque nous pouvons si bien nous passer de l'argent allemand, nos créanciers anglais et américains jugent qu'ils seraient naïfs de nous faire des cadeaux.

En somme, on nous a dit d'abord : « Aide-toi, le ciel t'aidera. » Et quand nos ruines ont été relevées par nous-mêmes, on nous a trouvés si riches que c'est à nous qu'on réclame des milliards. Nous sommes comme le noyé qui reçoit un coup de rame sur la tête au moment où il croit monter dans le canot des sauveteurs.

Une Américaine m'avait annoncé, il y a déjà longtemps, comment tout cela finirait. « Vous savez, disait-elle, ce qui arrive aux pauvres gens qu'on signale à la générosité des personnes charitables. Si leur intérieur est en désordre, on s'en va sans rien donner, sous prétexte que ce serait de l'argent perdu. Si la maison est bien tenue, on dit que ce sont de faux pauvres et qu'ils n'ont besoin de rien. »

Nos secourables amis vont plus loin encore : ils tapent les indigents et les victimes qui, après le tremblement de terre et l'incendie, ont eu le tort de reconstruire leur bicoque à leurs frais.

LES AMOURS DE GENÈVE

L'autre jour, les honneurs de la Société des Nations ont été réservés à Pascal. M. Herriot s'est taillé un grand succès en rappelant le fameux : « Que ce qui est juste soit fort et que ce qui est fort soit juste. » Mais il y a une autre pensée de Pascal qui serait d'une application bien exacte à certaines manifestations de Genève, une pensée qui, de quelque côté qu'on la prenne, est toujours vraie : « Qui veut faire l'ange fait la bête. »

C'est une loi de notre pauvre humanité. La rançon de toute exaltation idéaliste, c'est de ramener le rêveur sur la terre et de l'y ramener d'autant plus rudement qu'il a voulu voler plus haut.

J'ai pensé à M. Herriot et à son ami Mac Donald, qui voguent de concert dans les plaines éthérées, en lisant l'autre jour les *Amours d'un poète*, de M. Louis Barthou. Victor Hugo, lui aussi, avait commencé par l'amour pur et transcendantal. Y a-t-il rien de plus angélique que son idylle avec Adèle Foucher ? Les *Lettres à la fiancée* sont de sublimes variations sur le thème « une chaumière et un cœur », un commentaire virginal du distique :

> Aimez qui vous aima du berceau dans la bière ;
> Celle que j'aimai seul m'aime encor tendrement.

Il est vrai qu'au moment où Victor, enfant génial, et Adèle, vierge pudique, se juraient éternelle fidélité, ils avaient, à eux deux, à peu près trente ans.

Ce poème n'a pas bien fini. Un jour, Victor Hugo devait installer la belle Juliette Drouet à son foyer, sans compter quelques adultères et de nombreuses passades. Quant à Adèle, il est de notoriété horriblement publique qu'elle a mal tourné et cherché des « consolations » avec Joseph Delorme-Sainte-Beuve, lequel a raconté sa bonne fortune en vers, ce qui n'était pas très délicat. C'est peut-être parce qu'il avait lui-même, à ses débuts, un peu trop enfourché l'idéal. Il a parlé de

Ces chastes Girondins qu'à vingt ans on envie...

On les envie à vingt ans et l'on devient un polisson à cinquante. Redoutons que les amours de M. Herriot et de M. Mac Donald ne ressemblent à celles du poète. Mêlant à l'austère comptabilité de la Commission des Réparations ses études de psychologie littéraire, M. Barthou doit y penser quelquefois. Les deux amis de Genève en sont encore à la période des *Lettres à la fiancée*. J'ai peur que la période de Juliette Drouet vienne pour l'un et celle de Sainte-Beuve pour l'autre.

ASSISTANCE MUTUELLE

Au nom d'un groupe d'industriels qui dirigent de gentilles petites affaires, un de mes amis est allé trouver le baron de Rothschild et lui a tenu ce langage :

— La vie commerciale est pleine de risques. Il faut supprimer les faillites et, pour cela, nous protéger contre les catastrophes. Convenons donc que le premier de nous qui aura des difficultés d'argent sera secouru par les autres.

Le baron de Rothschild a répondu que l'idée lui semblait très intéressante, qu'il était tout acquis au principe de l'assistance mutuelle et qu'il soumettrait le projet à ses services compétents. Alors, mon ami est entré en rapports avec des comptables qui lui ont dit :

— Nous avons examiné le contrat d'association que vous avez proposé à M. le baron. Vous représentez à vous tous cinquante millions. M. le baron représente un milliard. Votre concours lui serait d'une utilité médiocre, tandis qu'en vous promettant le sien, il signerait un chèque en blanc. Nous regrettons beaucoup de ne pouvoir donner suite à votre offre si désintéressée.

Voilà ce qui vient de se passer à la Société des Nations. Tout le monde est d'accord pour créer la machine à empêcher la guerre. Seulement, dès qu'on se demande comment elle fonctionnera, tout le monde se défile, et les grands refusent de mettre leur flotte ou leur armée au service des petits qui invoquent leur faiblesse pour solliciter la protection des autres et ne s'engager à rien.

Le comble de l'assistance mutuelle, ce serait que l'Espagne promît de voler au secours de l'Ésthonie en cas de danger. Seulement, elle dirait tout de suite : « Je suis attaquée par le militarisme rifain. A moi, les légions esthoniennes ! »

Dans une pareille association, les escadres du roi Georges seraient envoyées, — sur l'ordre de Genève, — un jour dans l'Océan Glacial et un autre jour dans les mers de Chine pour y défendre les colonies de ceux qui n'ont pas de bateaux. Elle a énergiquement refusé ce rôle de gendarme des mers.

Quant à nous, qui avons encore quelques soldats et qui mettons notre point d'honneur à tenir nos promesses, nous aurions signé un joli chèque en blanc. On aurait vu quelques-uns des citoyens qui crient : « Vive la paix ! » expédiés avec casque et flingot à l'autre bout de l'Europe ou dans un désert asiatique pour défendre tantôt la liberté des Lettons et tantôt l'indépendance persane.

Pour empêcher la guerre, il faudrait s'exposer à faire la guerre une ou deux fois l'an. Le jeu n'en vaut pas la chandelle. Il faudra trouver un autre moyen.

LE KID

Comme André Chénier le recommandait, il faut adapter les vers antiques aux situations nouvelles. Que deviendrait aujourd'hui :

Tout Paris pour Chimène a les yeux de Rodrigue ?

Mettez le Kid à la place du Cid, et vous serez en pleine actualité. Paris n'a eu d'yeux, pendant quelques jours, que pour le jeune prodige américain du cinéma. Le général Pershing, étant venu quelques jours plus tôt, n'a attiré l'attention de personne.

— Pershing ? Connais pas. Est-ce qu'il a créé un film ?

Le plus curieux, c'est que le petit Kid a l'air de trouver absurde la gloire qui l'a entouré dans la Ville-Lumière. On lui a demandé qui il avait envie de voir. On croyait qu'il allait nommer un jockey ou un boxeur. Il a répondu : le pape et Clemenceau.

C'est ainsi que notre vieille Europe garde encore grande figure pour les habitants du Nouveau Monde. Les habitants de l'ancien ne semblent pas le savoir. Ils ne semblent pas se douter du respect que notre antiquité, nos souvenirs, notre histoire inspirent aux Américains. Lorsque nous n'aurons plus à montrer que des films de l'Ontario, pourquoi voudra-t-on que les gens à dollars se dérangent et viennent dépenser leur bonne monnaie chez nous ?

Un jour, à Orange, au théâtre romain, devant le « mur » fameux, une Américaine disait à Mariéton :

— Combien faudrait-il pour avoir cela aux États-Unis ?

Et Mariéton répondit avec magnificence :

— Deux mille ans, Madame.

Enlevez-nous ces deux mille ans, que nous restera-t-il ? Le Métro et le cinéma. Les Américains ont beaucoup mieux dans leur pays. Ils se tordent de rire devant nos pauvres petits ascenseurs. Nos gares leur paraissent misérables. Et ils exportent en France leurs gloires du film. Ce n'est pas ce qu'ils viennent nous demander.

Mais le cinéma lui-même, de quoi se nourrit-il, sinon d'antique, d'éternelle littérature ? Et la littérature plonge ses racines dans la légende et dans l'histoire. Washington et Lincoln, c'est un peu court, et le petit Kid avait raison : sans tout ce que représentent le pape et Clemenceau, on aurait vite fait le tour de ce qui peut se filmer.

CONTRE-RÉVOLUTION

Il y a vingt ans, la mode était de dire aux jeunes Français : « Ne soyez pas fonctionnaires. La France meurt du fonctionnarisme. Choisissez des métiers actifs où vous serez mieux payés. » Malgré Jules Lemaître et ses *Opinions à répandre*, qui ne se répandaient pas, les candidats continuaient d'assiéger les portes des administrations et des ministères.

Dix-huit cents francs par an, peu de travail, pas de responsabilités et la retraite au bout : quel rêve ! L'État, pour trouver des serviteurs, n'avait que l'embarras du choix. Et les fonctionnaires ne cessaient de croître et de multiplier.

Tout est changé aujourd'hui. Les fonctionnaires ne postulent plus : ils dictent leurs conditions. Les petits se sentent puissants parce qu'ils sont nombreux et les grands se savent forts parce qu'ils sont nécessaires. « A la fin, dit Gœthe, nous devenons les prisonniers des créatures que nous avons faites. » L'État est devenu le prisonnier de ce « Monsieur Lebureau », qui est en train de prendre une sérieuse revanche.

L'autre jour, l'état-major du ministère des Finances s'est révolté. Contre quoi ? Le public n'a pas très bien compris parce que cette histoire a été embrouillée par les récits des journaux. Le public crut que tout craquait parce qu'il a vu seulement que des messieurs très bien, tous décorés, avaient tenu un meeting et apporté des sommations à leur ministre. A la vérité, ils protestaient contre le dogme égalitaire qui est pourtant inscrit sur tous les murs de l'édifice où ils travaillent.

Un directeur de service veut bien être augmenté, tout comme un facteur, mais il veut l'être plus qu'un facteur. Sinon, il n'y a plus qu'à donner le même traitement à tout le monde et à nourrir tous les citoyens à la gamelle communiste.

M. Brun et ses collègues ne sont pas des révolutionnaires. Ce sont des contre-révolutionnaires. On a parlé du signe des temps à propos de leur démarche comminatoire. Le signe des temps, c'est que, dans l'armée des fonctionnaires, l'officier supérieur exige d'être payé en proportion des services qu'il rend et mieux que le simple soldat.

En fin de compte, il y a beaucoup de chances pour que l'État capitule devant un *pronunciamento* en règle. S'ils le voulaient tous les gradés de la rue de Rivoli trouveraient demain des places dans les banques. Et alors, qui mettrait sur pied le budget de M. Clémentel ?

DERNIÈRE RENCONTRE DE JEANNOT ET COLIN

Il y avait dix ans que Jeannot n'avait revu son ami Colin. Jeannot était rose et frais. Il manquait une jambe à Colin, qui était allé à la guerre.

Ils se demandèrent de leurs nouvelles avec affection. Colin fit le récit des campagnes où il avait laissé sa jambe. Jeannot s'attendrit poliment et voulut savoir à quoi il servait d'avoir été un héros.

— Il est vrai, répondit Colin, que je reçois du Gouvernement une pension fort petite. Mais nous avons vaincu l'ennemi.

— Il n'est pas sûr que cela valût ta jambe, répliqua Jeannot. Vous nous avez donné, à nous autres gens de finance, de bien gros ennuis. Vos pensions sont assez misérables. Seulement, vous êtes nombreux à les toucher et, pour cette raison, nous devons payer de lourds impôts, dont je me rattrape comme je peux. Quant à l'ennemi, je me demande si vous n'auriez pas mieux fait de ne pas le battre. Il est dans un tel état que nous devons lui venir en aide et lui prêter de l'argent.

Colin fut très étonné de ce langage. Il se demanda s'il n'aurait pas été plus sage de rester chez lui plutôt que d'être devenu soldat. Mais il réfléchit que, s'il n'était pas allé de bon cœur à la guerre, deux gendarmes seraient venus le chercher.

Cependant il voulut savoir pourquoi il était nécessaire de secourir des gens qui lui avaient pris sa jambe.

— Car enfin, disait-il, j'ai bien fait tout ce que j'ai pu pour détruire l'ennemi. J'en ai tué le plus possible. En cela je me conformais à l'ordre de mes chefs et aux instructions du Gouvernement. Sans doute ces instructions ne valaient rien. Il m'apparaît aujourd'hui qu'on ne doit pas nuire à son débiteur. Si les ennemis que j'ai tués étaient encore de ce monde, ils travailleraient pour nous payer et nous n'aurions pas à tirer tant d'argent de la bourse de ce pauvre Jeannot.

Touché par ces marques de bonté, Jeannot félicita Colin d'entendre si bien la finance. Il lui conseilla de faire quelques économies sur sa pension afin de souscrire à l'emprunt et de soulager les financiers. Colin y consentit avec plaisir.

— J'ai un fils, dit-il. Ce petit capital servira à son établissement. Quand il sera en âge d'être soldat, je lui recommanderai de ne pas tuer trop d'ennemis. Je tâcherai même qu'il n'aille pas à la guerre, car je vois que la victoire donne trop de soucis aux financiers.

« LES FEMMES N'ONT JAMAIS AIMÉ LA RÉPUBLIQUE »

C'est à vous, mesdames, que ce billet est particulièrement destiné.

Vous ne votez pas. Et peut-être ne tenez-vous pas énormément à posséder le droit de suffrage. Dieu sait, d'ailleurs, pourquoi on vous le refuse ! Le Sénat a toujours opposé son veto. Non pas qu'il n'y ait des sénateurs galants. Mais c'est une vieille tradition française qui le veut : « Du côté de la barbe est la toute-puissance. » Et puis, on redoute vos opinions. On les croit facilement extrêmes. On s'en tient au vers fameux de Ponsard, poète constitutionnel et gouvernemental :

Les femmes n'ont jamais aimé la République.

Bref, on se méfie de vous. On vous craint. Et c'est, je crois, ce qui peut me faire le plus de plaisir.

Les Anglaises sont électrices. Elles sont même éligibles et il y en a d'élues. Cependant, l'autre jour, avant le scrutin, tous les partis anglais étaient dans les transes. Que feraient les femmes ? Que pensaient-elles ? Comment voteraient les ménagères ? Donneraient-elles leur voix aux socialistes ou aux conservateurs ? Les candidats étaient anxieux. Le vote féminin, c'était l'inconnu.

« O femme ! femme ! femme ! » s'écrie Figaro sur trois tons différents. « Perfide comme l'onde », avait dit devant lui le tragique anglais. M. Baldwin répétait le mot de Beaumarchais et M. Mac Donald, après sa défaite, a pu méditer celui de Shakespeare. Il y a eu là une transposition dans la politique de ce que mille auteurs ont dit, en vers et en prose, de l'éternel féminin.

En somme, vous ne savez peut-être pas assez combien vous restez toujours, pour les hommes, mystérieuses et redoutables. J'ai entendu plusieurs d'entre vous qui s'étonnaient que Charles Bergé, le héros de la *Galerie des Glaces*, doutât à ce point d'être aimé. « D'ordinaire, c'est une chose dont les hommes ne doutent pas », disaient-elles. Et elles soutenaient que M. Henry Bernstein avait présenté un personnage rare, un cas d'exception, le propre de l'homme étant l'assurance et la fatuité.

Je vais vous dire la vérité : un homme n'est jamais tout à fait sûr de ce que vous pensez. Il peut sortir de son incertitude par de l'audace, mais ce n'est que pour un moment. Les plus célèbres séducteurs se sont beaucoup vantés. Ils n'ont pas dit les occasions où leur psychologie était restée en défaut. Don Juan avec ses mille et trois conquêtes ; Lovelace, l'irrésistible, sont des créations de la littérature masculine, la revanche imaginaire d'un sexe sur l'autre.

Par effraction ou par ruse, Don Juan et Lovelace forcent le mystère. Ils n'en livrent pas la clef parce qu'ils ne la possèdent pas. Au fond, nous connaissons bien notre infériorité. C'est pourquoi vous avez tant de peine à devenir électrices en France, pays où les hommes, n'étant pas trop bêtes, savent une chose : c'est qu'avec les femmes on ne sait jamais rien.

L'HABIT VERT

L'autre soir, à dîner, il y avait un académicien et l'on parlait de sa maison, des prix qu'elle distribue et des richesses qu'elle administre.

— Et vous, demanda-t-on à l'immortel, combien gagnez-vous ?

Il répondit drôlement :

— Quatre-vingts francs quatre-vingt-huit centimes par mois. Il faut travailler un peu chez les autres pour se tirer d'affaire.

Un académicien n'est pas cher à ce prix-là. Et l'étonnant, c'est qu'on en trouve encore. Les candidats se pressent même aux portes, ce qui prouve que le désintéressement n'est pas mort dans notre pays.

L'économie non plus. L'Institut vient d'être obligé de rendre obligatoire le port de l'uniforme. C'est que les broderies d'or sont fragiles et il faut trois ans et demi d'assiduité pour payer le costume complet qui vaut trois mille francs. Ce n'est pas un métier.

On est mieux traité chez Goncourt. Une rente, un déjeuner mensuel et pas d'uniforme. Pourtant, l'Académie Goncourt est tout de même moins haut cotée que l'autre, la vraie, celle qui en est encore au cachet qu'avait fixé Richelieu et qui dédaigne de savoir que l'argent a perdu de sa valeur depuis ce temps-là.

En somme, les académiciens donnent l'exemple aux intellectuels. Ils gèrent des millions et ils touchent par mois un peu moins qu'un saute-ruisseau chez un notaire de campagne. Les vœux de Degas seraient comblés. « Il faut décourager les arts. »

Nous avons encore demandé à l'académicien qui dînait avec nous, ce soir-là, s'il n'y avait pas quelques petites compensations ; si, par exemple, les livres des immortels ne se vendaient pas mieux que les autres :

— Je n'ai pas entendu dire, répondit-il, que le tirage des œuvres de mon collègue Jonnart eût monté.

Cependant, le gagne-petit de la Coupole est accablé de besogne. Prix littéraires, prix de vertu et même prix de repopulation : ce sont des montagnes de rapports à rédiger. Et, comme au régiment, toutes ces corvées sont laissées aux bleus, en sorte que le nouvel élu en a pour deux ou trois ans à examiner des dossiers de familles nombreuses.

C'est peut-être la raison pour laquelle l'Académie appelle si peu d'hommes de lettres : elle ne veut pas les arracher à leurs travaux. Elle tend à devenir une société de grands fonctionnaires et il n'en est que plus admirable que, par la force de la tradition, elle conserve son prestige. Alfred Capus avait dit le vrai mot sur cette institution quand il racontait qu'en allant à l'Institut, revêtu de l'uniforme, le jour de sa réception, il pensait dans la voiture :

« Comme mon pauvre père serait content s'il voyait ça ! »

CALIBAN ET KALIBANOF

Aux environs de l'année 1910, la jeune Hortense avait tenu ce langage à ses parents :

— Vous recevez ici M. Kalibanof, qui achève ses études de médecine dans notre ville. Vous estimez ce jeune Russe. Il m'aime et je l'aime. Je viens vous avertir que nous avons décidé de nous marier.

Les parents d'Hortense furent étonnés : l'étonnement des familles est toujours le même devant ces sortes de révélations. Ils représentèrent vainement à la jeune personne que M. Kalibanof était sans doute très intelligent, mais que, s'il faisait ses études en France, ce n'était pas de son plein gré puisqu'il était banni à cause de ses opinions nihilistes. Ils lui montrèrent aussi que, devenue la femme d'un révolutionnaire dangereux, elle mènerait une vie errante et misérable, en marge de la société.

Ces objections ne servirent qu'à confirmer Hortense dans son dessein. Ses parents prirent alors le parti de consulter un vieil ami, homme d'expérience, qui avait couru le monde et que rien ne surprenait plus.

— Laissez-les donc se marier, répondit-il. Qui vous dit que mademoiselle votre fille sera si malheureuse ? J'ai vu des Communards qui sont devenus ambassadeurs, des insurgés dont la tête avait été mise à prix qui sont devenus ministres dans de respectables gouvernements. Peut-être, un jour, M. et Mme Kalibanof habiteront-ils des palais officiels et seront-ils réintégrés dans l'honorabilité bourgeoise. »

Hortense a épousé son nihiliste, et il est arrivé, avec le temps, ce que l'homme expérimenté avait prédit. « Bien peigné, bien lavé, Caliban deviendra fort présentable. »

Dans le drame philosophique de Renan, le légat du pape rend hommage le premier au nouveau duc, successeur de Prospero. A Gênes, un cardinal avait échangé des politesses avec Kalibanof.

Aujourd'hui Kalibanof porte le smoking, sa femme commande des robes chez les grands couturiers. Ils mangent, fort bien, dans la vaisselle plate du tsar.

Seulement, d'autres Kalibanof s'annoncent par derrière. Ils trouvent que ceux-là sont déjà trop conservateurs.

POMPES FUNÈBRES

Dès que je remonte un peu loin dans mes souvenirs d'enfance, je revois de grands enterrements. Celui de Gambetta, j'aime mieux dire que j'en garde une impression confuse. Celui de Victor Hugo m'est resté présent : de la foule, des cortèges et du crêpe autour des becs de gaz allumés en plein jour, luxe qui me donna du poète une fameuse idée.

J'ai connu une petite fille qui, voyant un corbillard empanaché, disait à sa mère : « O maman ! Comme j'aimerais te voir dans une belle voiture comme ça ! » La belle voiture aux frais de l'État est réservée aux hommes célèbres. La République enterre bien. Et plus elle va, plus elle aime enterrer. L'autre mois, Anatole France. L'autre jour, le convoi de Jaurès au Panthéon. C'est devenu une sorte de rite et un besoin.

Nos pompes sont funèbres, nos cérémonies sont mortuaires. En fait de réjouissances publiques, nous avons, au lieu du vin qui coule joyeusement dans les fontaines, les torchères où brûle la flamme livide d'un alcool que nul ne boira.

Le bon peuple se contente de ce qu'on lui donne. N'ayant pas, dans les rues, d'autres spectacles, il va à ceux-là. Mais nous ne pouvons pas dire qu'on nous entretienne dans la gaieté.

Dimanche, il y avait discussion entre les deux personnes qui composent ce qu'on eût appelé « mon domestique », pour leur faire honneur, au temps du grand roi. Aujourd'hui, il convient de les nommer employés de maison. La première, pour un salaire mensuel et d'ailleurs progressif, veille aux casseroles et aux ragoûts. Et elle approuvait que des honneurs extraordinaires fussent rendus à Jaurès après son trépas. Libre et fière, l'autre couche sous son toit et prête quelques-unes de ses heures au gros œuvre de la maison. Et celle-là trouvait qu'il en coûtait bien cher de conduire à sa dernière demeure quelqu'un qui n'avait fait que parler.

Le bruit de leur dispute étant venu jusqu'à moi, j'entendis que la bonne à tout faire répondait à la femme de ménage : « Enfin, c'était un brave homme. » Au fond, c'est l'idée qui est à la base de ce culte funéraire. Tous les morts sont de braves gens.

Je sais que nous ne vivons pas des temps gais et qu'il y a près de nous d'effroyables jonchées de tombeaux. Il y a aussi beaucoup de dancings non loin de la flamme perpétuelle du Soldat Inconnu. J'ai peur que trop d'évocations macabres n'excitent le goût de s'amuser. Et je sais que la jeune personne qui préside à mon service culinaire est allée se dégourdir les jambes après le cortège lugubre du Panthéon.

LE MÉTIER PARLEMENTAIRE

Je fus fort étonné, dans ma jeunesse, lorsqu'étant allé à la Chambre, je vis le vieux M. de Baudry d'Asson, député royaliste, monter vers le fauteuil du président, qui était alors occupé par Brisson, aussi vieux que lui, mais franc-maçon et radical, et ces adversaires se serrer longuement la main. « Que veut dire cela ? pensais-je. Et lequel des deux trahit son parti ? »

Ils ne trahissaient rien du tout, que des habitudes de sociabilité et un reste de bonnes manières.

Désormais, le président de la Chambre sera élu au scrutin public. Alors, quand il rappellera à l'ordre un député de l'opposition, celui-ci aura le droit de lui dire : « Vous ne seriez pas si sévère si j'avais voté pour vous. »

Si, poussé par sa fonction à l'impartialité, le président applique les sévérités du règlement à un membre de la majorité, ce dernier ne manquera pas de lui répondre : « La prochaine fois, ne comptez pas sur mon bulletin ! »

Ce sont de drôles de moyens d'adoucir les mœurs et de maintenir la vieille politesse française. Dans le discours très spirituel qu'il a prononcé, M. Léon Bérard (quand donc sera-t-il académicien ?) a rappelé que le président de l'assemblée n'avait pas été élu au scrutin public depuis la Convention. M. Léon Bérard est trop parlementaire et trop courtois pour avoir ajouté que le résultat avait été le cri célèbre du conventionnel : « Président d'assassins, je te demande la parole. »

Notre petite convention radicale-socialiste n'est pas encore altérée de sang. Mais on boira l'orangeade de la présidence avec moins de cordialité. Lorsque le président recevra les députés et leurs dames, n'invitera-t-il que ceux qui auront voté pour lui ?

Il faut d'ailleurs s'y attendre : le système se généralisera. Plus de ces votes secrets qui permettent toutes les trahisons. L'électeur, en déposant son bulletin dans l'urne, devra dire, à voix haute et intelligible, le nom de son candidat. Ainsi, on ne verra plus de faux républicains. Et il sera bon d'appliquer le vote public aux prix littéraires et aux élections de l'Académie. Alors, on ne pourra plus répéter le mot d'Alfred Capus : « Il ne faut pas confondre la parole d'un Académicien avec sa voix ».

NOUVELLES ALARMISTES

LE PRÉSIDENT DU CONSEIL. — Eh bien, mon général, quelles nouvelles, aujourd'hui ?

LE MINISTRE DE LA GUERRE. — Pas bonnes, monsieur le Président. L'Allemagne ne désarme pas. La commission de contrôle vient encore de découvrir quarante mille mitrailleuses.

LE PRÉSIDENT DU CONSEIL. — Il faut faire confiance à la démocratie. Ces mitrailleuses sont peut-être destinées à défendre la République allemande contre les réactionnaires.

LE MINISTRE DE LA GUERRE. — J'en doute, monsieur le Président. J'en doute d'autant plus que nous avons découvert aussi un plan de mobilisation générale.

LE PRÉSIDENT DU CONSEIL. — Comment, un plan de mobilisation générale ! Vous croyez donc que la République allemande peut préparer la guerre ? Nous ne souffrirons pas cela. La sécurité avant tout. Il est bien entendu qu'il n'y aura pas d'évacuation le 10 janvier.

LE MINISTRE DE LA GUERRE. — A vos ordres, monsieur le Président.

LE PRÉSIDENT DU CONSEIL. — Et l'opposition ne pourra pas prétendre que nous ne sommes pas vigilants et que nous ne faisons pas notre devoir.

Le ministre de la guerre. — Ce sera en effet notre meilleure réponse. L'opinion commençait à être inquiète. Ce matin, un journal publie un de mes rapports où je dénonce le péril allemand.

Le président du conseil. — Quel est ce journal ? Est-il ami ou adversaire ?

Le ministre de la guerre. — Adversaire, monsieur le Président.

Le président du conseil. — Alors, qu'on le poursuive, qu'on le condamne, qu'on le supprime. Je veux bien qu'on n'évacue pas Cologne. Mais je ne veux pas qu'on dise pourquoi. C'est de la haute trahison. Maintenant, parlons d'autre chose. Et les communistes ?

Le ministre de la guerre. — Toutes les mesures qui ont été décidées par le gouvernement sont prises. Les tentatives révolutionnaires, s'il s'en produit, seront noyées dans le sang.

Le président du conseil. — Vous avez bien mérité de la République. C'est justement parce que nous sommes républicains que nous devons défendre la liberté. L'opposition ne pourra pas prétendre que nous favorisons le désordre.

Le ministre de la guerre. — Il est temps de la rassurer. Un journal du soir a publié le rapport du préfet de Loire-et-Seine sur les menées communistes dans ce département. La sensation est considérable.

Le président du conseil. — Un journal du soir, dites-vous ? Ils sont tous de l'opposition. Qu'on envoie celui-là devant les tribunaux pour nouvelles alarmistes. Il faut rassurer l'opinion sans qu'elle le sache. Autrement, on répand la panique. Si les communistes bougent, faites tirer sur eux. Mais surtout, silence ! Et déférez à la justice les journaux qui auront parlé de la répression.

LES DETTES AMÉRICAINES

« — Mon ami, je vous ai prêté de l'argent pour faire tuer votre fils à la place du mien. Rendez-moi cet argent, s'il vous plaît. »

C'est le langage que les Américains nous tiennent naïvement. Car ils sont idéalistes, jusqu'à la bourse, et pas plus loin. Ils aiment bien La Fayette, mais ils ne plaisantent pas sur le dollar.

Comme ils avaient beaucoup de dollars, ils se sont payés, pendant la guerre, le luxe d'acheter des remplaçants. Plus ils nous ouvraient de crédits et plus il y avait de soldats français sur le front, plus nous avions de victimes aussi. Ce fut de l'argent bien placé : nous avons perdu quinze cent mille hommes et l'Amérique n'en a perdu que soixante-quinze mille, la vingtième partie.

La vie humaine est toujours pour rien. Les Américains comptent de très bonne foi que nous leur devons trois milliards de dollars. Ils seraient très étonnés si nous leur disions qu'ils nous doivent quelque chose comme six cent soixante-quinze mille Français.

On a souvent cité le mot de Victor Hugo : « Le paysan vendéen donnait volontiers son fils. Il ne prêtait pas son cheval ». Les Américains ont fait encore mieux. Ils ont donné les fils des autres, ils les ont équipés et ils réclament le prix du harnachement.

« La Fayette, nous voici ! » La parole s'est accomplie à la lettre. Seulement, elle nous arrive sur du papier timbré et c'est un huissier qui l'apporte.

Quand on parle trop de l'idéal et de son cœur, c'est toujours ainsi que les choses se terminent. Il vaut mieux causer d'affaires avant, pour ne pas se disputer après. Même dans les mariages d'amour, il est prudent de dresser un contrat. Et les médecins font bien de fixer leurs honoraires d'avance : « Docteur, sauvez mon enfant et ma fortune est à vous ! » Quand la note arrive, on la trouve trop chère et l'on dit : « Cet enfant s'est guéri parce qu'il avait une bonne constitution. »

Bref, la France est priée de payer parce qu'elle s'est bien battue, et parce qu'elle a écouté beaucoup de discours sur la justice et sur le droit. Elle paiera, d'ailleurs c'est son habitude. Elle paiera en espèces après avoir payé en hommes. Elle recommencera même une autre fois et elle dira encore : « Quels idéalistes, ces Américains ! »

PAUL DESCHANEL

— Avez-vous lu les éloges de Paul Deschanel qui ont été prononcés sous la Coupole, jeudi dernier ?

— Assez vite, mais enfin j'y ai jeté un coup d'œil.

— N'avez-vous pas été frappé par une chose ?

— Ma foi, je n'y ai rien vu de particulier.

— Il y a pourtant un trait qui m'a paru remarquable. Les orateurs ont dignement déploré la fin de Paul Deschanel comme s'il était mort sans que rien d'extraordinaire se fût passé. Ils ont parlé de la maladie cruelle ou inexorable qui avait tranché le fil de ses jours. Mais ils n'ont pas dit que cette existence si brillante s'était terminée tragiquement dans une sorte de drame shakespearien.

— C'était par un sentiment de convenance. Vous ne voudriez pas qu'on eût raconté, même en périphrases académiques, que ce Président de la République était étrangement tombé de son train et qu'à Rambouillet on le trouvait barbotant dans les bassins ou grimpé sur les arbres.

— Ce qui m'intéresse, justement, c'est que, dans un siècle de publicité comme le nôtre, il soit si facile de jeter un voile sur la vérité. Nous savons avec tous les détails comment le roi Charles VI était devenu fou dans la forêt du Mans. J'ai peur que nos arrière-neveux ignorent comment est mort le successeur de MM. Loubet et Fallières.

— Ils l'ignoreront, n'en doutez pas. Et ce sera très bien. Quel besoin ont les contemporains et la postérité de connaître ces tristes anecdotes qui tuent le prestige des grands hommes et qui affaiblissent l'autorité des gouvernements ?

— Ce n'est peut-être pas utile. Mais notre histoire, telle qu'on la racontera à nos arrière-neveux, sera écrite d'une drôle de manière.

— Elle sera enfin écrite d'une manière respectueuse. On verra, dans les siècles passés, des chefs d'État qui ne pensaient qu'aux femmes et qui devenaient fous furieux. A partir de l'installation de la République, ils seront tous vertueux et merveilleusement sains d'esprit. La chasteté de Saint Louis, de Louis XIII et de quelques autres n'empêche pas de parler des amours d'Henri IV, des favorites de Louis XIV et du Parc aux Cerfs. Mais, puisqu'on n'a jamais connu de maîtresse à Sadi-Carnot, il sera entendu que Félix Faure a fini en donnant l'exemple d'un ascétisme édifiant.

L'HOMME AUX QUARANTE ÉCUS ET LE PETIT ÉPARGNANT

Béranger, — c'est du célèbre chansonnier que je parle, — raconte dans ses mémoires que, sous la Révolution, au temps des assignats, on était abordé par des mendiants qui se contentaient de dire : « Je suis rentier. » Et les cœurs les plus durs devenaient charitables.

Les rentiers n'en sont pas encore à tendre la main dans la rue, mais c'est tout juste, juste comme le cran auquel ils serrent leur ceinture. J'en ai rencontré un qui m'a dit l'autre jour :

— Monsieur, je ne comprends plus. Je viens de lire qu'un parlementaire demande au gouvernement de sévir contre les détrousseurs de l'épargne. Il requiert la prison contre ceux qui, se conformant à la parole d'un député socialiste, « prennent l'argent où il est ». Alors que fera-t-on de l'ambassadeur soviétique qui représente, rue de Grenelle, une razzia de plusieurs milliards à nos dépens ?

Il reprit avec aigreur :

— Et l'État lui-même, a-t-il la conscience si tranquille ? Faites avec moi, je vous prie, ce petit calcul. Ayant économisé cent mille francs, j'avais acheté autrefois trois mille francs de rente, le pain de mes vieux jours. Je touche toujours trois mille francs, mais qui n'en valent plus que 750. Quant à mon capital, il a été réduit de quatre-vingt-cinq pour cent.

— Oh ! lui dis-je, comment établissez-vous ce compte-là ?

— Il est tout à fait exact, me répondit le rentier. Le vieux trois pour cent, valeur dite de père de famille, vaut aujourd'hui une cinquantaine de francs-papier qui ne représentent pas plus de quinze francs-or. De quinze à cent, il y a bien quatre-vingt-cinq. Il me semble, monsieur, que je suis assez détroussé. Ne pourriez-vous, puisqu'on s'occupe de l'épargne, signaler mon cas au Parlement ?

— Voilà, lui ai-je répondu. Il s'agit de savoir si vous êtes un modeste épargnant ou un infâme capitaliste. Et comme la différence entre ces deux catégories n'est pas nette, j'aime mieux vous dire qu'il n'y a pas grand'chose à espérer.

Le rentier conclut qu'il commençait à comprendre. L'État encourage l'épargne comme l'éleveur engraisse les moutons. Quand l'épargne devient capital, elle est bonne pour l'abattoir.

— Monsieur, lui dis-je, vous êtes un philosophe. Vous plairait-il de me donner votre nom ?

— Je suis l'Homme aux Quarante écus. J'ai été jadis défendu par Voltaire. Mais il n'y a plus, dans notre siècle, de Voltaire pour s'intéresser à moi.

RICHESSE ACQUISE

Tandis que le coiffeur accommodait ce qu'il me reste de cheveux, je parcourais un journal. Un titre annonçait, en grosses lettres : « La richesse acquise sera lourdement taxée. » L'artiste lut par-dessus mon épaule et s'écria :

— Ce n'est pas trop tôt qu'on fasse payer ceux qui nous jettent du luxe plein les yeux. Il y a trop de quarante chevaux qui circulent.

Je lui demandai, doucement, car il me tenait à la merci de son fer :

— Croyez-vous qu'il y en aura moins ? D'ailleurs on peut vivre sans Rolls Royce, de même qu'on peut se passer de chasse à courre et, au lieu d'aller chez le coiffeur tous les huit jours, n'y aller que toutes-les trois semaines.

— Cela n'empêche pas que ceux qui n'ont qu'à se donner la peine de toucher leurs coupons devront en laisser la moitié à l'État.

— A moins, lui dis-je, que les fortunes aillent chercher refuge à l'étranger.

— On se rattrapera sur les immeubles, fit avec assurance le coiffeur-économiste. Les maisons et les terres ne s'envolent pas.

— Non, mais il y a longtemps que les propriétaires prudents les ont chargées d'hypothèques et l'argent a suivi le même chemin que les valeurs. Et puis, il n'y aura plus de capitaliste assez fou pour construire des logements à l'usage de ses concitoyens.

— Les municipalités en construiront.

C'était l'instant de la friction et la poigne du coiffeur se fit rude, comme pour exprimer la force de l'État socialiste. J'observai, quand je pus parler :

— Elles en construiront, à condition que l'on veuille bien souscrire à leurs emprunts.

Cette fois, mon coiffeur parut découragé.

— Alors, dit-il, il n'y a rien à faire contre l'argent ?

— Si. La seule chose à éviter, c'est de lui faire peur. Dès qu'on l'effraie, il devient subtil et malin. Parlez-lui doucement : il n'y a pas plus naïf. Il achète les lotions qui font repousser les cheveux. Il souscrit aux emprunts de l'État. Il croit tout ce qu'on lui raconte. Il n'y a pas plus facile à prendre quand on ne l'effarouche pas.

J'avais fini. Et, après avoir reçu son pourboire, le coiffeur demanda avec une voix un peu inquiète :

— Alors, à la semaine prochaine, comme d'habitude, monsieur ?

MAÎTRES D'ÉCOLE

Un huissier du Palais-Bourbon, qui a de l'expérience, m'a confié ses impressions sur le tumulte de l'autre jour :

— Monsieur, m'a-t-il dit, j'ai l'habitude. Je suis comme un vieux marin qui a beaucoup navigué : je sens venir l'orage. Ici, dès qu'on se met à parler de Socrate, de Lucrèce, de Descartes et de toutes sortes de noms comme ceux-là, je suis sûr qu'il y a des coups dans l'air. Plus le débat s'élève et plus la bataille est violente.

— M. Léon Bérard, dans une interruption, a dit pourquoi : c'est qu'on se dispute sur la théologie, comme au Moyen âge.

— Ah ! M. Léon Bérard ! Voilà un philosophe comme je les comprends. Je croyais, avant de venir ici, que la philosophie était au-dessus des querelles religieuses. Mais j'ai appris que, de ce côté de la Chambre (et il me montra la gauche), elle engendrait des croyances fanatiques. On poche des yeux faute de pouvoir envoyer au bûcher.

Je demandai alors à cet huissier plein de sagesse comment il se faisait que, vendredi dernier, le désordre eût été plus grand que jamais.

— Je crois le savoir, me répondit-il. Autrefois, le haut personnel était surtout composé d'avocats qui sont accoutumés à la contradiction. Depuis le 11 mai, il est composé de professeurs. M. Painlevé a enseigné les mathématiques. M. Herriot sort de Normale. Ce sont des maîtres d'école et un maître d'école ne souffre pas d'être contredit.

— Vous commencez à me faire comprendre bien des choses. Voilà donc pourquoi les mauvais élèves, c'est-à-dire les députés de l'opposition, sont mis à la porte de la classe, tandis que les « chouchous » de la majorité peuvent tout se permettre. Ce n'est pas le député qui avait traité les Alsaciens d'étrangers qui a été rappelé à l'ordre : c'est celui qui avait protesté. Et M. Painlevé a fait expulser par la garde l'opposant courtois qui répliquait au mot disgracieux du président du Conseil sur le « christianisme des banquiers », un mot que M. Loucheur a beaucoup applaudi.

— A ce propos, fit l'huissier, rendez-moi donc un service. J'ai trouvé, après la séance, sur le banc de M. Loucheur, un papier que je n'ai pu déchiffrer.

Il me montra une feuille sur laquelle on lisait : « Christianisme des banquiers ? Pourquoi parler de corde dans la maison d'un pendu ? » Suivaient trois lignes d'hiéroglyphes :

« BQSFTTFUSFTPVTUSBJUT, etc.… »

et, à la fin : « Île des Pingouins, ch. VIII. ».

Je reconnus, à l'instant, ce grimoire. Cela veut dire : « Après s'être soustraite à l'autorité des rois et des empereurs, la France s'est soumise à des Compagnies financières qui, par les moyens d'une presse achetée, dirigent l'opinion. » Anatole France, par crainte des inquisiteurs de gauche (qui l'ont enterré pompeusement), n'a osé dire le blasphème qu'en le dissimulant sous un cryptogramme.

LE GRAND CŒUR

Un banquier (ils ne sont pas tous nécessairement chrétiens) est reçu par le président du Conseil et lui tient ce langage :

— Le crédit public est ébranlé. La confiance s'en va. Les lois socialistes effraient les capitaux et, si l'argent se cache, nous allons à une catastrophe. J'attire l'attention du gouvernement sur les conséquences funestes d'une politique avancée.

Alors le président du Conseil répond :

— Vous ne doutez pas de mes sentiments patriotiques. La France est le pays de l'ordre et de l'épargne. Je céderais tout de suite la place aux conservateurs plutôt que de mettre en danger cet admirable pays. Comptez sur moi.

Le soir même, le président du Conseil voit le chef du parti socialiste et, invoquant le péril financier, l'invite à la modération.

— Sans doute, répond le chef du parti socialiste. Mais il y a la République. Il y a le progrès social. Il y a les promesses dont la démocratie attend la réalisation.

— Vous ne doutez pas, dit alors le président du Conseil, de mon attachement à la démocratie et au progrès social. Le Cartel sait qu'il peut compter sur moi.

Le lendemain, l'ambassadeur d'Angleterre vient au Quai d'Orsay pour insister en faveur du pacte avec l'Allemagne, gage de la paix définitive.

— Vous ne doutez pas, répond M. Herriot, de mon attachement à la cause de la paix. Le pacte avec l'Allemagne, c'est l'aube de jours meilleurs. Comptez sur moi pour y travailler avec vous.

Là-dessus arrive le ministre de Pologne. Il demande si le Gouvernement français restera fidèle à son pays et aux traités.

— Vous ne doutez pas, dit toujours M. Herriot, de ma fidélité aux alliances. En aucun cas la France n'abandonnera la Pologne.

Comptez sur moi pour défendre contre l'impérialisme allemand la noble nation polonaise.

Un autre jour, un membre de la gauche interpelle sur l'agitation religieuse en Alsace.

— La République est une et indivisible, déclare le président du Conseil. Elle respecte toutes les croyances. Mais tous les Français doivent obéir à toutes les lois, et, quels qu'ils soient, nous briserons les séditieux.

Cependant, un député de la droite monte à la tribune. Il parle au nom des provinces recouvrées. Il invoque les promesses qui leur ont été faites par la France. Il rappelle leur long martyre. Et, quand il a fini, le président du Conseil, ému, s'élance vers l'orateur et lui serre longuement la main...

Champfort aurait dit à M. Herriot : « On ne joue pas aux échecs avec un bon cœur. »

CHAHUTS D'ÉTUDIANTS

Il y a plus d'un quart de siècle, j'ai suivi le cours de M. Berthélemy. Il n'était pas encore doyen. Quoique la science qu'il nous enseignait fût austère, nous aimions assez ce professeur de droit administratif. Mais nous n'aurions jamais pensé qu'il pût s'unir à nous pour protester contre le gouvernement.

Cela ne s'était jamais vu. Les chahuts, de mon temps, étaient inorganiques et tumultueux. C'étaient des explosions sans lendemain. On nous eût bien étonnés si on nous eût dit qu'un jour les quatre Facultés feraient grève et que les professeurs se joindraient aux étudiants pour protester.

La faute la plus lourde qu'un gouvernement puisse commettre, c'est de s'aliéner les deux forces : la jeunesse et l'intelligence. L'impopularité qui commence par là est irrésistible. Plus ou moins vite, elle devient mortelle pour n'importe quel pouvoir. Un gouvernement sage ne doit jamais provoquer les jeunes parce que c'est comme s'il provoquait l'avenir. Et il ne doit jamais provoquer l'intelligence parce qu'il se donne alors pour ennemis tous ceux qui pourront écrire et parler. Maltraiter l'Université, c'est multiplier et féconder l'opposition. Si on appelle à l'aide les sergents de ville, on peut faire circuler les manifestants. Mais les manifestants de cette espèce-là font circuler les raisons et les idées.

Voyez comme le châtiment est venu d'un pied rapide. Sans doute tout n'était pas pour le mieux dans l'État avant l'affaire des Écoles. Mais enfin, cahin-caha, les choses allaient. Survient l'histoire Georges Scelle qui mécontente l'Université. Alors tout se gâte. Le ministre des Finances découvre que la situation n'est plus tenable. Il s'en va. On reparle du franc, du Vatican, de l'Alsace, et le Ministère est tout désemparé.

> *... l'esprit d'imprudence et d'erreur*
> *De la chute des rois, funeste avant-coureur.*

Il est probable que bientôt M. Herriot pourra méditer ces vers classiques et les fautes de ses derniers jours de règne.

C'est le moment où tout ce qu'essayent de dire les dirigeants qui ont perdu la tête devient gaffe, où ils n'ouvrent plus la bouche sans qu'une divinité leur souffle le mot qui les perd. Le président du Conseil parle du christianisme des banquiers : il se met à dos toutes les confessions chrétiennes, plus la banque, même celle qui ne l'est pas. Il traite un adversaire d'épileptique : juste, c'est un blessé de guerre. Quand il se rappellera les mésaventures de sa chute, M. Herriot pourra dire : « Tout de même, mes affaires n'ont été tout à fait mal qu'à partir du moment où j'ai mis contre moi les étudiants et les professeurs. »

LE RETOUR DE M. CAILLAUX

Cher ami, vous qui voyez beaucoup de monde, que dit-on du retour de M. Caillaux ? Et vous-même, qu'en pensez-vous ?

— Ce que j'en pense ? Ceci d'abord : il a été reçu moins mal qu'il le craignait et moins bien qu'il l'espérait.

— Ce « moins mal » est ce qui m'intéresse le plus. Car on est obligé de constater que l'indignation n'a pas été très violente. D'ailleurs, on dirait que le public perd la faculté de réagir, ce qui ressemble beaucoup à perdre la faculté de sentir. M. Millerand a été chassé de l'Élysée sans qu'il y ait eu un cri. M. Herriot a été renversé par le Sénat sans que ses partisans aient bougé. M. Caillaux, qui était certainement l'homme le plus impopulaire de France, redevient ministre, et il y a plus d'étonnement que de révolte. A quoi attribuez-vous cela ?

— Stupeur, résignation, indifférence, ce n'est pas encore ce qui suffit à expliquer le phénomène que vous constatez. Il est assez naturel que, s'étant réjouies de la chute de M. Herriot, beaucoup de personnes, sur le premier moment, aient regardé de moins près au nom de ses successeurs. Ce n'est, du reste, pas tout.

— Voulez-vous dire que M. Caillaux avait préparé sa rentrée auprès du monde bien pensant ? On répand le bruit qu'il a fait bénir son mariage par l'Église.

— Ces moyens de réhabilitation ne réussissent que dans une petite mesure et dans une partie restreinte de la société. Je crois, quant à moi, qu'il a bénéficié de la panique au milieu de laquelle il est survenu. Quand on a vu que le plafond de la Banque de France était crevé, que l'on tombait dans le gouffre de l'inflation et qu'on allait vers le gigot à un milliard, le public s'est mis à désirer un sauveur.

— Croyez-vous donc qu'il apporte une recette merveilleuse ?

— S'il en avait une, il serait bien coupable de l'avoir gardée pour lui.

— Alors ?

— Alors je dis comme le proverbe turc : « L'homme qui se noie s'accroche à un serpent. »

— Fâcheux instrument de salut. Car, enfin, M. Caillaux a été condamné pour intelligences avec l'ennemi. Un de ses collègues d'aujourd'hui a même apporté à son procès une déposition accablante. Si rien de tout cela ne compte plus, que pensera la foule ? Et que devient la majesté de la justice et des lois ? Il ne peut y avoir de spectacle plus démoralisant.

— Mon cher ami, M. Painlevé lui-même avait annoncé jadis, dans un discours célèbre, le « triomphe de l'immoralité ». Et rien n'étonne plus les Français quand il s'agit des politiciens. Réjouissez-vous-en ou déplorez-le, à votre choix.

LES ASSASSINATS DE LA RUE DAMRÉMONT

Il y avait, en 1914, des hommes, et non des moindres, qui refusaient de croire à la guerre étrangère. Il y en avait, jusqu'à ces derniers jours, qui refusaient de croire à la guerre civile.

Une affiche mémorable est restée longtemps posée sur les murs de France. Les Prussiens étaient à Noyon qu'elle disait encore : « La mobilisation n'est pas la guerre. » Et un orateur célèbre s'était écrié : « Il n'est pas possible que l'Allemagne de la Réforme fasse la guerre à la France de la Révolution. » C'était tellement possible que, vingt-quatre heures plus tard, l'invasion commençait.

Le jour où l'on s'est mis à parler d'un danger communiste, un ministre, celui qui était préposé à l'Instruction publique, déclarait que c'était « une rigolade ». En termes plus nobles, le président du Conseil refusait d'ajouter foi à un « danger puéril ». Il poursuivait même un journal qui dénonçait ce danger.

Alors, pendant tout l'hiver, les revues de fin d'année s'en sont donné à cœur joie avec l'école de Bobigny, où l'état-major de la future armée rouge était censée apprendre la stratégie et la tactique. Sujet de « rigolade », comme M. François-Albert disait élégamment.

Au commandement de : « Première section, feu ! » les rigolos communistes sont partis et l'on n'a plus « rigolé ». Il y a eu des victimes dans l'embuscade. Le président du Conseil est allé à leurs obsèques. Le Président de la République s'y est fait représenter. Renouveau d'union sacrée, comme pendant la guerre, et sous les voûtes de Notre-Dame, où le gouvernement a bravé à la fois l'anticléricalisme et l'anarchie, car il n'était pas interdit, après tout, de s'attendre à une machine infernale, comme dans la cathédrale de Sofia.

Il y a ainsi beaucoup de gens qui ont besoin, pour croire au mal, que le crime soit commis. C'est très touchant de pleurer les morts. Il vaudrait mieux ne pas laisser faire les assassins.

Il y a encore ceux qui ne sont sensibles qu'à une sorte de coups : ceux qu'ils reçoivent. Le citoyen Léon Blum, légèrement blessé par les communistes dans une réunion électorale, a crié au meurtre et à l'abomination. Mais il dit lui-même à ses adversaires de droite : « Je vous hais », et il ne le dit pas tendrement. On veut bien haïr. Mais il est désagréable d'être haï.

D'autant plus qu'il est certain que la première charrette sera réservée au citoyen Léon Blum et à ses camarades s'il y a un coup de chien communiste, — qu'ils auront, d'ailleurs, préparé de tous leurs soins.

MONTYON

Il y avait une fois, en des temps déjà anciens, un homme d'affaires qui était servi dans ses opérations par un instinct sûr. Il avait acquis une grande fortune lorsque vint l'année 1788.

« Oh ! Oh ! se dit-il, cela ne va pas bien dans le royaume de France ». Sans plus attendre, il réalisa ses capitaux et les plaça dans des banques de Londres, d'Amsterdam et de Venise.

La Révolution ne tarda pas à donner raison à l'homme d'affaires. Il émigra à la suite de son argent et s'installa en Angleterre, d'où il observa les événements.

En 1798, il se mit à penser que les choses ne pouvaient pas aller plus mal dans la République française. Les assignats n'étaient plus que des bouts de papier sans valeur. Trois ou quatre prélèvements sur le capital n'avaient pas sauvé les finances publiques. Alors, notre habile spéculateur rapatria ses capitaux, racheta pour rien ce qu'il avait vendu très cher et décupla sa fortune.

Cette histoire ne serait pas finie, et même elle n'aurait pas beaucoup de sens, si je ne disais maintenant que cet homme habile se nommait Auget, baron de Montyon, qu'il vécut très vieux, acquit une réputation méritée de philanthrope et, par testament, fonda plusieurs douzaines de prix académiques qui portent son nom et qui se distribuent encore.

La vertu et la littérature morale sont récompensées sur des fonds qui viennent de ce qu'on appellerait aujourd'hui un déserteur de l'impôt. Et personne n'y trouve à redire. L'éloge de M. de Montyon est même devenu rituel dans les cinq Académies.

En somme, dans la vie, il s'agit d'avoir du flair. Il s'agit de ne pas se tromper et aussi de savoir attendre. Le contraire du vertueux Montyon, c'est cet émigré qui n'avait cru à rien, ni au 9 thermidor, ni au 18 brumaire, ni au sacre de Napoléon, ni à Austerlitz, ni à Wagram, et qui, en 1812, voyant la Grande Armée marcher vers Moscou, se dit, cette fois, que l'empereur était tout-puissant et l'Empire établi à jamais. Alors le vieil irréductible se soumit et rentra en France. Il perdit en un jour le bénéfice de vingt ans de fidélité aux Bourbons, tandis que des révolutionnaires qui avaient servi tous les régimes retrouvèrent des places sous la monarchie restaurée.

Dans des temps incertains, comme ceux où nous vivons, il faudrait être aussi subtil que M. de Montyon et plus malin que le vieil émigré. Mais c'est justement le difficile.

MANGIN

Les huit enfants du général Mangin, dont l'aîné a dix-neuf ans, suivaient la prolonge d'artillerie qui portait le cercueil de leur père. Dans la cour des Invalides, j'ai vu un sergent de ville qui ne pouvait retenir ses larmes et plus d'un était bien près de l'imiter.

Il paraît que ce deuil touchait moins les membres du gouvernement, dont aucun n'assistait à ces obsèques, sauf un modeste secrétaire d'État à l'aviation. Sans doute M. Painlevé avait eu des démêlés avec le général Mangin, qui n'eût aucunement désiré sa présence. Mais, quand on veut, et surtout devant la mort, est-ce que tout ne peut pas s'arranger ?

On savait que les chefs civils n'aimaient pas beaucoup les chefs militaires. A ce point-là, c'est tout de même un peu trop. Il vaudrait mieux ne pas le montrer.

Car, enfin, il y a des occasions où l'on est bien heureux de trouver des militaires qui sachent leur métier. Et il n'y a pas si longtemps qu'on a eu besoin d'eux. Quand les Prussiens étaient à Noyon, on exaltait Mangin, Weygand et Foch. On les appelait alors les grands soldats de la guerre des démocraties.

Et il est sûr que les démocraties leur doivent une chandelle, puisqu'il s'agissait, pour elles, de ne pas être subjuguées par Guillaume II. Que leur serait-il arrivé s'il n'y avait pas eu, pour les tirer d'affaire, ce que Blaise Pascal, ce vieil anti-militariste, appelait des « trognes armées » ?

Deux députés étant allés voir un général au front, pendant la guerre, lui demandaient si l'on serait victorieux : « Oui, heureusement, répondit le général ; sinon vous seriez tous pendus. » A moins de se résoudre à cirer les bottes des Hohenzollern, ce qui eût été une autre solution, mais fort peu démocratique.

La victoire étant venue, les démocraties ont déjà oublié les services rendus par les généraux et c'est pourquoi il y avait si peu d'autorités civiles aux obsèques de Mangin. On se comporte dans la paix avec les militaires comme avec les médecins quand on est en bonne santé. Les gens bien portants raillent volontiers la médecine. Dès qu'ils sont malades, ils appellent toute la Faculté : « Docteur, guérissez-moi, ma fortune est à vous. » Quitte, du reste, à marchander sur les honoraires quand on est guéri.

CONVERSATION AUX ENFERS

La scène se passe aux Enfers. De la barque de Charon une fournée vient de descendre. Les arrivants apportent des nouvelles qui sont commentées dans les groupes.

NAPOLÉON Ier. — Je commençais à m'ennuyer. Il n'y avait plus d'événements militaires. Heureusement, le Maroc me rend les plaisirs du communiqué.

ARTHUR MEYER. — J'ai gardé l'habitude des enquêtes et j'ai interrogé des officiers français récemment venus parmi nous. Ils m'ont dit qu'il y avait déjà plusieurs semaines qu'on se battait dans le Riff. Je n'avais pas répété cette information par crainte de la censure. D'ailleurs, la discrétion est le devoir du journaliste et de l'homme du monde.

ALEXANDRE RIBOT. — C'est aussi celui des gouvernements. Nous avons fait la guerre pendant quatre ans en dissimulant au peuple les réalités trop amères. La presse a gardé cette excellente habitude et il convient de s'en réjouir dans l'intérêt du régime parlementaire et de la démocratie.

Louis XV. — J'aurais dû empêcher de parler de Rosbach. Il est vrai que, de mon temps, la presse n'était pas arrivée au degré d'organisation où nous la voyons aujourd'hui. Enfin, j'espère qu'à l'avenir on me laissera la paix avec le secret du roi.

Voltaire. — Sire, c'est sous votre règne que j'ai écrit cette maxime : « On sait bien qu'il faut dire la vérité ; mais les vérités contemporaines exigent quelque discrétion. »

Renan. — L'opportunisme est l'essence de la politique. Les hommes de gouvernement savent que les peuples ne peuvent pas supporter la vérité. Si elle était divulguée, elle ferait éclater le monde.

Gambetta. — Aussi Painlevé a-t-il eu raison de cacher qu'Abd-el-Krim était arrivé à trente kilomètres de Fez, comme Herriot a eu raison de tirer cinq milliards de billets de banque sans en souffler mot. Un faux bilan est quelquefois nécessaire au salut de la République.

Pascal. — J'ai blâmé de semblables propositions chez Molina et quelques jésuites. Permettez-moi de vous rappeler une de mes pensées : « Dire la vérité est utile à celui à qui on la dit, mais désavantageux à ceux qui la disent parce qu'ils se font haïr. »

Montesquieu. — J'ai exprimé la même idée sous une forme moins anarchiste : « C'est un pesant fardeau que celui de la vérité lorsqu'il faut la porter jusqu'aux princes. » Les princes, ce sont maintenant les peuples devenus souverains. Il suffit de rendre hommage à leur souveraineté : on les traite ensuite comme des enfants. C'est pour cela qu'il y a des orateurs.

BERNARD SHAW ET LES SUPPLIQUES

A la *Sainte-Jeanne* de Bernard Shaw, qui fait courir Paris, le spectateur naïf commence par applaudir les tirades qui flattent ses opinions philosophiques. Tout de suite après, l'Irlandais mystificateur émet l'idée contraire, qui est détruite à son tour. Alors le public se tient coi, par crainte de retomber dans les pièges à loup que l'auteur lui tend.

En fait de sceptiques, nous avons mieux que Bernard Shaw, depuis Montaigne jusqu'à Anatole France. Évidemment, on peut tout soutenir. Mᵉ Henri-Robert est d'avis que les assassins ne sont pas assez protégés contre la justice. C'est un point de vue, le point de vue d'un avocat d'assises. Mais il est permis de trouver que les particuliers ne sont pas assez défendus contre l'assassinat et que l'impunité du crime prépare d'autres crimes.

Chez nous, les criminels peuvent compter sur la sensibilité du jury, pire encore, sur sa lâcheté. Le jury a l'air d'une institution très sage. C'est la société, par douze délégués pris (théoriquement) au hasard, qui prononce la justice. On soustrait les peines graves et la peine capitale aux juges professionnels qu'on suppose impitoyables. Mais on remet le verdict à des juges sans expérience ni responsabilité. Il est facile de démontrer que les tribunaux populaires sont encore plus aveugles que les autres et passent capricieusement de l'extrême indulgence à l'extrême rigueur.

Devant cette juridiction démocratique, Maître Henri-Robert trouve que l'accusé n'a pas encore assez de garanties, qu'il est livré au président, lequel dirige à son gré l'interrogatoire. L'interrogatoire, a-t-on dit, c'est ce qui reste de la torture. Aussi les Anglais l'ont-ils aboli.

On ne met plus à la question, mais on pose des questions, ce qui paraît barbare en Angleterre. Là-bas, l'accusé ne prend pas la parole. Son avocat répond pour lui. C'est peut-être une garantie pour le coupable. Ce n'en est pas une pour l'innocent qui perd le bénéfice du « cri du cœur ».

Bernard Shaw, dans sa pièce à mystifications, a d'ailleurs esquissé l'apologie de la torture. Il y a longtemps qu'on a dit que des juges humains et psychologues savaient se servir de la menace des supplices, sans les appliquer, pour éprouver si l'accusé était sincère, car il y a des accents qui ne trompent pas. Je vous disais bien qu'il n'y a pas d'idée qui ne puisse se soutenir.

Seulement, quand les gens commencent à être tués au coin des rues, l'idée qui reprend le dessus c'est que les victimes ont droit à plus d'égards que les criminels.

MIHL-ER-RHÂN LE VICTORIEUX ET AL-GASTOUNI LE SUBTIL

Il y avait, dans l'éloignement et la profondeur des temps, un royaume de l'Inde où le mal d'argent était devenu une calamité publique. Pour avoir une poignée de riz, il fallait donner tous les jours une somme plus forte. Le peuple murmurait, les riches se voyaient devenir pauvres, et les marchands, dans les villes, tenaient des conseils entre eux.

Le mécontentement alla si loin que le peuple s'en prit au sultan. Quelques années plus tôt, ce sultan, qui se nommait Mihl-er-Rhân, c'est-à-dire le Taureau victorieux, avait été acclamé et son nom était béni. Maintenant chacun le rendait responsable du prix sans cesse croissant des marchandises. Et il devint tellement impopulaire qu'il fut déposé, contre les traditions du royaume.

A sa place, l'Assemblée des notables élut Al-Gastouni, ce qui signifie le subtil ou le rusé. Al-Gastouni venait de la province du Sud, dont les habitants sont célèbres pour les ressources de leur esprit. Dès qu'il eut reçu l'investiture, il lança une proclamation par laquelle il invitait à venir au palais tout homme qui aurait une recette pour guérir le mal d'argent. Si le guérisseur réussissait, il recevrait en mariage l'héritière du royaume. Sinon, il aurait le col tranché.

Beaucoup se présentèrent, affirmant qu'ils connaissaient un remède propre à rendre la monnaie saine et pure comme une vierge dans son printemps. Mais qu'ils fussent sages et savants ou simples aventuriers, tous échouèrent et leur tête tomba sans que les affaires s'en portassent mieux.

Alors, les changeurs allèrent trouver Al-Gastouni et lui tinrent ce langage : « Très humblement nous supplions Votre Grandeur d'accorder son pardon au nommé Joseph qui est exilé au pays de Shârt. Lui seul possède le secret par lequel on transmue les métaux vils en or. Que Votre Générosité appelle Joseph à la direction des finances et nous serons tous sauvés. »

Al-Gastouni, au fond de son cœur, croyait aussi que Joseph détenait le secret merveilleux, mais il n'osait pas le dire. Encouragé par la requête des changeurs, il chargea l'exilé du pays de Shârt de remplir son Trésor vide. Mais il s'aperçut bientôt, et tout le peuple avec lui, qu'au lieu de disparaître la détresse avait empiré.

Al-Gastouni devenait fort soucieux car il craignait de subir le même sort que Mihl-er-Rhân, quand, un jour, se promenant dans son parc, il rencontra un derviche centenaire qui, après s'être prosterné, lui adressa ce discours : « Grand roi, laisse-moi te dire la parole de vérité. Ni Joseph ni un autre, fût-il magicien, ne pourra rendre le riz moins cher tant que siégeront les Notables. Tous, dans cette Assemblée, défendent les abus qui te ruinent. Les uns s'élèvent contre les impôts qui frappent les villes, les autres contre les impôts qui frappent les campagnes. Tu ne peux réduire ni le nombre ni les appointements de tes scribes qui ont aussi leurs représentants. Les changeurs eux-mêmes ont pour complices ceux qui dénoncent leurs profits. Ainsi ton royaume est mis au pillage et nulle réforme ne peut aboutir. »

Ayant dit ces mots, le derviche disparut et le sultan, fort effrayé, rentra dans son palais. « Sans doute, pensait-il, le derviche a raison. Mais comment renvoyer les Notables puisqu'ils m'ont élu et puisqu'ils peuvent me déposer comme ils ont déposé Mihl-er-Rhân ? »

MENSONGES

D'ici quelques années, un célèbre roman de M. Paul Bourget sera devenu invraisemblable en raison des mesures fiscales que la Chambre vient de voter.

Vous vous rappelez *Mensonges*. Mme Moraines, dont le mari n'a que des ressources médiocres, mène le train d'une vie élégante. C'est le vieux baron Desforges qui subvient secrètement aux frais et accessoires de la jolie Parisienne. Et l'on raconte au mari ce que l'on veut, que les perles sont fausses et que la fourrure a été gagnée à la loterie des filles-mères tuberculeuses.

Désormais, cette situation ne sera plus possible parce que le fisc dira à M. Moraines :

— Vous annoncez un revenu de tant de mille francs. Ce chiffre ne correspond nullement à vos dépenses annuelles. Nous savons que Mme Moraines a payé des notes pour une somme égale chez le couturier seulement. En raison d'une dissimulation aussi considérable, vous encourez toutes les rigueurs de la loi.

Dans le roman de M. Paul Bourget, c'est le jeune poète René Vinsi qui découvre les mensonges de la Parisienne, tandis que le mari continue à vivre dans une heureuse ignorance, il n'en sera plus de même à l'avenir.

Un contrôleur diligent s'apercevra, d'autre part, que le baron Desforges, possesseur d'une belle fortune, vit en célibataire, sans train de maison, sans dépenses extérieures ni apparentes. Le baron sera classé dans la catégorie des avares thésauriseurs. Voyant que son revenu déclaré reste stationnaire, le contrôleur lui demandera des explications :

— Monsieur, au vu et au su de tous, vous n'avez besoin que de tant par an pour vivre dans un appartement de garçon avec un valet de chambre. Vos revenus dépassent de beaucoup cette somme. Justifiez-moi donc vos dépenses, sinon je serai fondé à croire que vous faites des économies, que vous accroissez votre fortune et que vous fraudez en maintenant votre déclaration au même niveau.

On dira que ni ce pauvre M. Moraines ni le baron Desforges ne sont des personnages très intéressants et que leur cas est exceptionnel. D'abord, est-il si exceptionnel que cela ? Ce n'est pas sûr.

Ce qui est certain, c'est que le fameux mur de la vie privée s'écroule. Nous aurons tous à rendre compte au fisc de la manière dont nous dépensons notre argent, ce qui est horriblement indiscret. Est-ce qu'on n'a pas fait jadis des révolutions pour beaucoup moins ?

DE LA DIFFICULTÉ D'ÉCRIRE L'HISTOIRE

La distribution des prix étant une des cérémonies les plus ennuyeuses que l'on inflige à l'enfance, à cause de la longueur des discours, j'envie les élèves de Louis-le-Grand qui ont eu la distraction d'un chahut. Ils ont eu le privilège de voir le général Nollet, en grand uniforme, arrêter de sa main les interrupteurs de M. Herriot. Quel dommage que le général Nollet, quand il était à Berlin, n'ait pas eu la même énergie ! Le désarmement de l'Allemagne ne ferait plus question.

Il n'en est pas moins vrai qu'un ancien président du Conseil, président de la Chambre, sifflé dans un lycée de l'État, c'est un scandale inouï.

De mon temps, le lycée était républicain. Sans provocation mais avec fermeté, il se dressait en face de la « jésuitière ». Quand nous aurons l'école unique, on manifestera toute la journée. Il n'est pas bon de vouloir imposer des opinions à la jeunesse. Tout le monde sait que Stanislas a été une pépinière d'anticléricaux. On est en train de nous fabriquer le contraire.

Cependant les élèves de Louis-le-Grand auront pris une bonne leçon de choses. Je conseille à leurs professeurs de leur donner, à la rentrée, une dissertation sur ce thème bien connu : « De la difficulté d'écrire l'histoire. »

D'après les journaux de l'opposition, ce fut « une tempête de cris hostiles et de protestations » lorsque M. Herriot, en habit, se leva pour prendre la parole. Pendant vingt minutes, sa voix fut couverte par les clameurs. Enfin apparut la police qui intervint « durement » et à laquelle le général Nollet, « dirigeant les opérations », prêta main-forte. La *Marseillaise*, devenue réactionnaire comme nul ne l'ignore, retentit, non pas pour célébrer les lauréats déjà couronnés, mais pour attester la patriotique indignation des lycéens.

Si vous consultez, au contraire, un journal dévoué au Gouvernement, vous y voyez que l'incident a été très peu de chose. On ne parle plus de la conduite des opérations par le stratège Nollet. Les arrestations se réduisent à deux, encore n'ont-elles pas été maintenues. La foule des invités et des élèves a imposé silence aux perturbateurs et « acclamé frénétiquement le président de la Chambre ». Ce récit est dû à un témoin oculaire qui est une « personnalité officielle du lycée ».

Entre les deux versions, il faudrait choisir. Mais pourquoi la Chambre a-t-elle choisi la plus dramatique ? Les députés du Cartel ont acclamé M. Herriot et flétri les « assassins » de Louis-le-Grand. En mettant tout au pire, les potaches n'avaient pourtant assassiné d'interruptions qu'un discours, ce qui est l'habitude au Palais-Bourbon.

CHANSONS

Dans la rue, des chanteurs ambulants. Je m'arrête comme les autres. On reprend en chœur : *Rêve d'amour*, ou bien : *Si par hasard, — tu vois ma tante, — complimente — la de ma part*. Puis, tout à coup, c'est une chanson antimilitariste qui conseille aux soldats de ne pas partir pour le Maroc.

Je veux bien que cette propagande soit abominable. J'en suis convaincu. Seulement, pourquoi honore-t-on le chansonnier Béranger ?

Il y a cent ans, Béranger conseillait aux soldats de ne pas partir pour l'expédition d'Espagne à laquelle M. de Chateaubriand tenait beaucoup. Ce qui n'empêcha, plus tard, M. de Chateaubriand de flatter Béranger et de faire la fête avec lui. Ce qui n'empêche pas non plus que nos bolcheviks ne disent pas pire que l'ami de Lisette dans les couplets séditieux du *Nouvel ordre du jour* :

> *Oui, s'lon notre origine,*
> *Nous aurons pour régal*
> *Nous l' bâton d' discipline,*
> *Eux l' bâton d' maréchal.*
> *Brav's soldats, v'là l'ordr' du jour :*

Refrain, totalement défaitiste :

> *Garde à vous ! demi-tour !*

Pourtant, il est subversif de chanter le refus d'obéissance dans la rue Béranger et même devant sa statue. Car Béranger a sa rue et sa statue. Armand Carrel a sa rue aussi. Un des principaux exploits d'Armand Carrel avait été de s'opposer au passage des troupes françaises sur la Bidassoa. Sur l'Ouergha, on n'a pas encore vu M. Marty…

Pour les révolutionnaires d'autrefois, les bourgeois français ont eu des trésors d'indulgence. Armand Carrel était un héros, Béranger une idole. Comme si la chanson du *Vieux Vagabond* n'avait pas devancé l'*Internationale* ! C'est un hymne léniniste. Jugez plutôt :

Le pauvre a-t-il une patrie ?
Que me font vos vins et vos blés,
Votre gloire et votre industrie
Et vos orateurs assemblés ?

C'est ravissant… Qu'est-ce qu'on attend pour saisir les chansons de Béranger ?

Pendant très longtemps la bourgeoisie a fredonné ces couplets. C'est qu'elle goûte la Révolution au coin de son feu et quand l'ordre n'est pas troublé, quitte (avis à M. Cachin) à flanquer des coups de fusil aux insurgés qui prennent ce romantisme au sérieux. De même on voit des gens célébrer la prise de la Bastille qui frémiraient d'horreur s'ils apprenaient que l'émeute a forcé les portes de la Santé.

C'est l'histoire de Rouget de Lisle, qui amusait tant Sainte-Beuve. En juillet 1830, Rouget de Lisle arrive chez des amis, pâle, défait, se laisse tomber dans un fauteuil et gémit : « Ça va mal ! On chante la *Marseillaise* ! »

LE MONDE COMME IL VA

Petit tableau du monde comme il va aujourd'hui : quand les postiers sont mécontents, ils menacent de ne pas distribuer les lettres et leurs traitements sont augmentés ; quand on crée le carnet de coupons, les rentiers fuient les guichets et le ministre des Finances doit céder. Les commerçants annoncent qu'ils fermeront leurs boutiques si on ne leur en reconnaît pas la propriété. Cependant, les véritables propriétaires crient à la spoliation et parlent d'une contre-grève qui est d'ailleurs en cours : car personne n'est plus assez fou pour construire des maisons où les locataires, à peine installés, sont les maîtres.

Nous ne parlons pas des paysans, auxquels personne ne touche, car ils disposent, pour s'immuniser, d'une arme très simple qui consisterait à garder leur récolte pour eux et même à ne pas semer de blé.

Comment s'appelle un état pareil ? Il n'a qu'un nom : anarchie. Mais c'est un état de choses bien commode puisque, — jusqu'à ce que tout craque, — chacun est sûr de faire entendre sa réclamation à son tour.

Un de mes amis, poète idéaliste et lyrique, a coutume de dire que, le jour où il se présentera à la députation un candidat qui promette de défendre les intérêts des écrivains, quelles que soient ses opinions, il votera pour lui. Ce jour semble enfin venu. Mon syndicat se met en mouvement. La Société des Gens de Lettres postule un dégrèvement d'impôts pour les Français qui vivent de leur plume et M. Léon Bérard sera leur avocat au Parlement.

Ce n'est pas trop tôt ! Pourquoi les hommes de lettres seraient-ils traités autrement que les facteurs ? Ils feront valoir, avec raison, que leurs revenus sont éminemment aléatoires, irréguliers, qu'un auteur ne produit pas des livres comme un pommier produit des pommes et que Flaubert a mis dix ans à composer *Madame Bovary*.

Un autre argument devrait décider le Parlement à accorder un régime de faveur aux écrivains. Il est de bonne politique de ménager ceux qui peuvent exprimer le mécontentement et les rancunes de tout le monde. L'antimilitarisme ne s'est répandu qu'à partir du moment où l'on a envoyé à la caserne même ceux qui étaient capables d'écrire *Sous-Offs* et le *Cavalier Miserey*. N'ameutez pas contre l'impôt sur le revenu ceux qui ont le moyen de le rendre impopulaire et de refaire *L'Homme aux quarante écus*.

On dira que je prêche pour mon saint. Est-ce que les autres ne prêchent pas pour le leur ? Je ne vois qu'une difficulté à la défense des écrivains contre le fisc. L'organisation de leur grève se conçoit assez mal. Il y aurait bien celle des chefs-d'œuvre. Malheureusement elle est déjà commencée.

EMPLOYÉS DE BANQUE

Est-il naturel, moral, et même prudent, que des femmes qui, dans certains établissements de crédit, manient un demi-million et plus chaque jour, gagnent 430 francs par mois, c'est-à-dire 107 fr. 50 d'avant-guerre ? Réponse à cette question : la grève des banques.

J'avoue que ces grévistes-là ne me sont pas antipathiques. Car enfin il n'y a pas de prix spéciaux pour eux. Il faut bien qu'ils mangent, qu'ils s'habillent et se blanchissent. Voilà déjà longtemps que les autres travailleurs, les manuels, ne se contentent plus du salaire des travailleurs qui rentrent dans la catégorie sacrifiée, celle des intellectuels.

Aux demandes de leurs employés, qu'opposent les directeurs ? Des arguments qui n'ont pas tous la même force convaincante.

Il y a celui de la réduction des bénéfices, qui atteindrait des milliers d'actionnaires, qui achèverait de ruiner de petites gens, vieillards, veuves, infirmes. Je déduis de cette considération que les grands banquiers ne sont pas grands actionnaires de leurs banques. La rémunération des administrateurs semble n'avoir que des rapports assez vagues avec le dividende des actions. J'ai connu un haut financier qui gémissait : « Dire que j'ai un million et demi par an et que je travaille tous les jours. Je n'ai même pas le temps de profiter de ce que je gagne. » Cri du cœur assez drôle, mais qui révèle de l'argent un peu facilement encaissé, tout en admettant la juste part de ce qu'un autre financier appelait, non sans raison, « l'état-major qui commande ». Il faut reconnaître les services rendus par cet état-major. On doit convenir aussi qu'il touche un bien grand nombre de rations et qu'il ne descend pas assez dans la tranchée courir les risques de l'actionnaire.

Il est vrai que tout employé de banque a son bâton de maréchal dans son stylo et peut devenir associé et directeur. Avec cet espoir on ferait prendre patience aux grévistes si la note du boulanger et celle du boucher n'étaient si impérieuses. Et puis, les femmes ? Leur ouvrira-t-on les conseils d'administration ?

Je conclus que voilà des grévistes assez raisonnables. Ils ont reçu au moins la bénédiction d'un évêque. Les directeurs leur donnent comme argument suprême qu'en voulant trop ils tueront leur gagne-pain. Si c'est vrai, le dilemme est tragique. Mais à quelle profession ne s'appliquerait-il pas ? Car du pain, il s'agit tout de même d'en avoir assez.

LE NOUVEL ALEXANDRE

Quand l'âge fut venu pour lui de choisir un métier, Alexandre, jeune Auvergnat, dit à ses parents :

— Je ferai de la politique.

Il reçut alors les conseils d'un ami de sa famille qui avait été depuis longtemps député du pays.

— Mon enfant, dit le vieillard plein d'expérience, vous vous lancez dans une carrière que je connais bien. Prenez votre départ le plus loin possible du but. Sachez que la Chambre est une plaque tournante dont le mouvement va de gauche à droite : à droite, c'est le trou, l'abîme d'où l'on ne sort plus. Il faut que vous ayez assez de marge devant vous pour ne pas être jeté dans le précipice avant de longues années. On devient assez tôt conservateur. Je n'étais que républicain en 1877, me voici déjà réactionnaire. Ayez soin de prendre du champ.

Cette leçon ne fut pas perdue pour Alexandre. Il se présenta comme socialiste et battit un radical. Il siégea à la gauche la plus extrême et soutint les motions les plus subversives. Il était l'orgueil des militants. Il refusait de voter le budget et repoussait surtout les crédits coloniaux, les colonies étant les abus les plus criants du régime capitaliste et militariste.

Au bout de quelques années, comme son vieux maître l'avait prédit, Alexandre ne siégea plus à l'extrême gauche.

Il était devenu socialiste du gouvernement. Et il fut tellement gouvernemental qu'en récompense de son zèle il fut nommé vice-roi de l'Indo-Chine, avec une liste civile calculée en loyales piastres et non en francs-papier, bons pour les fonctionnaires et les rentiers de l'État.

Cependant il y avait en Auvergne d'autres jeunes qui se destinaient à la politique et qui jetèrent feu et flamme contre le renégat. Alexandre fut rayé de la Fédération socialiste, sur la proposition de quelques énergumènes poussés par des ambitions…

Il répondit à cette excommunication par un froid mépris, se moqua des « militants » qui l'avaient exclu et se rendit dans sa vice-royauté, convaincu que les colonies sont une chose excellente et nécessaire.

Cet Alexandre-là ne s'appelle pas Millerand. Il s'appelle Varenne. Mais leur histoire se ressemble. Et il ne manquera jamais d'amateurs pour la recommencer jusqu'au jour où, à force d'exciter le désordre pour devenir des profiteurs de l'ordre, ils ne trouveront plus ni Élysée, ni Indo-Chine. Tant va l'urne à la démagogie qu'elle casse.

ANTICIPATIONS

La scène se passe en 1975 à la Chambre des députés. Le ministre des Finances monte à la tribune pour défendre son budget.

LE MINISTRE DES FINANCES. — Messieurs, pour la quarante-neuvième fois depuis le double traité de Londres et de Washington, je viens vous demander d'inscrire une somme de quatre milliards pour remboursements à l'Angleterre et aux États-Unis.

UN TRÈS JEUNE DÉPUTÉ. — De quoi s'agit-il ? Quel est ce tribut ?

LE MINISTRE DES FINANCES. — Contrairement à ce qu'on pourrait croire, nous ne sommes pas condamnés à verser, chaque année, ces lourdes contributions parce que l'Angleterre et les États-Unis nous ont vaincus. Cette dette est le résultat d'une victoire commune.

UN AUTRE DÉPUTÉ, NÉ EN 1950. — Sur qui ?

LE MINISTRE DES FINANCES. — Sur nos alliés actuels, les Allemands, à qui nous sommes attachés par un pacte affectueux qui date justement de la même année que les conventions de remboursement auxquelles je faisais allusion tout à l'heure. L'Allemagne, qui est, depuis 1932, complètement libérée des obligations du plan Dawes, est le seul grand peuple qui ait la bonté de ne pas nous réclamer d'argent. Aussi convient-il de lui exprimer notre amitié et notre reconnaissance. Il est, d'ailleurs, naturel que les plus jeunes de nos collègues aient perdu la mémoire des regrettables incidents qui se sont déroulés, il y a maintenant plus d'un demi-siècle, entre la France et l'Allemagne. Il faut, comme moi, être arrivé aux limites de l'âge pour avoir vu Paris acclamer les alliés anglais et américains.

UNE VOIX A GAUCHE. — A bas les vampires anglo-saxons !

LE MINISTRE DES FINANCES. — Messieurs, calmons une indignation peut-être légitime. Ne provoquons pas, par des paroles imprudentes, les grandes puissances dont nous restons les débiteurs. Encore treize ans de sacrifices et nous serons libérés. En 1987, notre dette sera enfin éteinte. Mais je ne dois pas vous dissimuler que les dernières années seront les plus dures. Nous touchons à la fin de nos ressources. L'impôt sur les biens oisifs, au cours de l'exercice écoulé, n'a plus produit que 2.357 fr. 25. Il n'y a plus, en France, de diamants ni de perles. La dernière collection de tableaux a passé l'Atlantique, il y a sept mois. On nous signale la disparition croissante de l'argenterie, la taxe, au delà de six couverts, étant devenue trop lourde. Je vous propose donc une taxe de remplacement sur le ruolz et les chromolithographies…

A ce moment, le ministre des Affaires étrangères, très ému, demande la parole pour une question urgente.

LE MINISTRE DES AFFAIRES ÉTRANGÈRES. — Messieurs, il vient de se passer, en plein centre de Paris, un événement déplorable. Des touristes américains ont été malmenés par la foule au cri de « Skylock ! » comme ils déjeunaient dans le seul restaurant de luxe qui nous reste. Sans doute, ces citoyens d'un État créancier ont eu tort de réclamer avec ostentation une boisson qui n'est même plus servie dans nos dîners officiels, je veux parler du vin de Champagne, bien connu de nos aïeux. Il n'en est pas moins vrai que je dois exprimer mes regrets et mes excuses au gouvernement des États-Unis, et mettre nos compatriotes en garde contre des excès qui pourraient entraîner, s'ils se reproduisaient, le bombardement du port de Brest par une escadre américaine…

ÉGALITÉ

N'étant pas fonctionnaire, je suis désintéressé dans le conflit qui met aux prises, non seulement avec l'État, mais entre eux, les P. T. T., les instituteurs et les agents des contributions. Ce qui rend ce conflit si âpre, c'est qu'il traduit surtout cette soif d'égalité qui altère nos concitoyens.

Nos fonctionnaires veulent d'abord toucher plus, ce qui ne les distingue pas, du reste, des humains de tous les temps. Ils veulent ensuite toucher autant les uns que les autres. C'est là que commence la difficulté. Un instituteur peut être marié à une institutrice, le postier à une téléphoniste. Alors il y a appointements doublés et double retraite. Jusqu'à présent le service des contributions est réservé au sexe mâle. Madame l'institutrice a le traitement. Madame la receveuse de l'enregistrement n'a que l'honneur. D'où la guerre entre Madame la baillive et Madame l'élue.

On ne voit pas pourquoi les gendarmes ne se plaindraient pas aussi. Il n'y a pas encore de gendarmerie féminine. La « péréquation », synonyme administratif et barbare de l'égalité, voudrait un corps d'amazones chargé du maintien de l'ordre public.

C'est que l'égalité, inscrite sur nos murs, est si difficile à réaliser ! La liberté pareillement. Il n'y aura de vraie liberté, si l'on y réfléchit bien, que le jour où nous serons libres de choisir nos parents. C'est une injustice abominable que les uns soient les fils de paresseux et d'ivrognes, et que les autres soient engendrés par des parents économes et travailleurs.

Mais il est encore plus injuste que mon voisin ait hérité de poumons sains, de biceps vigoureux et de reins qui éliminent impeccablement. Pourquoi serais-je arthritique, pourquoi paierais-je les excès de mes parents quand ce gaillard que voici doit aux siens une excellente santé ? Plus j'y pense, plus je trouve que la nature nous refuse l'égalité aux sources de la vie.

Et là, rien à faire. Nos réclamations ne peuvent s'adresser qu'au ciel. Tandis que les fonctionnaires de l'État ont la ressource de la grève, celle des bras croisés ou celle des yeux fermés.

La seconde me plaît fort. Si les contributions se mettent à fermer les yeux sur ma feuille d'impôts, je n'y verrai pas d'inconvénients. Il est vrai que, par ces moyens, l'État finira par se dissoudre, ce qui aura des inconvénients sérieux, même pour les Français qui remplissent des fonctions publiques. Mais ce sont des choses dont on ne s'apercevra que quand elles seront arrivées. En attendant, chacun tire la couverture à soi. Ne la déchirez pas trop !

NATALITÉ

(La scène se passe à la Ligue pour le relèvement de la natalité française.)

LE PRÉSIDENT. — Messieurs, j'ai une heureuse nouvelle à vous annoncer. Nos idées sont en progrès et se répandent dans le grand public. Le jury de la Seine vient d'acquitter une fille-mère accusée d'infanticide.

PLUSIEURS MEMBRES. — Nous ne comprenons pas. Ce n'est pas en donnant un encouragement à l'infanticide qu'on accroîtra, dans notre malheureux pays, la population qui baisse de jour en jour.

LE PRÉSIDENT. — Attendez, messieurs. Après avoir rendu son verdict charitable et inspiré des plus hauts sentiments d'humanité, les jurés ont voté une motion par laquelle ils demandent aux Pouvoirs publics de compléter la législation de l'infanticide par des dispositions pénales qui frapperaient le séducteur, c'est-à-dire le coupable, toujours impuni et impunissable dans l'état actuel de nos lois. Je propose, messieurs, que la Ligue pour le relèvement de la natalité française donne un appui solennel à cette juste motion.

UN LIGUEUR. — Parfaitement. Il faut punir sans pitié les misérables qui font des enfants aux filles.

AUTRE LIGUEUR. — Croyez-vous que ce soit vraiment le moyen de relever la natalité ?

LE PRÉSIDENT. — La question de la population est avant tout une question de moralité et nous estimons que la séduction est un crime.

LE MÊME LIGUEUR. — Fort bien. Mais y aurait-il plus d'enfants s'il y avait moins de filles séduites ? Moi, je crains que la population française baisse parce qu'il n'y a plus assez de bâtards. Messieurs, le bâtard tend à disparaître. Voilà le danger.

LE PRÉSIDENT. — Nous ne pouvons admettre de pareilles thèses dans cette enceinte. A nos yeux, la paternité entraîne des devoirs auxquels nul ne doit se soustraire.

LE MÊME LIGUEUR. — Prenez garde ; vous allez rendre don Juan impossible et don Juan est le plus zélé serviteur du précepte : « Croissez et multipliez. » Si vous effrayez le séducteur par l'idée des responsabilités qu'il encourt, vous en ferez un malthusien.

LE PRÉSIDENT. — Notre principe est que la femme et l'enfant ont droit à la protection du père.

LE MÊME LIGUEUR. — Ce n'est pas ainsi que s'y prend la nature. Elle met les créatures au monde sans se soucier de ce qu'elles deviendront. Introduisez la recherche de la paternité chez les harengs et vous m'en direz des nouvelles. A mesure que la société organise la prévoyance, elle organise la dépopulation. Avez-vous remarqué, dans les statistiques municipales, que les naissances illégitimes baissent en même temps que les naissances légitimes ? C'est donc que la même cause, c'est-à-dire la crainte des responsabilités, agit sur les unes et sur les autres.

LE PRÉSIDENT. — Nous maintenons que la question de la population est avant tout une question de morale publique. Je mets aux voix cet ordre du jour : « La Ligue, réprouvant la séduction, émet le vœu que le donjuanisme soit considéré comme un crime. »

(L'ordre du jour est voté à mains levées.)

ÉLECTIONS ACADÉMIQUES

Dans une comédie qui fut célèbre, un personnage demande la main d'une jeune femme qui l'accueille ainsi :

— Vous, mon mari ? Peut-être. Mais vous portez la barbe. Je voudrais voir comment vous êtes, le menton rasé.

Lorsque le prétendant reparaît, il est glabre. La dame le regarde et s'écrie :

— Oh ! mon Dieu ! Voilà que j'ai oublié comment vous étiez avant !

L'Académie ressemble à cette dame-là. Elle est incroyablement capricieuse et, selon les candidats qui se présentent, elle varie les objections.

Si un homme politique aspire à remplacer un écrivain, on l'écarte sous prétexte qu'il faut un littérateur. S'il brigue le fauteuil d'un homme d'État, on lui répond qu'il est dans les usages de la maison d'interchanger les spécialités.

L'autre semaine, un homme politique humaniste et lettré n'a pas obtenu la succession d'Anatole France. Un poète a eu la préférence, et le vaincu lui-même lui rend hommage. C'est donc fort bien. Seulement, pourquoi invoquer la littérature dans ce cas-là tandis que, dans d'autres cas, on allègue que l'Académie ne doit pas se composer seulement de gens de lettres et n'est pas tenue de remplacer genre par genre ses défunts ? Anatole France avait succédé à Ferdinand de Lesseps et l'on n'avait pas exigé de l'auteur de *Thaïs* qu'il eût percé un canal.

Ainsi, les choix de l'Académie sont imprévisibles et la fantaisie semble y régner. Mais ce n'est qu'une apparence derrière laquelle il y a des lois. Le moyen le plus rapide d'entrer à l'Académie, c'est encore de ne porter ombrage à aucune des catégories qui y sont représentées. Depuis qu'il y a trois maréchaux sous la coupole, il y a peu de chances pour un militaire d'y être admis : il risquerait de se heurter au front unique d'une puissante coalition. De même les ecclésiastiques ne tiennent pas à augmenter le nombre des robes, les poètes symbolistes veillent sur la porte pour que le symbole n'entre pas en masse, et chacun, dans son genre, aspire à être seul.

Le titre d'académicien est comme une décoration que l'on porte et qu'on n'aime pas voir à la boutonnière de son voisin d'étage. Imaginez qu'un parlementaire se présente à l'Académie, tandis qu'un autre parlementaire du même département en serait déjà. Trouverait-il beaucoup d'empressement chez son collègue ? J'en doute et vous en doutez aussi. Ces choses-là sont dans la nature humaine. Et, pour être immortel, on n'en est pas moins sujet aux petites faiblesses de l'humanité.

UN VOYAGE DE BABOUC

Babouc, arrivant à Persépolis, trouva la ville en émoi.

— Tout est perdu, disaient les bourgeois et les marchands. Les ennemis de l'ordre et de la propriété arrivent au pouvoir. Ils confisqueront nos richesses et ils nous couperont la tête ensuite. Mais il vaut mieux que cette expérience soit faite, parce que c'est la volonté du Ciel.

Babouc fut étonné de voir les citoyens de Persépolis si facilement résignés à des maux qui leur inspiraient tant de terreur. En se promenant à travers la ville, il aperçut une sorte de temple dans lequel la foule se bousculait en poussant de grands cris.

« Ces hommes, se dit-il, supplient sans doute la divinité de leur épargner le fléau d'une révolution. Mêlons-nous à leurs prières. »

Il entra, il entendit hurler des chiffres et il s'aperçut qu'il n'était pas dans un temple, mais dans le souk des changeurs. L'un d'eux, reconnaissant un étranger, demanda à Babouc s'il voulait vendre des monnaies de son pays et l'assura qu'il les payerait au-dessus du cours.

— A quoi vous serviront mes dinars d'or ? fit Babouc. Vous avez ici de jolis billets ornés d'images de toutes les couleurs.

— Je vois, répondit le changeur, que vous êtes nouvellement arrivé parmi nous. Je ne veux pas vous tromper, car les changeurs de ce souk sont honnêtes. Apprenez donc que Persépolis est menacé d'une subversion terrible et que, demain, ces billets qui vous plaisent tant auront perdu la moitié de leur valeur.

— Pourquoi ne vous défendez-vous pas ? dit Babouc. Et pourquoi laissez-vous venir les malheurs que vous redoutez ?

— Il faut que l'expérience soit faite, répliqua le changeur. Nous tendons le cou au destin.

Babouc augura mal de Persépolis. On lui conseilla de quitter la ville qui allait être mise à feu et à sang et que beaucoup de ses habitants se disposaient à fuir. Il resta par curiosité. Deux jours plus tard, la nouvelle se répandit que le nouveau vizir ne serait pas un ennemi des riches, et la confiance se ranima le jour même. Babouc rencontra de nouveau le changeur qui, cette fois, pour le prix de ses dinars ne lui offrit plus qu'une petite poignée des jolis billets multicolores.

— Je n'en veux pas, répondit Babouc. J'ai trop peur que demain vous succombiez encore à la panique et que vous soyez prêt à subir tout ce que vous craignez.

LE FISC ET LE CONTRIBUABLE

On nous annonce tous les jours de nouveaux projets financiers. Pourquoi n'en trouve-t-on pas un seul, mais qui soit bon ?

Pourquoi ? Je crois le savoir, vous le savez comme moi et, bien qu'on ne l'avoue guère, tout le monde le sait. La guerre, guerre inexpiable, est ouverte entre le contribuable et le fisc. Et dans cette lutte, à laquelle les Français sont préparés par mille ans d'histoire, c'est le contribuable qui finit toujours par avoir le dernier mot.

Le fisc et le contribuable chantent éternellement le duo de Vincent et de Mireille. « Si tu veux me prendre, dit Magali, je me ferai anguille et je me cacherai sous le rocher dans la mer. — Alors, répond l'amoureux, je serai le pêcheur avec son filet. — Si tu es le pêcheur avec son filet, je serai l'oiseau qui s'envole. — Si tu es l'oiseau qui s'envole, je serai le chasseur avec son fusil. — D'oiseau je deviendrai l'herbe qui se cache dans les prés. — Eh bien ! je deviendrai l'eau qui t'arrosera. — L'eau ne court pas après le nuage qui s'envole là-bas, bien loin. — Le vent va plus vite que le nuage et te saisira… »

La course aux métamorphoses peut continuer longtemps. Dans la chanson, c'est l'amoureux qui finit par être vainqueur. Magali ira chercher refuge dans la mort. « Bien, riposte Vincent ; moi, je serai la terre et je t'aurai. »

Le fisc sera moins heureux que Vincent. Lorsque le contribuable sera entré sous terre, le fisc sera quinaud. Où il n'y a rien, dit un vieux proverbe, le roi perd ses droits. Quand il n'y aura plus que des pauvres, le percepteur se tournera les pouces et les Français préféreront se donner les apparences de la pauvreté plutôt que de travailler pour l'État.

Jean-Jacques Rousseau raconte, dans ses *Confessions*, qu'un jour, voyageant à pied, il entra chez un paysan et lui demanda à se restaurer. Le paysan regarda l'inconnu avec méfiance et répondit qu'il n'avait que du pain et de l'eau claire. Puis, ayant causé avec le voyageur, il finit par lui dire : « Je vois que vous êtes un bon jeune homme et non pas un commis des aides, comme je le croyais. » Alors le paysan alla à sa cachette, d'où il tira un jambon et du vin.

Les Français n'ont pas changé et rien ne sera plus vite fait que de les transformer en avares thésauriseurs. L'État, en jouant avec eux à la poursuite fiscale, perdra à coup sûr. L'argent a un moyen si simple de ne pas être pris qui est de ne pas se montrer ! On dirait que nos auteurs de projets financiers ne connaissent pas les gens à qui ils ont affaire et surtout qu'ils n'ont jamais passé huit jours aux champs.

1926

PRONOSTICS

Les météorologistes ayant prédit un hiver rigoureux, la température se tient au-dessus de la moyenne. On nous avait annoncé que la Seine gèlerait et elle déborde. Au lieu des victimes du froid, il y aura celles des inondations. En somme, on ne risque rien à émettre des pronostics fâcheux pourvu qu'on évite de les préciser.

J'ai demandé, un jour, à une célèbre chiromancienne si elle avait prévu la guerre. « Car enfin, lui disais-je, vous examiniez tous les jours la main d'hommes jeunes ou dans la force de l'âge. Vous deviez trouver un grand nombre de lignes de vie coupées par une mort brutale. »

Elle me répondit, non sans embarras, qu'elle avait souvent prédit une attaque par des apaches. « Et je ne me trompais pas, n'est-ce pas, monsieur ? car entre les Allemands et les apaches, il n'y a pas de différence. » Ce sont des choses qu'on ne doit plus dire depuis Locarno… Elle ajouta aussi qu'il n'était pas rare que le signe de la mort apparût sur notre paume quelques jours seulement avant l'événement fatal, ce qui expliquerait qu'elle n'ait pas prophétisé la grande tuerie avec plus de hardiesse.

Le prêtre de Némi répond au soldat qui veut savoir s'il sera tué à la guerre : « Mon ami, tu reviendras sain et sauf. »

Ganeo se dit que, si le soldat succombe, il ne réclamera pas. S'il échappe, il admirera la perspicacité du génie sibyllique.

J'aime mieux cela. C'est ainsi que s'y prennent les accoucheurs qui interrogent leur cliente : « Voyons, madame, que désirez-vous ? Un garçon ou une fille ? — Un garçon, docteur. — Eh bien ! madame, je crois que vous serez exaucée. » Et, sur son carnet, il inscrit : « Madame Une Telle, une fille. » Il y a une chance sur deux que ce soit un garçon. Si ce n'en est pas un, le calepin est là pour attester que le médecin avait vu juste.

Ce qui m'empêche de croire aux devineresses, c'est qu'on n'en connaît pas qui soient attachées à la Bourse. Celle qui, dans les brumes de l'avenir, pourrait déchiffrer le cours du Rio à quinze jours seulement, n'aurait plus besoin de tirer les cartes aux messieurs et aux dames qui veulent savoir si on les aime. Mais la Bourse est un temple dont les oracles sont encore plus obscurs que ceux de Delphes.

Quand nos prophétesses contemporaines tirent l'horoscope de l'an qui vient, je me rappelle toujours ce mot d'un vieil homme d'État, mort à plus de quatre-vingts ans, et qui donnait ce conseil aux jeunes : « Ne dites jamais : c'est grave. Toute ma vie, j'ai entendu dire que c'était grave. Et surtout ne donnez jamais de dates. » A condition de ne donner ni chiffres ni dates, vous pouvez conjecturer tout ce que vous voudrez. Mais n'oubliez jamais ce précepte !

LE FAUX HONGROIS

Jusqu'ici la fabrication délictueuse des billets de banque était réservée à une assez basse pègre de faux monnayeurs. Voyez ce que c'est que la contagion du mauvais exemple. Il y a eu, depuis quelques années, des gouvernements qui se sont servis avec excès, sans pudeur, retenue ni vergogne, de la planche à imprimer des vignettes. L'État français lui-même en a émis pour dix-huit milliards en un an. Ce sont là jeux de princes et c'est pourquoi des princes hongrois ont fait rouler la machine aux assignats.

Rocambolesque histoire qui dépasse tout ce qu'on a jamais imaginé. Des aristocrates archiauthentiques, des femmes de la société et de la meilleure, des ministres ou d'ex-ministres qui se sont compromis dans cette aventure avec une inconscience incroyable. Tout ce beau monde de Budapest s'est dit que pour avoir de l'argent, outre les soixante et trois manières que connaissait Panurge, il y en avait une, la plus facile de toutes, qui consistait à en faire. Les coupables allèguent, maintenant, que c'était « pour la cause ». Pour la cause de leur bourse plate, assurément.

Le plus curieux, c'est qu'ils n'ont même pas l'air de se rendre compte du caractère délictueux et criminel du cas dans lequel ils se sont mis. Ces gens-là ont la légèreté de personnages d'opérette. Le prince Windischgrætz est tout étonné d'être en prison.

« Comment ! semble-t-il dire, je n'ai jamais fabriqué que vingt-cinq mille billets de mille francs. Des ministres qui ont fabriqué des milliards, et même, dans certains pays, des trillions, sont aux honneurs. Il y a là un extraordinaire déni de justice. Ainsi va le monde. Toujours deux poids et deux mesures. »

Il est vrai que, par un reste de scrupule, un scrupule patriotique, ces magnats n'ont pas imité les billets de la couronne de Saint-Étienne. Ils ont porté leur choix sur les vignettes de la banque de France, ce qui est, après tout, un hommage à notre crédit. C'est une consolation. Cela veut dire que la gravure de Barré et la signature de M. Aupetit valent encore quelque chose.

Nous nous demandons seulement ce que sont devenus les billets qu'ont lancés, dans la circulation, ces nobles faux-monnayeurs ? Où sont-ils ? Où courent-ils ? Il est vrai qu'on en a tant émis en France que, dans le tas, quelques millions de plus ou de moins ne s'apercevront guère.

LE RUBAN ROUGE

D'après un projet préparé par la Chambre, tous les citoyens devront faire la preuve qu'ils ont déclaré leur revenu, même s'ils n'en ont pas, sous peine d'être privés de leur carte d'électeur et de ne pouvoir accomplir aucun acte de l'état civil, pas même, sans doute, celui qui constate leur décès.

Je propose, quant à moi, que tous les Français qui ne seront pas au moins chevaliers de la Légion d'honneur soient déchus de leurs droits et considérés comme marqués d'infamie.

En effet, nous sommes en pleine inflation décorative. On fabrique presque autant de brevets à la Grande Chancellerie que de billets à la Banque de France. Quand on rencontre un monsieur qui n'a pas un peu de rouge à sa boutonnière, on commence à se dire : « Faut-il qu'il ait un casier judiciaire chargé » D'ici quelques années, on remarquera ceux qui n'auront pas le ruban.

Le ruban vient d'être donné, dans la dernière promotion, au patron d'un de nos bars les plus parisiens et les plus célèbres. C'est la réparation d'une longue injustice. Ce bar tient une grande place dans la vie politique et dans les lettres. Il figure dans le répertoire théâtral. Il est à peu près classique. On en parle jusque dans les pampas. La *Dame de chez Maxim's* répand le renom de la France à l'étranger et, tous les ans, nos exportations sont accrues par le fameux restaurant de nuit.

Le fondateur d'une institution aussi puissante aurait dû être décoré par les Beaux-Arts ou même par les Affaires Étrangères, pour reconnaître la part qu'il a prise à la propagande française. On n'a voulu considérer que les services rendus au commerce extérieur. C'est un peu mesquin, mais cela pourra se réparer.

Nous avons un grand nombre de casinos, de maisons de jeu, de maisons d'illusions dont les directeurs et les directrices ne manquent pas de titres aux distinctions. Sur l'étendue de notre territoire ces auxiliaires du commerce et de l'art français sont nombreux. Qu'on ne les oublie pas !

Restent les dévouées collaboratrices de cette grande industrie. Dans un âge de démocratie, il ne faut pas récompenser seulement les chefs de l'armée du plaisir. Il faut penser aussi aux soldats qui se font tuer. Il faut honorer la chair à canon. On demande la croix pour les dames de chez Maxim's !

CETTE SOCIÉTÉ A DU BON

Un riche industriel ayant trouvé sa femme dans une garçonnière et tué son rival a choisi un député socialiste pour avocat. Nous aurons l'avantage d'entendre Me Paul-Boncour plaider pour les droits du mari contre les droits de la passion, pour la sainteté des unions légitimes contre l'adultère.

Cependant, Me Paul-Boncour n'a certainement pas manqué de lire le livre où son camarade et ami Léon Blum a fait la théorie du mariage libre. Oui ou non, est-il permis de vivre sa vie ?

Si l'on est collectiviste pour la propriété des biens, il est difficile de ne pas l'être pour la propriété des femmes. M. Léon Blum va jusqu'au bout de ses principes. Me Paul-Boncour sera obligé de transiger avec les siens.

Mais nous voyons tous les jours les députés avocats du parti socialiste plaider pour le respect du Code et des contrats, de la morale traditionnelle et des lois bourgeoises. On dit même qu'ils reçoivent, pour défendre la fortune des riches et le front des maris, d'aussi gros honoraires que ceux de leurs confrères du barreau qui ne sont pas du parti de la révolution.

Personne n'a l'air de s'en étonner. On ne s'étonne plus de rien. On a vu cependant, il n'y a pas longtemps, M. Léon Blum lui-même soutenir au Palais la cause d'un groupe de capitalistes et plaider pour ces porteurs de valeurs mobilières qu'il attaque à la Chambre des députés.

Les avocats socialistes répondront qu'il faut vivre en attendant la révolution sociale. Cependant, ils s'installent dans la société bourgeoise. Ils en pratiquent les usages et même les abus.

C'est que cette société a du bon. M. Paul-Boncour et M. Léon Blum se disent, comme l'autre, qu'elle en a bien encore pour quelques centaines d'années dans le ventre. Que la vie est douce et le peuple complaisant ! On est Robespierre à la tribune et Millerand à la barre. On défend devant les juges ce qu'on démolit devant l'électeur. L'ouvrier vote pour le député et le bourgeois paie très cher l'avocat. Un monde si bien fait est le meilleur des mondes possibles. M. Paul-Boncour et M. Léon Blum ne peuvent pas penser autrement.

ÂNERIES PRÉTENTIEUSES

Ces jours-ci, on a beaucoup parlé d'un grand dîner qui a eu lieu dans un des cercles les plus élégants de Paris. L'ambassadeur des Soviets, l'ambassadeur d'Allemagne, M. Léon Blum, des gens du monde avaient été réunis par un jeune financier, couvert des lauriers que lui a valu la « Victoire » : il ne s'agit pas de celle qu'il a remportée à l'automne sur les grévistes de son établissement.

Notez que le même cercle, en 1914, avait exclu par acclamation ceux de ses membres qui appartenaient aux pays ennemis. Il fut alors félicité de son patriotisme. C'était l'époque où l'on croyait encore que les Allemands nous avaient attaqués.

Cette opinion n'est plus à la mode. Elle est laissée aux gens du commun. On n'est pas une personne distinguée à moins de croire que le véritable agresseur a été, non Guillaume II, mais Viviani et Bienvenu-Martin. Il est chic d'avoir sur la table la *Paix*, de M. Nitti, et d'aller à Genève pour voir l'admission de l'Allemagne à la Société des Nations.

Ce qu'il y a de mieux, c'est qu'on croit maintenant nécessaire d'établir, à grands renforts de preuves, que la guerre n'a pas été voulue par la France. M. Poincaré publie ses mémoires pour cette définitive démonstration. Et il réfute avec le plus grand sérieux les dires d'un historien qui avait douze ans lorsque ces événements se sont passés.

J'ai peur qu'à force de réfuter de prétentieuses âneries, on ne leur donne de la consistance. Et voici comment l'histoire sera bientôt racontée :

« La France, en 1914, était gouvernée par des hommes qui voulaient à tout prix la guerre de revanche. Elle venait d'élire une Chambre dont la majorité, affublée d'un masque radical et socialiste pour mieux tromper l'Europe, était belliqueuse. Elle avait soigneusement organisé l'impréparation militaire pour n'être pas soupçonnée. Les hostilités déclarées, on avait fait reculer l'armée française à dix kilomètres de la frontière par un raffinement d'hypocrisie.

« Pendant ce temps, il y avait en Allemagne un empereur pacifique et un chancelier philosophe qui furent absolument surpris par une agression préméditée. Avec une lâcheté incroyable, cinq ou six pays, auxquels se joignit la Belgique pourtant neutre, se mirent ensemble pour abattre l'innocente Allemagne. C'est un des plus grands forfaits que l'humanité ait connus. »

Je vous dis que, si l'on n'y prend garde, c'est ainsi que l'histoire sera racontée aux petits enfants.

LA TASSE DE SAXE

Je connais une tasse, une très jolie tasse de Saxe, avec sa soucoupe. Je la connais bien. Je l'ai vue si souvent ! Elle porte des giroflées jetées sur la pâte d'un mouvement gracieux. Des coccinelles sont posées sur les bords. Et, derrière, on voit deux bâtonnets bleus qui se croisent, signe d'authenticité.

Autrefois, il y en a eu douze, décorées chacune d'une fleur différente. A quelle reine, à quelle princesse ce service avait-il appartenu ? Personne ne le saura jamais. La Saxe, dernière survivante, ne parle pas. Mais je l'ai encore revue, l'autre jour, malicieuse sur une table, parmi beaucoup d'objets comme elle, avec une carte dedans. Elle est devenue le cadeau de noces circulaire.

Voilà peut-être cinquante ans qu'elle se promène, triste bibelot échappé d'un désastre obscur. On se la repasse de main en main. Parfois, elle se repose. Elle orne quelque temps une vitrine dans un salon ou bien elle retourne chez le marchand d'antiquités. Mais son destin l'enchaîne. Il vient toujours la rechercher. « Marche, marche, » lui dit-il. Et elle recommence son tour. Elle reprend sa figuration dans les soirées de contrat.

J'ai connu une femme qui disait qu'elle ne pouvait assister à un mariage sans pleurer. Que dirait la tasse, si elle pouvait raconter tout ce qu'elle a vu ?

Elle porte avec elle une centaine d'histoires où les romanciers n'auraient qu'à choisir. Je rêve d'un livre qui serait les mémoires de ma tasse.

Elle est allée dans les ménages unis et rangés qui l'ont gardée avec soin pour la rendre à sa destination et l'envoyer à d'autres jeunes époux, car la paix et la prospérité domestiques ne vont pas sans un peu de restriction, de calcul et d'économie. Elle est allée chez les dissipateurs et un huissier l'a saisie, un jour. Elle a assisté à des divorces et, au partage de la communauté, personne n'a plus voulu d'elle parce qu'elle ne rappelait que des souvenirs odieux. Elle a même été témoin de drames. Qui sait ? Peut-être l'avait-on donnée à ce couple où l'infidélité s'est terminée par des coups de revolver.

Cependant, elle poursuit sa carrière avec des compagnes qu'elle retrouve d'année en année et qu'elle reconnaît comme elle reconnaît l'agent de la sûreté, habillé en homme du monde, qui veille sur les corbeilles de noces et leurs joyaux. Son histoire finira pourtant. L'autre soir, un éventail maladroit a bien failli la casser. Et, avec ses souvenirs à jamais inédits, elle emportera sans doute plus de larmes que de bonheur, car le bonheur est chose si rare qu'il faut, quand on le tient, le soigner comme une fragile porcelaine.

LA GRÈVE DES RENTIERS

Lorsqu'un citoyen ne veut pas payer ses impôts, on le saisit, on vend ses meubles. Mais lorsque cinq cent mille citoyens opposent le même refus, qu'y peut l'autorité ? Qu'auraient fait les gendarmes ? Qu'auraient-ils pu faire s'il y avait eu cinq cent mille réfractaires en 1914 ?

Sous le temps de M. de Lasteyrie, c'étaient les ouvriers qui renvoyaient leurs feuilles au percepteur. Sous M. Doumer, ce sont les commerçants. Les ouvriers sont venus à bout de la loi. Si les commerçants l'emportent aussi, ce sera le tour des agriculteurs. Il ne restera plus que les rentiers.

Mais M. Doumer a donné les rentiers en exemple aux autres catégories de contribuables. Les rentiers sont doux, paisibles, accommodants. On retranche ce que l'on veut de leur revenu. On les paye en francs-papier réduits des quatre cinquièmes de leur valeur. Ils supportent tout. Ils sont offerts à l'État en sacrifice muet.

M. Doumer n'a oublié qu'une chose, c'est que le pauvre rentier est passif et désarmé. Il n'a aucun moyen de se défendre. Il ne peut prendre sa revanche sur personne, car il n'a pas, lui, de clients. Il n'a même pas à sa disposition de puissante organisation électorale. Il ne peut que souffrir et mourir dans son coin.

Et pourtant il existe une arme redoutable dont le capitaliste en formation commence à se servir et qui est l'abstention.

En France, tout le monde, ou à peu près, aspire à devenir rentier. Tout le monde a un petit capital, des économies. Qu'arrivera-t-il si l'on continue à tracasser l'épargne, si on la soumet à l'inquisition, si on la contraint à présenter ses écritures et ses carnets ?

Il arrivera une chose bien simple. C'est que personne ne voudra plus de ces papiers qui exposent leurs possesseurs à être traités en suspects et même à aller en prison. Quel individu sera assez idiot pour souscrire à des emprunts qui baissent huit jours après qu'on les a achetés ? Qui sera assez simple d'esprit pour prêter son argent aux chemins de fer, au gaz ou à l'électricité ?

Alfred Capus disait à ceux qui mettent de l'argent de côté et qui le placent : « Quelle étrange idée ! Quel mauvais calcul ! Vous échangez mille francs contre cinquante francs à recevoir l'année prochaine. Pensez à toutes les choses agréables que vous pourriez vous payer tout de suite avec vos mille francs ! »

Ce qui était paradoxal au temps d'Alfred Capus passe à l'état de lieu commun. Qui donc maintenant consentira à se priver pour récolter des embêtements ? Degas disait : « Il faut décourager les beaux-arts. » Décourager l'épargne est beaucoup plus facile. Elle ne demande même que cela. Il est si tentant, au lieu de se priver, de se donner du plaisir ! C'est une chose que nos contemporains comprennent admirablement.

L'APATHIE

Il y a un an, on lisait dans les journaux :

« Prenons garde ! » Si nous continuons, la livre sterling sera à cent francs, et alors ce sera terrible. Quand la borne est franchie, il n'est plus de limites. Il n'y aura pas de raison pour que la livre n'aille pas jusqu'à mille, et ce sera la catastrophe. »

La livre sterling a franchi le cours de cent francs. Elle s'est installée aux environs de 120, et l'on a pu lire dans les mêmes journaux, nourriture intellectuelle de la nation française :

« Attention ! Le péril est à nos portes. Le cours de 120 est encore tolérable. Tenons-nous-y. Ne le laissons pas dépasser.

Le jour où la cote des changes annoncerait 140, tout serait perdu et le franc tomberait dans l'abîme où le mark a roulé. »

Le cours de 140 a été atteint. On est même allé au delà. Croyez-vous que l'opinion publique s'émeuve, que la moindre des choses soit changée aux idées et aux sentiments du plus grand nombre ? Pas du tout. Car les mêmes journaux vont reprendre en chœur :

« Le cours de 140 nous avertit de ne pas aller plus loin. Halte à l'inflation ! Halte au désordre ! »

Et l'on continuera comme avant.

Il y a des gens qui n'ont pas voulu croire que le franc pût glisser sur la même pente que le mark. L'exemple de l'Allemagne était trop effrayant. Il était trop clair. On s'imaginait que la leçon profiterait. Mais les leçons ne profitent jamais à personne, parce qu'on se croit toujours d'une autre essence que les autres. On croit toujours qu'on s'en tirera mieux que le voisin parce qu'on sera plus intelligent que lui. Il y a des siècles que la passion du jeu est connue comme une passion funeste. Il y a toujours des joueurs pour se ruiner à la roulette ou au baccara.

L'extraordinaire apathie des Français ne s'explique pas par là seulement. Ce pays, jadis réputé frondeur, accepte tout, le blanc et le noir, le froid et le chaud.

On lui avait dit : « Jamais de transaction avec le militarisme prussien. » Et il a trouvé tout naturel de serrer la main du maréchal Hindenburg. Personne n'avait murmuré quand M. Malvy, ministre de l'Intérieur, avait été condamné et envoyé en exil. Même acceptation quand M. Malvy est revenu place Beauvau. Les journaux qui renseignent la nation française et qui forment son esprit ont donné de l'ancien et nouveau ministre une biographie où ne manquait que ce détail : sa comparution devant la Haute Cour.

Cela signifie peut-être que les Français sont prêts à tout et qu'il n'a jamais été plus facile de les conduire par le bout du nez. Mais qui sera le conducteur ? C'est toute la question.

L'OPTIMISTE

Depuis que j'ai vu M. Millerand renversé comme Charles X, je sais ce que c'est qu'une révolution. Les bourgeois qui favorisent et qui font les révolutions, lesquelles ne réussiraient pas sans eux, le regrettent plus tard. C'est précisément à propos du renversement de Charles X, auquel il avait pris part, qu'un grand seigneur, un aristocrate et un intellectuel, le duc de Broglie, disait à la fin de sa vie : « Il fallait être aussi étourdis que nous le fûmes pour faire ce que nous fîmes. »

Ces regrets et ces remords n'ont jamais empêché d'autres bourgeois, d'autres aristocrates et d'autres intellectuels de recommencer. Lamartine avait mis Louis-Philippe par terre. Tout ce que le poète y gagna, ce fut, après le grabuge des journées de juin, son échec à la Présidence de la République. Et il se trouva qu'il avait, en fin de compte, travaillé pour Napoléon III, qu'il avait en horreur.

Par horreur de « la réaction », des bourgeois radicaux, des citoyens qui possèdent, ont élu l'autre jour deux communistes à Paris. J'ai rencontré, depuis, un homme de bourse qui m'a tenu ce raisonnement, après l'avoir lu dans son journal, un journal capitaliste et financier :

— Ce résultat est excellent et vous m'en voyez tout heureux. Il y a du mécontentement en France. Il ne faut jamais s'asseoir sur une chaudière. L'élection du deuxième secteur sert d'exutoire à ce mécontentement.

Tout cela est bel et bon, mais je remarque des oscillations bien amples dans l'opinion des Français d'aujourd'hui. Pendant une semaine, on se rassemble sur la formule : « Halte au désordre ! » La semaine d'après on passe à la théorie de l'exutoire et la victoire de deux ennemis de la société est présentée comme une garantie pour l'ordre, lequel, en tout cas, ne paraît pas régner dans les esprits.

A propos de la même élection, j'ai entendu d'autres personnes qui disaient :

« Après tout, cet événement n'est pas si fâcheux qu'il en a l'air. Il y a longtemps que la province, loin de suivre la capitale, en prend le contre-pied. Quand Paris était nationaliste, la province était radicale et socialiste. Si Paris retourne à la Commune, nous reverrons la province pousser les Versaillais en avant.

S'il faut passer par la Commune, le remède n'est pas tentant. Et d'ailleurs, d'autres prétendent que l'état moral de la province n'est pas si bon qu'on le dit et que, s'il y avait la Commune, les campagnes se mettraient à plat ventre. Le plus frappant, dans tout cela, c'est la diversité des opinions parmi les défenseurs de la société, qui la soutiennent à peu près comme la corde soutient le pendu.

L'INFLATION

Un homme qui travaille et qui gagne sa vie m'a dit, l'autre jour :

— Je sais bien que tous les billets qu'on me donne n'ont pas beaucoup de valeur. Mais, c'est égal. Cela fait plaisir d'en réunir davantage.

Tout le mécanisme de l'inflation est là. Et la cause psychologique, la cause profonde qui empêche, en somme, tous les projets d'assainissement d'aboutir ou qui ne permet qu'un demi-assainissement parce que les Français, pour la plupart, ne tiennent pas tant qu'on le croit à ce que la situation soit assainie.

Le franc ne vaut plus qu'une vingtaine de centimes à peine. Mais, à moins d'avoir le malheur d'être rentier, on reçoit beaucoup plus qu'autrefois. Et comme toutes sortes de lois contiennent les prix, comme les loyers ne sont que du double d'avant-guerre, la vie est, en définitive, facile pour beaucoup de gens.

Il résulte de là qu'instinctivement on ne tient pas à en venir à ce que M. Caillaux a nommé la « grande pénitence ». Ce sera le moment où l'on recevra, sans doute, de vrais francs, mais où l'on en recevra beaucoup moins et où l'on ne pourra plus acheter avec un franc ce que l'on achetait autrefois et même peut-être un peu moins aussi. Car tout est très cher dans les pays qui sont revenus à la monnaie saine.

Mais un autre résultat, qui fait encore que l'inflation est un phénomène agréable pour beaucoup de monde, c'est qu'elle entraîne un transfert de richesses. Les anciens riches sont ruinés. Les classes moyennes fondent, aux cours ardents de la livre et du dollar, comme le beurre dans la poêle. Une petite bourgeoisie nouvelle commence à percer. Les paysannes ont des pianos, les cultivateurs une automobile, et ils mettent leurs fils au collège.

Un de mes amis, bon observateur, me disait récemment :

— Avez-vous remarqué les jeunes ouvriers d'aujourd'hui ? Ils sont soignés, ils font attention à leurs cheveux et à leurs mains. Ils ont tout à fait le même air que les étudiants et, quand ils ont enlevé leur costume de travail, on ne les distinguerait pas des fils de bourgeois. Les signes du bien-être éclatent chez eux et c'est une classe qui s'élève visiblement.

C'est parce que le franc ne vaut même plus quatre sous qu'il en est ainsi. C'est un effet, pour ainsi dire classique, de l'inflation. Et c'est pourquoi l'inflation n'est pas si impopulaire qu'on le prétend quelquefois.

Seulement, la difficulté consiste à maintenir le franc à son niveau actuel et à empêcher que, de quatre sous il ne tombe à deux, puis à un, enfin à zéro. Car, à ce moment-là, ce sera l'égalité dans la misère, qui est peut-être la seule véritable égalité.

M. DE LA PALICE RÉHABILITÉ

La médecine est une affaire de modes et de modes qui changent tous les dix ou vingt ans. Celle des sérums est entrain de passer. On dit qu'ils ne guérissent plus, ou qu'ils guérissent moins. Hippocrate, qui soignait les malades il y a deux mille trois ou quatre cents ans, écrivait déjà : « Les anciens médecins prétendaient que… »

Nos anciens médecins, — ceux de 1905, — prétendaient qu'il fallait craindre surtout les microbes et que le plus sûr était de n'absorber que des aliments stérilisés. Les médecins d'aujourd'hui enseignent que les aliments stérilisés manquent de vitamines, c'est-à-dire de ce qui donne la vie. La mode est aux crudités.

J'ai lu l'autre jour, sous la plume d'un hygiéniste, que pour bien se porter il suffisait de manger des radis ou des tomates en hors-d'œuvre, de hacher du persil sur l'omelette, de ne pas oublier quelques feuilles de salade sur le rôti et une tranche de citron avec la friture. Moyennant quoi, vous aurez votre comptant de vitamines et vous vous porterez comme un charme.

Quelle belle chose que la science ! Mais les radis, les fines herbes, la salade et le citron, c'était tout justement la recette de nos pères. Ils prenaient des vitamines sans le savoir. Et le marchand qui criait : « Le cresson de fontaine, la santé du corps ! » était tout simplement un précurseur.

Cette découverte de la médecine rappelle un monologue qui était le triomphe de Coquelin cadet. C'était une variante du *Malade imaginaire*. « Le matin, disait-il, je me réveille ; ça ne va pas. J'ai la tête lourde, le vertige. Alors je prends une tasse de chocolat, du pain et du beurre. Vers onze heures et demie, des crampes d'estomac commencent. A midi, je me mets à table. Je mange une douzaine d'huîtres, une entrecôte, des pommes de terre. Je suis soulagé. Cependant, vers sept heures le soir, etc.... »

En somme, pour se bien porter, on n'a qu'à vivre comme on a toujours vécu. Quelle apparence y a-t-il qu'on ait attendu notre époque pour savoir comment on doit vivre ? J'ai lu quelque part que Benjamin Constant, à qui on demandait ce qu'il faisait le soir, répondait : « Je mange ma soupe aux herbes et je vais au tripot. » L'auteur d'*Adolphe* ne mangeait pas de viande à dîner. Déjà !

Il y a ainsi un certain nombre de règles de vie que nos contemporains ont l'air d'avoir inventées. C'est une découverte toute récente de la science financière que, pour ne pas se ruiner, on doit équilibrer les recettes et les dépenses, et, quand on n'est pas riche, faire des économies. M. de La Palice est éternel. Mais il a besoin, de temps en temps, d'être réhabilité.

BOURRAGE DE CRÂNE

Je ne nierai jamais qu'on ait recouru au « bourrage de crâne » pendant la guerre. Mais je veux qu'il me soit accordé qu'on en abuse dans la paix.

Le bourrage de crâne, c'est, en termes plus nobles, l'optimisme. Voltaire et notre patron Candide vous diront que l'optimisme c'est le système qui consiste à démontrer que tout est toujours pour le mieux dans le meilleur des mondes possibles. Gambetta était supérieurement optimiste quand, à la nouvelle que notre armée avait été coupée par les Prussiens, il s'écriait : « Tant mieux ! Nous en aurons deux ! »

La méthode n'a pas changé. Notre ambassadeur négocie avec les Américains pour le règlement de notre dette. Le gouvernement affirme que le principal est que nous obtenions la clause de sauvegarde. En aucun cas nous ne devons payer plus que nous ne recevrons des Allemands, car cela est juste et nécessaire.

Les Américains repoussent la clause de sauvegarde. Ils refusent même d'en entendre parler. Notre négociateur l'abandonne et le gouvernement nous dit : « Elle n'avait pas d'importance. L'essentiel était d'arriver à un règlement. Une fois l'accord signé, le change remontera en notre faveur. »

On signe. Le franc baisse encore et le dollar atteint ses plus hauts cours. J'attends que l'on nous dise : « Tant mieux ! Plus le franc sera bas, plus nous aurons de chances d'attendrir nos créanciers. » Et quand le franc sera à zéro, comme l'a été le mark, il faudra remercier la Providence, car ce sera pour nous l'heure de recevoir un plan Dawes.

En même temps, l'Allemagne, qui avait signé le pacte de Locarno, signe avec la Russie un autre pacte qui en est le contraire. Le Gouvernement français déclare d'abord que cette duplicité est intolérable et qu'il va envoyer un questionnaire serré à Berlin. Les jours passent. On ne parle plus du questionnaire. Et je prévois le discours où le président du Conseil expliquera :

« L'alliance de l'Allemagne et des Soviets est une très bonne chose. Loin d'en prendre ombrage, nous devons nous en réjouir. Les amis de nos amis sont nos amis. Nous sommes en marche vers les États-Unis d'Europe. »

Il est vrai que les États-Unis d'Amérique ont eu leur guerre de Sécession. Mais l'éternel optimisme soutiendra que les Américains, pour devenir vraiment frères, avaient besoin de se massacrer entre eux.

Cependant, on nous promet que la vraie paix va venir aussi avec Abd-el-Krim. A ceux qui montrent que les palabres d'Oudja, avec leur ultimatum remis tous les jours au lendemain, ne servent qu'à enhardir les gens du Riff, on répond : « Tout sera peut-être à recommencer. Ce sera peut-être plus dur. Mais les tués auront la consolation de se dire que nous avons attesté la volonté pacifique de la France. »

L'inconvénient de cette méthode, c'est que, tout doucement, personne ne croira plus à rien et que, le jour où ce sera sérieux, le public pensera : « On nous avait déjà dit que la mobilisation n'était pas la guerre. Confiance est morte. Bourrage de crâne l'a tuée. »

LE SABRE

On a de l'indulgence, et même un peu d'admiration, pour ce fameux Pilsudski dont le coup d'État a été exécuté avec tant d'aisance. On trouve que les maréchaux polonais ont du cran. Au lieu de regarder comme un honneur d'être invités par le président de la République, ils n'hésitent pas à troubler son déjeuner.

Mais on oublie qu'il y a eu à l'Élysée, il n'y a pas bien longtemps, la répétition générale de ce qui s'est passé au Belvédère. Est-ce que M. Millerand, lui aussi, n'a pas été obligé de donner sa démission, en dépit de toutes nos lois constitutionnelles ?

Il est vrai qu'il n'y avait pas été contraint par un militaire, mais par un militant. C'est le directeur d'un journal cartelliste, un tirailleur de la presse, qui, par ses campagnes audacieuses, avait réduit le président de la République française à interrompre son septennat et à monter dans un taxi.

Pilsudski est également un ami des socialistes et il a réussi son coup d'État à l'aide de la grève générale, ce qui prouve que, pour les gouvernements légaux, les militaires de gauche sont souvent plus à craindre que les militaires de droite. Augereau, qui brima les Conseils avec ses grenadiers, était un fidèle jacobin. Quant au général Bonaparte, il avait canonné les royalistes sur les marches de Saint-Roch et, au 18 brumaire, c'est encore au nom de la République qu'il chassa l'Assemblée de Saint-Cloud.

Quelque temps après l'armistice, je rencontrai, dans une soirée où il y avait de brillants uniformes, un éminent diplomate anglais qui me parut soucieux.

— Voyez-vous, me dit-il, ce que nous redoutons, en Angleterre, c'est la grande popularité de vos maréchaux à la suite de la victoire. Nous appréhendons que l'un d'eux entreprenne un coup d'État pour fonder un régime militariste.

Je lui répondis aussitôt :

— Monsieur l'ambassadeur, je puis vous assurer que ces craintes sont vaines. Les chefs militaires français vont presque tous à la messe et ils ont été élevés pour la plupart dans des établissements religieux où on leur a enseigné les principes de l'obéissance passive, le culte du règlement et le respect des pouvoirs établis. Le gouvernement républicain n'a jamais d'ennui avec les chefs militaires de droite. Ils attendent d'être à la retraite pour rendre visite aux prétendants. Ce sont les militaires de gauche qui prennent le plus de libertés avec la République. Ils lui causent souvent des difficultés par leurs incartades. Si vous m'en croyez, avertissez votre gouvernement qu'au lieu de se méfier du maréchal Foch, il ait l'œil sur un petit lieutenant d'artillerie franc-maçon que, d'ailleurs, ni vous, ni lui, ni moi ne connaissons.

J'ai lieu de penser que l'éminent diplomate anglais n'avait pas très bien compris ce petit discours auquel Pilsudski, maréchal de gauche, vient encore de donner raison.

ARISTIDE BRIAND

Il n'est pas nécessaire de demander si, selon le mot célèbre, M. Briand est heureux. Tout le sert. Les circonstances viennent à point pour lui. La Chambre rentre-t-elle le vendredi avec des dispositions hostiles au Gouvernement ? Crac ! Abd-el-Krim s'est rendu le mardi et l'on n'ose plus refuser la confiance au président du Conseil.

Ce n'est pas que M. Briand n'ait eu des accidents au cours de sa vie politique. Mais quand par hasard la fortune l'abandonne, il ne lui résiste pas. Pareil à ces joueurs qui laissent la table de baccara dès qu'ils voient que la chance leur est contraire, il se garde d'insister. Il disparaît, il plonge. Comme le liège, il est sûr qu'il remontera.

Maurice Barrès l'avait appelé un « monstre de souplesse ». Personne ne saurait dire, en effet, s'il est révolutionnaire ou conservateur, s'il fait de l'ordre avec du désordre ou du désordre avec de l'ordre. Il est probable que lui-même n'en sait rien, car c'est du moment et des circonstances que sa politique dépend.

On raconte un épisode de sa carrière socialiste qui peint sa méthode. Lorsqu'il était agitateur, dans la Loire, il y eut une grève violente. Un jour, les grévistes résolurent de prendre l'usine d'assaut… « Pourquoi l'usine ? dit Aristide Briand. Ce qu'il faut prendre, c'est le château du patron. »

Le château était à une lieue de la ville. On se mit en route, le chef en tête. Mais il faisait chaud. On s'assit sur l'herbe, on se rafraîchit dans les auberges. Le cortège n'arriva jamais au but.

Dans le même temps, Aristide Briand recommandait aux prolétaires de s'insurger contre la société capitaliste. Et il les invitait à se munir de piques. De piques, au XXᵉ siècle, et non de mitrailleuses. Retenez cette distinction. Elle sert à définir le démagogue raisonnable et modéré, celui qui se place en avant du mouvement pour mieux le calmer ensuite.

Mais peut-on faire toujours avec le même succès de la démagogie raisonnable et appeler impunément la tempête pour jeter de l'huile sur les flots déchaînés ? C'est la question d'aujourd'hui. Il est intéressant pour le spectateur de voir un homme politique qui se livre à des prodiges d'équilibre sur la corde raide. Seulement, l'équilibriste jongle avec des torches enflammées au-dessus de nos têtes et, s'il ne réussit pas son tour de force, c'est sur nous que tombera le feu.

DIALOGUE AVEC LA CUISINIÈRE

J'ai fait comparaître ma cuisinière, qui s'appelle Simone. Car les cuisinières d'aujourd'hui portent les prénoms qui étaient rares et distingués il y a quarante ans et, dans la prochaine génération des cordons bleus, on trouvera des Andrée, des Alyette et des Chantal.

J'ai donc dit à celle qui commande la poêle à frire et le bain-marie :

— Simone, nous vivons des temps très durs. Vous devez constater vous-même que tout est de plus en plus cher. Par étapes successives, j'ai fini par donner à Madame cinq fois plus qu'autrefois pour tenir la maison. Tout a des limites. Il est devenu nécessaire d'entrer dans la voie des économies.

L'ordonnatrice de mes repas a écouté ce discours sans impatience et, quand j'ai eu fini, elle a dit simplement :

— Monsieur, il faut ce qu'il faut.

J'ai répondu que nous n'en étions pas encore à nous alimenter de raves. Mais, quand la côtelette première coûte cinq francs et le gigot quarante, quelques restrictions s'imposent.

Simone a répété avec douceur :

— Monsieur, il faut ce qu'il faut.

J'ai essayé de lui faire comprendre qu'il ne s'agissait pas de se serrer le ventre, mais de prendre de nouvelles habitudes, de penser à des menus économiques, de ne rien gâcher et d'utiliser artistement les restes. Aussi insensible que si je lui eusse parlé sanscrit, elle a dit encore :

— Certainement, Monsieur. Seulement, il faut…

Alors j'ai éclaté :

— Croyez-vous, Simone, que je fabrique de l'argent et que je détienne la planche à billets de la Banque de France ? Vous avez l'air de vous figurer que nos ressources sont inépuisables. Je finirai pourtant par voir le fond de mon portefeuille.

À ces mots, un large sourire a fendu sa bonne grosse face et elle s'est écriée avec une incrédulité joyeuse :

— Avec ça que ça gêne Monsieur !

J'ai essayé du raisonnement. Je lui ai présenté que son intérêt se confondait avec le mien, que le jour où je ne pourrais plus tenir le coup je me contenterais d'une femme de ménage, que beaucoup de gens feraient comme moi et qu'elle aurait peut-être de la peine à trouver une autre place.

Son visage s'est éclairé, j'ai eu un moment d'espoir. Mais elle a dit de sa voix placide :

— À propos, Monsieur doit savoir que j'ai parlé à Madame pour une augmentation.

Et j'ai pensé que la France n'était mûre ni pour la stabilisation, ni pour la grande pénitence.

POUVOIR, POUVOIRS ET PLEINS POUVOIRS

Tout le monde réclame une autorité et un gouvernement qui gouverne. Tous les partis ont leur programme de dictature. Il est entendu qu'autrement on n'en sortira jamais.

Alors comment se fait-il qu'il n'y ait pas de dictateur et qu'on ne voie même pas le visage du sauveur se profiler à l'horizon ?

On dit que la France manque d'hommes et qu'un Bonaparte ou un Mussolini ne se rencontrent qu'une fois par siècle. C'est possible. Mais il est probable aussi que, sur onze millions de Français adultes, il y a bien au moins l'étoffe d'un Primo de Riveira.

Seulement, s'il se dessinait un jour la figure d'un dictateur, je sais bien ce qui arriverait. C'est que plus de la moitié du pays se mettrait à dire : « Ah ! non, pas celui-là ! » Et si l'homme providentiel faisait mine de commander, on dirait : « Ah ! non, pas comme cela ! »

La vérité est que nos contemporains n'admirent personne, ne respectent personne et qu'ils n'ont confiance en personne.

Le pire c'est qu'on ne voit pas non plus d'individu qui ait confiance en lui-même.

M. Caillaux est redevenu ministre et, le premier jour, il a déclaré que, sans un pouvoir fort, on ne ferait rien.

Vingt-quatre heures après, il ne parlait plus que de « pouvoirs forts » : le pluriel atténue. Ensuite, « forts » est tombé. Il ne s'est plus agi que de « certains pouvoirs ». Enfin M. Caillaux a promis que ses pouvoirs, délégués par le Parlement, seraient contrôlés par les commissions parlementaires. Et ce n'est pas tout. Au dernier stade, les décrets pris par le gouvernement devront être ratifiés par la Chambre.

Bref, nous n'avons que de timides aspirants à la dictature qui, devant la Constitution, demandent aux Chambres, comme Thomas Diafoirus : « Baiserai-je, papa ? »

C'est tout de même vexant d'attendre don Juan, Valmont ou Lovelace, et de ne jamais trouver que Thomas Diafoirus.

LE MINISTÈRE POINCARÉ

M. Herriot ayant invité M. Poincaré à entrer dans son ministère, M. Poincaré avait refusé courtoisement. Il n'a pas voulu être en reste et il a rendu la politesse à M. Herriot, qui est entré dans le ministère Poincaré.

Les connaisseurs disent que ces échanges d'amabilités sont de la haute école politique, car il vaut mieux avoir ses adversaires dedans que dehors. Échanges d'amabilités, haute école politique ressemblent beaucoup, en ce moment-ci, à la fameuse danse devant le buffet. Il ne faudrait pas oublier (c'est tout ce que M. de Monzie a eu le temps de dire pendant les quarante-huit heures où il a été ministre), que le Trésor est à sec et que l'État en est réduit aux expédients.

A une autre époque cette nouvelle eût consterné le peuple français. En 1926, il l'a reçue avec une parfaite indifférence.

Dites-moi si vous connaissez une seule personne qui, frappée par cette tragique révélation, ait suspendu ses préparatifs de départ pour les bains de mer ? Je ne vois pas non plus de héros qui ait dit à sa femme :

— Ma chère amie, l'État est à la veille de la faillite. L'hiver sera dur. Il est plus sage de vendre notre dix-chevaux et de renoncer au tour des Alpes.

Si un seul père de famille avait eu le courage d'apporter cette proposition de grande pénitence volontaire, je sais bien ce qu'il se serait entendu répondre :

— Puisque ce sont peut-être nos dernières vacances, raison de plus pour en profiter. D'ailleurs, les Dupont sont à Houlgate et les Durand à Aix-les-Bains. De quoi aurions-nous l'air si nous restions à Paris ? Nos concierges eux-mêmes vont s'en aller à la campagne.

Il en est ainsi d'un bout de la France à l'autre et dans tous les milieux. Ce sont les derniers beaux jours de l'inflation. Personne ne veut les avoir perdus.

On raconte que, la veille du 16 mai, le duc de Broglie, qui se proposait de sauver la France avec beaucoup moins encore que les pleins pouvoirs et les décrets-lois, remontait les Champs-Élysées remplis de promeneurs insouciants. Alors, il douta que son opération réussît.

S'il a le loisir de voir la route de Lisieux, où les voitures, le samedi, marchent à la file comme sur les boulevards, s'il jette seulement un coup d'œil sur les trains bondés qui mènent les Parisiens à la plage, M. Poincaré pourra se dire qu'il aura de la peine à obtenir des restrictions et des économies pour sauver le franc.

LES CHAMBRES À VERSAILLES

Pour peindre l'attitude des fidèles à la messe, Paul Claudel, poète catholique, a écrit un jour : « Ce n'est pas que l'on s'ennuie. Mais on ne sait pas très bien ce que le prêtre fait à l'autel ».

Il voulait marquer par là que la connaissance de la liturgie décline, même chez les croyants. La cérémonie du Congrès accuse, dans ce qu'on appelait autrefois les couches profondes de la démocratie, la même indifférence pour les principes sacrés de notre Constitution.

Demandez à dix citoyens pris au hasard ce qu'on est allé faire l'autre jour à Versailles. Il y en a bien neuf qui répondront :

— Prononcer des discours, claquer les pupitres et se flanquer des coups.

L'expulsion de Doriot a beaucoup plus frappé les esprits que la création solennelle de la Caisse d'amortissement. Les congressistes eux-mêmes ont avoué qu'ils n'avaient pas fait recette. Il y avait bien, à les regarder entrer, cent cinquante personnes, parmi lesquelles cent de ces messieurs de la Sûreté générale.

Je crains donc que M. Poincaré ait manqué son effet en recourant, pour renforcer la confiance, à un rite constitutionnel qui se perd dans l'ignorance publique. Cependant ses adversaires lèvent les bras au ciel et proclament que la République est en péril, parce que, même pour l'améliorer, on ne doit pas mettre en cause la Constitution. Ils sont désespérés comme si on avait attenté à l'arche sainte.

Ce qu'il y a de pire pour notre Constitution, ce n'est pas qu'on y ajoute deux ou trois paragraphes, ce n'est pas qu'on avoue qu'elle a besoin d'être amendée. C'est que les Français ne la connaissent pas et qu'ils se moquent autant des lois de feu Wallon que des lois de Manou.

De vieux républicains comme notre ami Eugène Lautier se lamentent et répètent le cri pathétique : « Ne touchez pas à la reine ! » Ces conservateurs me rappellent les conseillers de Nicolas II qui disaient au tsar, quand il voulait introduire des réformes dans son Empire : « Sire, le tsarisme est un très vieux mur. Il tient encore par la force de l'habitude. Si vous y mettez la pioche, tout s'écroulera. »

Ces vizirs n'étaient pas si sots. Et notre ami Eugène Lautier n'est pas sot non plus.

SURPRISES

Une des aventures les plus curieuses de l'histoire de la presse est celle de ce journal qui, pendant trente ans, tous les jours, vers deux heures après-midi, avait annoncé aux Parisiens la guerre avec l'Allemagne et qui disparut le jour même où la guerre fut déclarée pour de bon. C'était lui qui n'y avait pas cru.

Même accident survint à un autre journal dont le directeur avait pour spécialité la poudrière des Balkans, d'où la conflagration européenne devait sortir. Un beau matin, la poudrière sauta, en effet. Mais le secrétaire de rédaction ne fit même pas attention à la dépêche qui certifiait que les Balkaniques commençaient à se battre entre eux. Il était fatigué de la marotte du patron.

Les gens de Bourse professent qu'il est mauvais d'avoir raison trop tôt, aussi mauvais de voir juste dix-huit mois d'avance que de se tromper pour la prochaine liquidation. Dans la politique et le journalisme, c'est à peu près la même chose, parce que, lorsqu'on a trop souvent prévu un événement, il finit par vous surprendre vous-même quand il se produit.

Je parierais volontiers que c'est ce qui arrivera lorsque le bolchevisme aura expiré. Peut-être même sera-t-il déjà mort sans que nous nous en doutions.

Lorsque Lénine, il y aura bientôt dix ans, s'était emparé du pouvoir, tout le monde avait dit : « Ça ne peut pas durer. Ça ne durera pas. » Un journaliste éminent, qui est aujourd'hui ambassadeur à Moscou, proposait d'envoyer quatre hommes et un caporal pour enfermer les chefs de la Révolution russe dans le Kremlin. Koltchak, Denikine, Wrangel furent salués tour à tour comme les Libérateurs de la Russie.

Ensuite, il ne se passa pas de semaine que la chute des bolcheviks ne fût prophétisée. On en parle encore, de temps en temps, mais avec un intérêt qui décline à mesure que la chose devient moins invraisemblable.

Le même phénomène s'était passé pendant la guerre. Au mois d'août 1914, on disait partout qu'il y en avait pour six semaines. On racontait que les Allemands étaient affamés et se rendaient pour un morceau de pain. En 1918, on se préparait pour une autre campagne d'hiver. Et quand nos services d'espionnage disaient : « Cette fois, l'Allemagne est bien à bout de souffle », ils recevaient cette réponse authentique : « Si pour envoyer renseignements pareils, prière s'abstenir. »

Alors, le 11 novembre, la paix éclata comme la guerre avait éclaté. Elle surprit les Alliés de la même façon. Et, pas davantage, ils ne furent prêts.

LA MODE DU SOLEIL

Il y a quelques années, un Parisien qui aurait dit à ses amis : « Je vais aux bains de mer sur la Méditerranée », aurait passé pour un excentrique. On va aujourd'hui à Juan-les-Pins ou au Lavandou comme à Deauville ou au Tréport.

Question de mode. Je crois que la mode a été déterminée en partie par les étés froids et pluvieux que nous eûmes ces dernières années sur la Manche et l'Océan. L'homme est contrariant de sa nature. Il fuit Paris pendant la canicule. S'il trouve un ciel gris, un vent glacé, il aspire au bon soleil et à « l'implacable azur ».

Quand, au mois de juin, les cataractes se sont ouvertes sur la capitale, plus d'un Parisien, plus d'une Parisienne ont frémi en pensant aux plages normandes où souffle le « noroît ». Passer deux mois dans une villa aux portes mal jointes, emmitouflé dans des pèlerines, faisait grelotter d'avance. Alors on s'est dit : « Les Un Tel ont été ravis, l'année dernière, de leur calanque toulonnaise. Si nous allions là-bas ? Au moins, les enfants auront eu un peu plus de chaleur. »

Car le soleil aussi est à la mode. On vante aujourd'hui ses vertus curatives. Une femme qui revient cuivrée comme une Malaise a fait des provisions de santé. La pigmentation de ses bras et de son cou atteste l'excellence de sa circulation. Pour se bien porter, il ne faut plus absorber de l'oxygène par les poumons mais des rayons solaires par la peau.

Seulement, cette année-ci, l'astre du jour s'en est donné à cœur joie. Il a rôti et un peu suffoqué les baigneurs des plages méditerranéennes. Le moustique a vibré et il a piqué. Alors il est venu comme une nostalgie de la brise océane. L'an prochain, la faveur ira de nouveau aux grèves normandes et bretonnes.

C'est à peu près toute l'histoire de la bourgeoisie française. Pour qu'elle regrette le soleil de Louis XIV ou celui d'Austerlitz, il faut qu'il souffle une tempête d'anarchie. Et quand l'autorité est revenue accompagnée de l'ordre, on recommence à trouver du charme à la tribune parlementaire.

D'UN EXTRÊME À L'AUTRE

— Je vois à votre visage que vous n'êtes pas content que M. Briand ait mangé des perdreaux avec M. Stresemann et que nous soyons réconciliés avec les Allemands. Vous n'appréciez donc pas la paix ?

— Nul n'est assez insensé pour préférer la paix à la guerre, car, dans la paix, ce sont les fils qui enterrent les pères et, dans la guerre, ce sont les pères qui enterrent les fils. Je me hâte d'ajouter que je ne suis pas l'auteur de cette formule admirable.

— Ce doit être M. Ferdinand Buisson, ou M. Marc Sangnier, ou M. Briand lui-même, qui est un orateur merveilleux…

— Vous n'y êtes pas. Ce mot lapidaire est d'Hérodote, qui écrivait il y a deux mille trois cents ans.

— Je vois bien où vous voulez en venir et je vous avertis que c'est très banal. Depuis vingt-trois siècles, Hérodote n'a pas empêché les peuples de se battre. Ce n'est pas une raison pour ne pas essayer que les Français et les Allemands ne se battent plus. Il n'y aurait jamais eu aucun progrès si l'on était parti de ce principe que tout progrès est irréalisable.

— Je vous l'accorde volontiers.

— Alors je ne vois pas ce qui vous choque dans la réconciliation franco-allemande. Il faut pourtant choisir entre l'inimitié perpétuelle et la collaboration amicale.

— Ce qui me choque, je vais vous le dire. C'est la façon dont on nous présente l'affaire, comme s'il s'agissait de lancer un de ces produits pharmaceutiques qui, sur les prospectus, guérissent tous les maux. Ce qui me choque, c'est qu'on passe d'un extrême à l'autre avec cette facilité. On nous a tympanisés pendant sept ou huit ans avec le mensonge allemand, avec les pièges allemands, avec la ruse allemande. On ne pouvait pas ouvrir un journal sans y trouver une évocation du fameux « chiffon de papier ». Aujourd'hui on passe pour belliqueux si l'on n'admet pas sans examen que l'Allemagne est loyale et de bonne foi. On veut forcer ma croyance. Voilà ce que je ne puis supporter et je répète avec Talleyrand : « Tout ce qui est exagéré ne compte pas. »

— On ne dirige pas l'opinion publique avec des nuances, et il faut bien tout de même la diriger.

— Prenez garde, mon cher. C'est à l'apologie du bourrage de crâne que conduit ce raisonnement-là. Il y a des limites à tout. A force de faire croire au public, dans un trop court espace de temps, trop de choses contradictoires, il finira par ne plus croire à rien.

BANQUIERS INTERNATIONAUX

Un colonel d'artillerie ayant été envoyé sur le front italien pendant la guerre fut reçu, selon l'usage, par le duc d'Aoste. Le dîner fut très cordial. Le colonel français était un recueil vivant de bons mots et d'anecdotes, et il raconta un grand nombre d'histoires gaies avec le plus vif succès.

— Combien en avez-vous donc ? lui demanda à la fin son hôte.

— Deux ou trois mille, répondit modestement le colonel.

— C'est admirable, fit alors le duc d'Aoste. Mais j'espère que vous savez aussi un peu d'artillerie.

Ce qui nous a rappelé ce souvenir, c'est le manifeste que les banquiers internationaux ont lancé l'autre jour. Voilà des gens qui s'occupent de haute politique, qui remanient la carte, refondent les États et distribuent les territoires. Nous espérons que, de temps en temps, ils s'occupent aussi de banque et d'affaires. Leurs actionnaires leur ont fourni des capitaux pour les faire fructifier et non pas pour donner, comme Moïse, des lois au genre humain.

Mais les hommes qui manient beaucoup d'argent se croient facilement des Moïse, des Solon et des Lycurgue. C'est même un des traits du temps où nous sommes que les financiers descendent en foule dans la cité.

Il y a là, de leur part, de l'imprudence et, par conséquent, du courage. Car enfin, rien ne les oblige à se mettre en évidence et à s'exposer. Jadis, le premier soin des milliardaires était de rester dans l'ombre et de vivre, autant que possible, incognito. Quand ils commanditaient un journal, ils se gardaient d'y écrire des articles sous leur signature. Ils auraient plutôt payé pour qu'on ne parlât pas d'eux. Et jamais il ne serait venu à la pensée d'un Rothschild d'autrefois de se présenter à la députation.

En somme, c'est de l'idéalisme. Cela prouve que la fortune ne suffit pas à faire le bonheur et qu'on n'occupe pas toute une existence par les jouissances matérielles. Mais il n'est pas moins remarquable que, dans notre ère de démocratie, les ploutocrates lancent des encycliques, pontifient et gouvernent. L'âge où, de sa mansarde, le penseur pauvre et solitaire révolutionnait la société est un âge bien fini.

LE FRANC REMONTE

Quand le franc baisse, comme il baissait au mois de juillet, c'est la panique, c'est la terreur. On entrevoit la côtelette à cent mille francs. Le jour où la livre a fait 240, mon concierge, consterné, m'a arrêté sur le pas de la porte et m'a dit : « Monsieur, où allons-nous ? »

Puisque le franc remonte, on aurait cru que les visages allaient s'épanouir. Cependant, on voit les nez s'allonger à mesure que la livre se rapproche de 150. Et l'on entend des gens qui prophétisent : « Ce sera la ruine, si ça continue. »

Il y avait sans doute, en France, beaucoup plus d'actionnaires de la *Royal Dutch* qu'on n'imaginait. Et c'est au tour de ceux-là de ne pas être contents. Seul, un sage m'a confié : « Moi, je joue sur les deux tableaux. J'ai la moitié de mon argent en rentes sur l'État, l'autre moitié en valeurs étrangères. Alors, je me console d'un côté des pertes que je fais de l'autre. »

La sagesse des nations a donc raison de prétendre qu'il ne faut pas mettre tous ses œufs dans le même panier. Mais il y a des Français qui ne possèdent ni dollars, ni florins et qui ne sont pas non plus à la joie.

Quand le franc remonte, les affaires languissent. Il y a six mois, on manifestait à Paris contre les autocars de l'Agence Cook. Les touristes étrangers deviennent plus rares depuis qu'ils n'ont plus tant de bénéfices sur le change. Alors, le marasme s'annonce dans les restaurants de nuit. Et quand l'extra-dry ne va plus, rien ne va plus.

La hausse du franc, c'est le pourboire du garçon de café qui diminue, la guelte de l'employé de magasin qui se réduit, le veau du paysan qui baisse. Et nous ne donnons pas longtemps pour que, d'un bout à l'autre du pays, on murmure :

— Il n'y a plus assez de billets. Vivement un tour à la machine qui répand le papier-monnaie comme une bienfaisante rosée.

M. Herriot était tombé parce que son apparition avait suffi à porter la livre à 240. Depuis que M. Poincaré l'a ramenée à 150, l'aigreur se tourne contre lui. Et si jamais la livre venait à valoir 25,25, comme avant la guerre, ce serait une révolution.

NAISSANCE D'UN BELLICISME

Je m'étais endormi plein de confiance dans la paix totale, définitive, en un mot dans la vraie paix, lorsque j'ai été tiré de cette agréable quiétude par un affreux tintamarre guerrier.

— Qu'est-ce encore que ces bellicistes ? me suis-je écrié avec un certain nombre de mes concitoyens. Ne va-t-on pas nous laisser tranquilles ? Nous croyons à l'esprit de Locarno, nous. Finies les guerres ! Les peuples sont faits pour s'entendre. Quels sont les trublions qui parlent de remettre ça ?

Renseignements pris, ces trublions sont d'extrême-gauche. Parfaitement. Des Locarniens qui jouaient encore de la lyre, il y a quinze jours, embouchent maintenant la trompette. Si on les écoutait, on enverrait tout de suite une armée à Turin et une escadre à la Spezzia.

Un sous-officier a été assassiné en Rhénanie, il y a quelques semaines. Il aurait fait beau voir qu'un député interpellât le gouvernement et demandât qu'on fît respecter la France dans les pays occupés. Mais des cheminots du P.-L.-M. ont été molestés à Vintimille. Alors M. Ernest Lafont, qui est socialiste-communiste, monte sur ses grands chevaux. Il veut que l'honneur national soit vengé.

Les cheminots ont droit à la protection de leur pays autant que les sous-officiers et même que les officiers, mais pourquoi plus qu'eux ? Pourquoi exiger de l'Italie un châtiment qu'en pareil cas on ne réclamerait pas de l'Allemagne sans passer pour un trouble-paix ?

Parce que, au delà des Alpes, c'est Mussolini qui gouverne. Là-dessus, pas l'ombre d'un doute. Les pacifistes d'hier diront qu'ils veulent que la France combatte non le peuple italien mais le fascisme. C'est ainsi que la Révolution avait dit : « Guerre aux châteaux, paix aux chaumières », ce qui a fini par faire camper aux Champs-Élysées des cosaques, des moujicks et des paysans poméraniens.

En somme, nos gens d'extrême-gauche sont de vieux romantiques, tout prêts à rallumer la guerre des démocraties contre le despotisme et la réaction. Et ils iraient chercher Foch et Weygand comme les bolcheviks étaient allés chercher Broussilof.

Il est vrai que les électeurs feraient peut-être la grimace en recevant leur feuille de mobilisation. Mais il y aurait un moyen de tout arranger. Ce serait de mettre les socialistes en sursis et d'envoyer les galonnés, les aristocrates et les bourgeois venger les cheminots de Vintimille et délivrer les frères républicains d'Italie.

LE PRIX NOBEL

Fraternellement, M. Aristide Briand et M. Gustave Stresemann se partageront le prix Nobel. Ils sont récompensés de leurs efforts pour sauvegarder la paix. Nous ne savions pas que le Comité distribuait des prix d'encouragement.

Car enfin, ne serait-il pas prudent d'attendre un peu avant de décider si l'année est vraiment pacifique ? Néron aussi aurait pu recevoir une couronne pour ses mérites lorsque Rome honorait ses vertus. Guillaume II, quand il célébra la vingt-cinquième année de son règne, fut loué de ne jamais avoir tiré l'épée. Et son chancelier Bethmann-Hollweg, dont le « chiffon de papier » devrait à jamais ternir la mémoire, passait pour un philosophe très doux.

Le prix Nobel a-t-il été bien gagné ? On le saura dans un demi-siècle, espace de temps qui paraît considérable quand il est devant nous, très court quand il est derrière.

Cependant, il y a ceci d'étrange qu'au moment où les deux ministres recevaient les argents de l'inventeur de la dynamite, la Conférence des ambassadeurs déclarait que l'Allemagne n'était pas en règle sur le désarmement. Tiens, tiens, tiens ! Mais alors ?

Alors, il s'agit de savoir si, équitablement, M. Jules Cambon, qui préside la Conférence, n'a pas, autant que M. Briand, mérité le prix Nobel.

Depuis que le monde est monde, il se divise entre ceux qui disent que, pour avoir la paix, il faut se méfier, être fort et se faire respecter, et ceux qui disent que, pour éviter la guerre, il faut avoir confiance et dissoudre les régiments. C'est toujours le vieux dialogue d'avant 1870. « Vous voulez faire de la France une caserne », disait l'orateur pacifiste. « Prenez garde d'en faire un cimetière », répondait le général Niel.

Dans l'affaire d'aujourd'hui, il y a quelque chose qui m'inquiète. M. Jules Cambon était ambassadeur à Berlin en 1914. Il avait prédit la guerre. Pendant dix ans, on a donné en exemple la sûreté de son diagnostic et sa clairvoyance. M. Jules Cambon a-t-il cessé d'être lucide ? Ou bien les Français sont-ils comme les Grecs, qui étaient fatigués des avertissements du sage Nestor ?

COURTELINE

Sept cités se disputaient l'honneur d'avoir donné le jour à Homère. Ainsi deux Académies s'arrachent Courteline. Il a été élu par celle des Goncourt, tandis que celle du Pont des Arts, pour que ce Molière ne manquât pas tout à fait à sa gloire, lui décernait un de ses grands prix.

Goncourt et Richelieu s'accordent pour ranger Courteline parmi nos auteurs nationaux. Pourquoi, sinon parce que notre type le plus national s'appelle Sganarelle et Boubouroche ?

La constance de ce personnage dans notre littérature et son éternel succès veulent dire, sans doute, que les Français se reconnaissent en lui. D'autres ont le ruffian. Nous avons l'homme trompé qui ne veut pas croire à son infortune. Et c'est chez nous que l'on dit « battu, cocu et content », content de lui-même, surtout.

Quand Boubouroche découvre un homme dans son placard, il commence par se fâcher, puis il trouve que c'est naturel et très bien. Et il jette dans l'escalier le vieux monsieur qui l'a averti de son malheur. C'est une histoire que le peuple français recommence assidûment.

Il a joué Boubouroche avec le grand Frédéric quand il s'entichait de ce prince ami des lumières et l'admirait de nous avoir battus à Rosbach. Il l'a joué à la veille de 1870 lorsqu'il illuminait pour la victoire de Bismarck à Sadowa. Il l'a joué jusqu'au mois de juillet 1914 lorsqu'il ne voulait pas croire que la patrie de Luther et de Gœthe fût capable d'attaquer le pays de Pasteur et de Victor Hugo.

Il le joue et il le jouera encore. Les peuples sont comme les gens. L'expérience ne les instruit pas et ils commettent toujours les mêmes fautes. Et si l'on s'imagine que la grâce des condamnés de Landau nous vaudra la reconnaissance de l'Allemagne, on se met le doigt dans l'œil.

Mais je ne serais pas du tout surpris si l'on me disait que l'immortel auteur des *Boubouroche* croit dur comme fer à la réconciliation franco-allemande et qu'il est un fervent de Locarno.

1927

LE ZOUAVE PONTIFICAL

A l'époque où j'étais un fervent de la *Bibliothèque rose*, je trouvais dans les romans de la comtesse de Ségur un personnage mystérieux et inconnu qui m'intriguait fort. C'était le zouave pontifical.

Il m'a fallu avancer un peu dans la vie pour savoir ce qu'étaient ces paladins d'un autre âge et pour en rencontrer quelques survivants. Le zouave pontifical était, en général, un gentilhomme français, plus particulièrement des provinces de l'Ouest, qui s'était enrôlé pour défendre les États du Saint-Père contre les chemises rouges de Garibaldi.

Les zouaves du pape se battirent comme des lions. Ils furent parmi les vainqueurs de Mentana où, ainsi que l'annonça le bulletin de la journée, « les chassepots firent merveille ». Du chassepot la victoire, *hinc victoria* : cette devise fut gravée par ordre de Pie IX sur la médaille qui fut décernée aux meilleurs combattants.

Depuis, le zouave pontifical a vieilli dans sa gentilhommière. Du régiment de Charette il ne doit plus rester beaucoup de soldats. Loigny et le temps ont fait des vides dans la phalange sacrée. Le zouave du pape, témoin d'une époque révolue, rumine ses souvenirs. Et quand il a lu l'allocution du nonce à M. Doumergue, le Ier janvier, il a dû se rappeler Castelfidardo et Mentana.

Plus de chassepots, plus de violences, et même plus de frontières : l'Église est dans son rôle lorsque ses représentants prêchent aux peuples et aux chefs d'État la pacification et le désarmement. Seulement, quand l'Église, au lieu d'avoir pour domaine un palais romain protégé par la police de Sa Majesté le roi d'Italie, comme de nos jours, était elle-même un État qui avait un territoire, elle devait aussi le défendre et, pour le défendre, se servir de l'épée.

Je me demande si le pape n'est pas trop loin des contingences de ce monde depuis qu'il a cessé d'être un souverain temporel. Et peut-être, jadis, en lui donnant à gouverner un morceau de terre, Pépin le Bref s'était-il dit : « Comme cela, le Saint-Père verra que ce n'est pas si facile de faire régner entre les hommes la paix et l'amour. »

FERNAND BOUISSON

Quiconque désirera acquérir des notions d'élégance, savoir ce qui se porte et prendre des leçons de tenue, devra aller au Palais-Bourbon. Car le président nouveau a une réputation méritée d'homme du monde. Depuis Paul Deschanel, personne n'a été plus à son aise en habit.

C'est sans doute ce qui a valu à M. Fernand Bouisson les suffrages de la droite. Sans compter qu'il est de notoriété publique que ses charmantes filles ont été élevées au couvent du Sacré-Cœur en Italie, le malheur des temps voulant que ces institutions soient interdites en France. Quant à la présidente, c'est une maîtresse de maison accomplie.

Tout cela n'empêche pas que M. Fernand Bouisson est socialiste. Mais pourquoi ceci empêcherait-il cela ? Qu'est-ce que c'est que d'être socialiste aujourd'hui ? Un moyen d'arriver, un moyen plus rapide et plus sûr que les autres, voilà tout.

On se moquait autrefois du paysan qui disait avec naïveté lorsqu'on lui demandait ce que faisait son fils :

— Mon fils, il a une bonne place de curé.

Il y a maintenant de bonnes places de socialistes, mot qui ne veut plus dire grand'chose, sinon qu'on est un démagogue un peu plus moderne et un peu plus malin que les radicaux.

Il faut être au moins communiste pour garder la pureté de la doctrine. Et encore ! Les communistes sont déjà entrés dans le Cartel, ce qui est une façon de s'embourgeoiser. Ils font semblant de s'indigner parce que M. Fernand Bouisson s'habille bien. Mais c'est un reproche qui n'a jamais nui à personne. Les Français aiment les socialistes bien habillés.

Jadis, quand le camarade Millerand était devenu ministre, on lui avait monté une scie avec le « foie gras Lucullus » et les « spooms au vin de Samos », ce qui ne l'a pas empêché de faire une belle carrière. Il a mis trente ans avant de passer pour un noir réactionnaire et d'être battu à la Chambre.

Cet exemple est très encourageant pour le nouveau président de la Chambre qui a devant lui un long avenir de spooms et de foie gras.

OBÉISSANCE ET RESPECT

J'ai connu, autrefois, un de nos confrères, le marquis de Charnacé, qui, étant fort vieux, était probablement la dernière personne vivante qui eût causé avec Balzac. C'était à Dresde, vers 1846. Et l'auteur de la *Comédie Humaine* avait dit :

— Jeune homme, puisque vous êtes chez les Allemands, observez-les. Ce peuple a le sens de la discipline. Il fera des choses redoutables.

J'ai repensé à ce mot prophétique quand on m'a raconté cette autre histoire. Peu de temps après l'armistice, sur la route de Reims, on faisait sauter des obus et un prisonnier allemand était chargé d'interdire le passage. La file des voitures s'allongeait, les voyageurs s'impatientaient et l'un d'eux, qui savait l'allemand, interrogea le factionnaire pour savoir si la route serait bientôt libre.

— *Wenn es befohlen wird*, quand on le commandera, répondit la sentinelle.

Imaginez un prisonnier français en Allemagne dans la même circonstance. Il n'aurait pas manqué de répondre :

— Qu'est-ce que j'en sais, moi ? Et si vous croyez que ça m'amuse plus que vous d'être ici…

Les Allemands ont deux bosses qui nous manquent : celle de l'obéissance et celle du respect. Voilà pourquoi il y a, chez eux, tant de choses que nous ne comprenons pas.

Le chancelier Marx voulait aller à gauche. Le maréchal Hindenburg lui a crié : « Demi-tour à droite, droite ! » Et, comme au champ de manœuvre, le chancelier Marx a fait demi-tour.

M. Marx, du Centre catholique, pèse devant Hindenburg autant qu'un sacristain devant un capitaine de uhlans. D'ailleurs, au plébiscite présidentiel, l'Allemagne avait déjà préféré le uhlan au sacristain. En France, quand un maréchal-président voulut intervenir dans la politique, les républicains lui dirent qu'il fallait se soumettre ou se démettre. Et Mac-Mahon fit promptement les deux. En Allemagne, ce sont les républicains qui se sont soumis au maréchal-président.

Ce pays-là a toujours le sens de la discipline. Balzac n'y trouverait rien de changé. Et si l'on demandait au factionnaire allemand qui monte la garde de l'autre côté du pont de Kehl ou devant le corridor de Dantzig à quel moment passera la Reichswehr, il répondrait comme l'autre, sur la route de Reims :

— Quand on le commandera !

TIMIDITÉ

Poursuivi pour exercice illégal de la médecine, un professeur qui guérissait la timidité a bénéficié d'un verdict d'acquittement.

Le tribunal a jugé que, la timidité n'étant pas une maladie, le délit n'existait pas.

Cependant les timides sont légion et ils souffrent d'un vrai et terrible mal. Si j'avais à les soigner, puisque ce n'est pas interdit, je leur dirais :

— Vous péchez par orgueil. Vous vous figurez que le monde a les yeux fixés sur vous. Défaites-vous de cette erreur et ne croyez pas que l'on vous regarde. Vous êtes tout à fait indifférent à autrui. Partez de là. Et vous ne craindrez plus de vous montrer ni de parler.

Je dirais encore à certains :

— Ne vous imaginez pas que les autres soient plus que vous-mêmes. D'abord, ils ne sont pas différents de vous. Quel que soit leur rang, ils ont les mêmes préoccupations et les mêmes misères. Tenez, cette dame qui a l'air si hautain, elle ne songe peut-être qu'à dissimuler une vilaine dent bleue ou à retenir son râtelier. Et ce monsieur qui paraît si glacial et si distrait. C'est peut-être sa manière de dissimuler qu'il est encore plus gauche que son visiteur.

Car il y a aussi des grands de la terre que dévore la timidité. C'était, dit-on, le cas de Napoléon III. Un jour, un solliciteur à qui il donnait audience resta muet devant lui. Et l'Empereur, non moins embarrassé, finit par lui dire : « Je puis me retirer si c'est moi qui vous gêne. » Quand vous êtes reçu sans cordialité, pensez que c'est l'autre qui ne sait quoi dire et qui voudrait bien être ailleurs. Alors la hardiesse vous viendra.

Et surtout songez bien que ni les gens ni les choses n'ont l'importance que vous croyez. Un mot malheureux ou un geste maladroit ne sont pas des événements historiques. La vie est trop courte, les hommes trop nombreux pour qu'on fasse attention aux détails. On est toujours plus préoccupé de soi que du voisin. Il y a des individus qui ont, dans leur passé, de quoi mourir cent fois de honte. Ils sortent, ils plastronnent au lieu de se cacher dans un trou et ils ont raison parce que, si le monde sait vaguement qu'il y a quelque chose, personne ne se rappelle au juste quoi.

Enfin, représentez-vous entre quatre planches celui ou celle qui vous intimide. Prenez l'idée que tout ce qui se passe sur cette terre est bien relatif. Je vous garantis pleine et entière guérison.

THÉÂTRE DE QUARTIER

Sans attendre les fêtes officielles, j'ai célébré à ma façon le centenaire du romantisme. Je suis allé entendre *le Bossu* dans un théâtre de quartier.

C'est un drame très bien fait. Il y a là l'essentiel du *Roi s'amuse*, de *Lucrèce Borgia* et de *Ruy Blas*, à cette différence près qu'il y a moins de tirades. Tout est à l'action dramatique. On fait grâce des développements. Henri de Lagardère est un don César de Bazan qui déclame moins, et quand il est affublé de sa bosse, un Triboulet qui ne phrase pas.

Le ciel me garde de mettre Anicet Bourgeois et Paul Féval au-dessus de Victor Hugo, mais c'étaient deux auteurs qui savaient joliment bien leur métier.

Cependant, j'observais le public, un très bon public, qui rendait admirablement et sur lequel aucun des mots célèbres ne manquait son effet. Il y avait très longtemps que je n'étais entré dans un de ces théâtres quasi suburbains. Je n'y étais certainement pas venu depuis la guerre. Malgré la vogue et les progrès du cinéma, la capacité d'émotion reste la même chez les spectateurs. On n'a pas encore jeté au rebut le chariot de Thespis.

Une chose seulement a changé. Je me rappelais très bien l'aspect qu'offrait la même salle en 1912 ou 1913. En 1927, on est beaucoup mieux nippé. Les tenues débraillées sont rares. Les chapeaux l'emportent à une énorme majorité sur les casquettes.

On ne voit plus de citoyennes en caraco et même il flotte, ma parole, comme un parfum d'origan.

D'où vient cette élévation sociale ? A quoi sont dus ces bienfaits ? Pas de doute : à l'inflation. Ce qui a ruiné les uns a enrichi les autres. Si l'on n'avait pas fabriqué tant de billets de banque, il n'y aurait pas tant d'aisance chez les spectateurs du *Bossu*.

Dans la série des « éloges », quelqu'un écrira peut-être un jour l'*Éloge de l'Inflation*. Ce sera quand le mirage aura pris fin. Mais c'est peut-être ce qui explique tant de résistances du retour à la bonne monnaie — qui est celle dont on a le moins.

LE PROCÈS BOUGRAT

Si c'est par l'administration de la Justice qu'on juge un État et une société, que pensez-vous de la nôtre d'après le procès du docteur Bougrat ?

Je suis, pour ma part, horriblement choqué que des condamnés de droit commun soient appelés à déposer sur leur honneur et leur conscience devant le tribunal qui a déclaré leur indignité.

Nous savons sans doute que c'est une habitude pénitentiaire et même une méthode d'instruction criminelle que d'entretenir dans les prisons, moyennant de petits avantages, des « moutons » qui sollicitent les confidences des prévenus. Accueillir au grand jour de l'audience les témoignages des moutons, c'est au moins une faute de goût.

Dans la circonstance elle a, du reste, servi l'accusé. Tout le monde a remarqué que les témoins à charge de la prison de Chave étaient traités avec plus d'égards que le professeur Barral, témoin à décharge. Singulier renversement des valeurs !

C'est à se demander si la justice n'est pas rendue de travers, ce dont on ne s'étonnerait pas, étant donné qu'elle est rendue au rabais.

Le président des assises d'Aix a d'ailleurs jeté une lumière nouvelle sur la crise des « cadres de la nation ». Il a eu un mot douloureux lorsque la jeune personne qui charmait les loisirs du docteur Bougrat a dit : « Il me donnait trois mille francs par mois. Ce n'est pas énorme par le temps qui court. » — « Beaucoup ne les ont pas », a soupiré le président.

Soupir révélateur. Nous connaissons un garde des Sceaux qui a reçu un jour la lettre suivante :

« Mon mari est magistrat. Nous n'avons pas de fortune. Son traitement ne nous permet plus de vivre. Doit-il vendre la justice ou dois-je me vendre ? »

Quand on écrit ces choses-là, c'est ordinairement qu'on n'a pas envie de les faire. C'est l'appel suprême de l'honnêteté. Sur combien d'autres qui restent silencieux la tentation agira ! Songez au juge mal payé et qui rendra sa sentence dans des procès où les millions sont en jeu…

Maurice Barrès a parlé de celui qui, dans l'affaire de Panama, courait après l'omnibus après avoir interrogé les gros chéquards. Aujourd'hui, il faut qu'il aille à pied avec des chaussures qui prennent l'eau. Je craindrais assez de comparaître devant ce juge-là, si j'avais à plaider contre un homme trop riche.

ÉLOGE DE L'ÉPICIER

Un journal américain nous apprend que l'on compte, aux États-Unis, quatre cent mille épiciers parmi lesquels dix-sept mille ont déposé leur bilan l'année dernière.

Poussant plus loin ses investigations, la statistique a montré que ces faillites étaient dues pour le plus grand nombre à l'incompétence et à l'inexpérience, les autres à la négligence, à la mauvaise administration et à des dépenses inconsidérées.

Ces chiffres qui, sans doute, ne seraient pas différents pour la France, m'ont conduit à des réflexions que je crois justes et salubres.

Les écrivains et les artistes professent, en général, du mépris pour la corporation épicière. Cependant, aux vertus que le succès exige chez un épicier, combien de poètes, de romanciers et de peintres seraient dignes de vendre des cornichons ?

Les parents raisonnables s'opposent presque toujours à la vocation artistique que croient avoir leurs enfants et Baudelaire a fameusement dit cela avec une légère exagération :

> *Lorsque, par un décret des puissances suprêmes,*
> *Le Poète apparaît en ce monde ennuyé,*
> *Sa mère épouvantée et pleine de blasphèmes*
> *Crispe ses poings vers Dieu qui la prend en pitié.*

Cette mère est bien excusable, car il est plus facile de s'établir poète lyrique que de prendre un autre métier, et il est peu de professions qui favorisent davantage la paresse. Que j'en ai connu de ces Pindares qui, l'inspiration ne venant pas, allaient l'attendre au café ! C'est l'histoire du tableau d'Anatole, dans *Manette Salomon*.

Le tout petit épicier de Montrouge, sous peine de liquidation judiciaire, doit savoir un certain nombre de choses, être attentif aux détails, se lever dès l'aube et bien tenir sa maison. Pour barbouiller du papier ou des toiles, rien n'est exigé, pas même la connaissance de la syntaxe et du dessin. C'est ce qu'on peut appeler des professions éminemment libérales : trente-quatre mille peintres exposent à nos Salons.

Encore, ici, y a-t-il une sanction qui est l'insuccès. Mais nous voyons beaucoup mieux. Quelle carrière, sinon celle de banquier, est plus ouverte, pour laquelle demande-t-on moins de garanties que pour celle de législateur ? Tout le monde peut devenir député. On peut siéger dans la Chambre toute sa vie sans avoir jamais su déchiffrer un budget. Pour être représentant du peuple, il suffit de la capacité de capter les suffrages de l'électeur. C'est pourquoi on a tant parlé, après Émile Faguet, du « culte de l'incompétence ».

Pourtant, il ne faut pas en demander trop. Nous nous contenterions, dans la politique, les lettres et les arts, de la même proportion de personnes compétentes que chez les épiciers.

NUNGESSER ET COLI

Quand, après une soirée d'enthousiasme, on a appris que Nungesser et Coli n'étaient pas arrivés à New York, on a entendu les gens raisonnables grogner :

— D'abord, l'expédition était mal préparée. Et puis, qu'est-ce que cela prouve ? A quoi cela sert-il ?

Cela prouve, en tout cas, une chose : c'est que l'homme moderne est doué d'une énergie morale qu'on n'eût même pas imaginée dans des siècles plus anciens.

Je sais bien qu'il y a eu Icare. Mais, après cette expérience malheureuse, personne n'a plus essayé de se mettre des ailes pour s'envoler. Et le bon Horace disait qu'il avait fallu à celui qui, le premier, s'était risqué sur les flots de la mer, un cœur bardé d'un triple airain. Sans doute, Horace n'était pas un modèle de courage, car il confessait qu'il avait jeté son bouclier dans une bataille fameuse. Mais il exprimait le sentiment des hommes de son temps.

Au cœur de Nungesser et de Coli, il fallait un airain plus que triple pour se lancer au-dessus de l'Océan ayant tant de risques de mort. Essayez de vous représenter ce que leur entreprise représente d'audace, de force physique et nerveuse. Il y a là quelque chose de surhumain.

Il devrait y avoir aussi de quoi tenter un poète. Je ne goûte pas énormément les stances et les sonnets philosophiques de Sully-Prudhomme, bien que je trouve qu'on soit injustement sévère pour lui. Moréas disait : « Il ne faut pas aimer Vigny » et j'avoue n'aimer Alfred de Vigny que jusqu'à un certain point. Le *Zénith* du premier et la *Bouteille à la mer* du second ne sont pas tout ce qu'il y a de plus « pur » dans la poésie française.

Mais enfin les aéronautes, redescendus sans vie de la conquête du ciel, le capitaine saisi par la tempête, qui confie aux flots et au verre fragile ses découvertes et ses suprêmes calculs, ce sont des thèmes poétiques. On peut ne pas admirer sans réserve la manière dont ils ont été traités par Sully et Vigny. Rien n'empêche de les reprendre et de réussir mieux.

Je sais bien que les jeunes poètes se moqueront de moi. De mon côté, malgré ma bienveillance pour eux, j'ai peine à m'intéresser à leurs petits vagissements. Leur inspiration est courte et chétive. Je la voudrais un peu plus nourrie.

L'autre soir, quand on croyait que l'Oiseau blanc avait franchi l'Atlantique, quand la foule s'arrachait les journaux, quelques vers de Vigny me revenaient à la mémoire :

> *Regarde. Quelle joie ardente et sérieuse !...*
> *Le canon tout-puissant et la cloche pieuse*
> *Font sur les toits tremblants bondir l'émotion...*

Ce n'est pas très épatant, je vous l'accorde. Mais ce n'est déjà pas si mal et, surtout, à cette minute où l'on attendait le canon de Vincennes, *c'était cela*. Au risque de me faire mépriser et honnir, je dirai aux jeunes porteurs de lyre : « Faites-en donc autant ! »

PIERRE RENAUDEL

Quelque avancée que soit une Chambre, il s'y forme toujours une droite. Quelque révolutionnaire que soit un parti, il a toujours ses modérés. Et voilà M. Renaudel, socialiste, qui passe à la modération, tandis que M. Sarraut, radical-socialiste, est devenu l'homme de la création la plus noire.

C'est le communisme qui a fait tout cela. Et M. Renaudel n'est pas tranquille parce qu'il se dit, et même il le dit publiquement, que si le communisme menace la France, la France se jettera dans les bras d'un sauveur.

M. Renaudel a déjà oublié que lorsqu'il a été élu dans le Var en 1924, il se présentait sur une liste qui s'appelait tout simplement Liste des Rouges. Il traitait ses adversaires de « blancs » et de « Vendéens ». Qui étaient ces Vendéens ? Les amis et même le beau-frère de feu Camille Pelletan.

M. Renaudel organise maintenant une Vendée dans le parti socialiste. Aux prochaines élections, une Liste des Rouges se présentera contre lui. C'est une roue qui tourne éternellement. Bien qu'il s'en défende et quoi qu'il fasse, elle porte M. Renaudel du côté droit.

Car, enfin, il a opté. Et il a beau dire qu'il a opté pour la démocratie contre le despotisme soviétique, celui qui n'est pas pour la révolution est contre elle. Et il ne pense pas que la masse des Français soit pour la révolution vraie.

En effet, c'est probable. Mais il arrive aussi qu'on glisse aux situations révolutionnaires sans le vouloir et même sans s'en douter. On a répété mille fois, après Camille Desmoulins, qu'il n'y avait pas dix républicains en France en 1789. Pourtant, on est allé à la Terreur.

L'autre jour, un journal financier, pour donner la preuve que le communisme n'avait aucune chance de succès dans notre pays, citait ce fait que la caisse de secours des mineurs, qui est une caisse très riche, plaçait ses fonds dans la construction des magnifiques hôtels pour voyageurs de luxe, près de la place des États-Unis. Les travailleurs du sous-sol, ajoutait notre confrère, doivent avoir des raisons de penser que la société capitaliste est solide et qu'elle a du temps devant elle.

Mais, après tout, les travailleurs du sous-sol peuvent se tromper. Et s'ils n'avaient que M. Renaudel pour défendre leur bel immeuble, ils seraient faiblement assurés contre les expropriations.

PAUL VALÉRY ET LA GRÈVE DES PROFESSEURS

On s'accorde autant à admirer Paul Valéry qu'à le trouver obscur et lui-même a mis en accusation les fausses lumières de la clarté. Ce poète demande seulement un peu d'effort et je vous assure que, si l'on veut s'en donner la peine, on l'entend fort bien.

Sa manière mallarméenne de parler permet d'ailleurs d'aborder tous les sujets, jusqu'à ceux de l'actualité la plus brûlante. Combien de personnes se sont rendu compte que le nouvel académicien avait expliqué, courageusement, la grève des professeurs ?

Il est vrai qu'il a mis ses temps au passé. Mais rien de ce qu'il rapportait à la jeunesse de son illustre prédécesseur n'a changé aujourd'hui. Et même la situation des intellectuels, car c'est bien de cela qu'il s'agit, s'est aggravée.

« *Il arrivait*, a dit Paul Valéry, *que les diplômes fussent des garanties de malheur et des recommandations à la détresse.* » Inutile de solliciter là-dessus l'avis des agrégés à quatre ou cinq mille francs-or par an. Ils le donnent tout haut, en refusant de faire d'autres bacheliers, c'est-à-dire d'autres candidats à leurs déceptions.

Si encore la baisse du franc était seule responsable de leur gêne, pour ne pas dire de leur misère ! Mais il n'y a guère d'espoir que les « hommes de l'esprit » retrouvent une vie supportable dans une société « tout exacte et matérielle ». Ils sont superflus et encombrants pour « sa gigantesque et grossière économie ».

Les « hommes de l'esprit » ne se tirent plus d'affaire que par une surproduction épuisante. « Il n'est plus de loisir dans la dignité. » Le romancier doit donner des romans plus souvent que le pommier donne des pommes. Encore, s'il réussit, l'impôt vient-il lui prendre le plus gros de son gain. La démocratie n'a pas été une bonne mère pour les intellectuels. Et M. Lucien Descaves s'étonne qu'ils ne l'aiment plus !

Savez-vous à quoi elle tend ? A les rendre tous fonctionnaires. Quand l'État disposera, selon le projet Herriot, des sommes produites par les œuvres tombées dans le domaine public, l'écrivain indépendant sera privé de la manne. Les gens de lettres serviront le pouvoir ou bien Homère, Racine et Balzac ne les nourriront pas. Ils feront mieux de noircir tout de suite du papier derrière un guichet.

Il en sera de même pour les autres carrières qu'on appelait jadis libérales. Par la loi des assurances sociales, les médecins deviendront des employés à tant par mois. Ils le sentent bien et c'est pourquoi ils commencent à ne plus être, comme ils l'ont été si longtemps, les plus fermes soutiens de la république démocratique.

« *On élevait de jeunes pauvres à des connaissances de pur luxe. On leur faisait sentir assez durement que les éléments les plus conscients d'une société en sont aussi les plus négligeables.* » C'est encore Paul Valéry qui a dit cela, avec une limpidité de diamant. Et il n'est pas mal que la protestation, peut-être suprême, de l'esprit, ait été portée, chez les Immortels, par l'école de Mallarmé.

RATIONALISATION

Un inventeur, ami de l'humanité, vient de trouver d'un seul coup un remède à la triple crise du logement, des domestiques et de la vie chère.

— Pourquoi, dit-il aux Français de la classe moyenne, ne vous en tirez-vous pas ? Parce que vous vous obstinez dans des habitudes d'un autre âge.

Au prix où sont maintenant les choses, c'est un gaspillage insensé que tout le monde possède son appartement, un salon, salle à manger et cuisine. Étant donnée la difficulté de trouver des serviteurs, c'est une folie d'avoir chacun ses domestiques. La solution, l'avenir, c'est l'appartement-hôtel.

Voyez, en effet, comme ce sera commode. L'hôtel-appartements n'aura qu'une cuisine où les repas seront préparés pour tout le monde. Quelle économie ! Il y aura une salle à manger unique. Moyennant un supplément léger, on pourra être servi dans les chambres. Plus de serviteurs, plus de bonnes à tout faire. » Il y aura le personnel de la maison.

Le salon, orgueil de la bourgeoisie, est bien le plus superflu des organes. C'est même une pièce perdue. Dans les ménages sérieux, elle reste ensevelie dans l'ombre à cause du soleil et sous les housses à cause de la poussière. L'hôtel-appartements offrira un salon unique. Les locataires le retiendront à tour de rôle pour leurs grandes réceptions.

Autre simplification, non moins heureuse. Tout le monde sait qu'il est difficile, à Paris, d'élever les jeunes enfants. Il y aura une nursery pour tout hôtel. Et nul doute qu'alors les naissances n'augmentent considérablement.

Enthousiasmée par ce programme, une femme, lassée des soucis du ménage, nous a dit l'autre jour :

L'hôtel-appartements, c'est le rêve. C'est l'idéal. D'ailleurs, le monde marche vers l'unification C'est démontré par le philosophe Guglielmo Ferrero. Je suis, en toutes choses, pour la réduction à l'unité. Un seul salon, une seule salle à manger, une seule cuisine, un seul cabinet de toilette…

— Et un seul mari, ai-je répondu. Car enfin, là aussi, il y aura un gaspillage auquel la rationalisation de l'existence doit mettre fin. Les Turcs et les Marocains ont donné l'exemple. L'hôtel-appartements ne sera parfait qu'avec la polygamie. Un mari par étage serait bien assez. Et peut-être votre philosophe italien trouverait-il que c'est encore trop.

Je dois reconnaître que je n'ai pu aller plus loin et que je me suis fait traiter d'insolent. Cependant, j'avais la rationalisation pour moi.

DISCOURS SUR L'HISTOIRE UNIVERSELLE

M. David, adjoint socialiste au maire de Chalon-sur-Saône, présidant la distribution des prix à l'école communale, a développé sa philosophie de l'histoire qui est courte et bon enfant.

Jadis, a-t-il dit, la puissance était détenue par les nobles et par les prêtres. Elle l'est, aujourd'hui par les riches et les bourgeois. Demain, elle le sera par le peuple, « réserve de forces sans limite, où l'on puise pour le plus grand bien de la nation ».

M. l'adjoint ne recherche pas ce que les écoliers de Chalon-sur-Saône, s'ils sont un peu curieux, pourraient lui demander. D'où sont venus les bourgeois et les riches ? D'une caste fermée ? Mais tout le monde sait que les bourgeois viennent du peuple, comme le militaire se recrute dans le civil.

Sans parler du clergé, il en était de même pour les nobles d'autrefois. Grattez les plus beaux noms à particule : vous trouverez toujours, par derrière, un ancêtre roturier. Les Montmorency s'appelaient Bouchard. J'ai très bien connu une vieille paysanne qui s'appelait également Bouchard et qui disait, moitié sérieux, moitié plaisant : « Nous sommes des cousins des Montmorency. »

Plus d'un marquis authentique a pour patronyme Gigot, Girault ou Bidot. Le pauvre et regretté Robert de Flers était marquis de longue date. Il était aussi de la Motte-Angot. Mais il était d'abord Pellevé, ce qui est, à une syllabe près le nom de notre ministre de la Guerre, fervent démocrate et fils d'un artisan parisien.

Saint-Simon, de son temps, se plaignait de l'envahissement de la société par la vile roture. Cependant le duc de Saint-Simon était petit-fils de drapier. Et la vieille noblesse française était moins dégoûtée que ce parvenu car il était, chez elle, passé en locution proverbiale de dire : « Nous venons tous de la charrue ».

Elle avait encore ce proverbe qui fait une image éloquente : « Cent ans bannière, cent ans civière ». Ce qui, dans le langage bourgeois de nos jours, se traduit par : « Une fortune ne passe pas trois générations ». La noblesse d'autrefois ne savait pas seulement qu'elle venait du peuple. Elle savait qu'une famille, faute de maintenir les qualités qui l'avaient élevée, devait, tôt ou tard, retourner à la charrue.

Il est peu probable que je sois jamais désigné pour présider une distribution des prix. Mais si je m'adressais aux jeunes bourgeois d'un collège chic, je leur dirais : « Rappelez-vous que vos grands-parents vous ont tiré du fumier et de la crotte. Sans eux vous seriez charretiers ou casseurs de cailloux. Travaillez, prenez de la peine et faites en sorte de ne pas revenir au point d'où ils étaient partis. »

LA KULTUR *ET LA MONNAIE STABLE*

Il était de mode, vers 1905, de dire que si, depuis 1870, la France était militairement amoindrie, elle continuait à régner sur le monde par l'éclat de sa civilisation, de ses lumières et de sa littérature. A quoi Péguy répondait que les deux choses vont de pair et que les grands siècles politiques ont aussi été de grands siècles d'art. Péguy avait raison et les universités étrangères qui avaient besoin de professeurs allaient alors le chercher non point à la Sorbonne, mais à Berlin ou à Iéna : la gloire du professeur de Moltke auréolait le professeur Knatschke.

Vint la guerre, la Marne, Verdun et le maréchal Foch. La science française est redevenue à la mode et la rue d'Ulm a dispersé aux quatre coins des terres habitées l'élite de ses jeunes générations. Tout serait parfait si les hommes n'étaient pas naturellement oublieux et si, depuis 1918, le soleil de la victoire ne s'était quelque peu obscurci. Bref, le professeur Knatschke, qui ne faisait plus parler de lui, a reparu. On le signale en Amérique, dans les Balkans et jusqu'à l'extrémité de l'Asie. C'est une offensive universitaire à l'appui de l'offensive politique.

On me racontait à ce propos l'histoire suivante :

— Nous avions en Perse ou en Afghanistan, je ne sais plus, le monopole des fouilles archéologiques. Monopole devenu parfaitement théorique, car, faute d'argent, nul Français ne pouvait aller y gratter le sol. Un Allemand très savant est venu, les poches pleines de marks-or. « Allez-vous prendre sur vous de m'empêcher de travailler ? », a-t-il dit aux autorités compétentes, qui, ne pouvant rien faire, n'ont pas osé interdire à l'Allemand de les suppléer. Elles se contentent de prier le ciel qu'il ne trouve rien.

On a maudit la *Kultur*. La *Kultur* a sur notre civilisation l'avantage d'une monnaie stable et d'un esprit public qui sait ce qu'il veut.

Il est fâcheux que chez nous on trouve toujours de l'argent pour les dépenses électorales et qu'il n'y en ait jamais pour les autres. Si les intellectuels avaient été, depuis cinquante ans, aussi bien traités que les bouilleurs de cru, les journaux n'en seraient pas réduits à pleurer, une fois par an, sur la décadence des concours. M. Herriot présiderait peut-être à un nouveau siècle de Périclès et des bataillons d'universitaires prépareraient, à l'étranger des acheteurs pour nos livres, nos œuvres d'art… et nos cotonnades.

PLAGES

La France présente un développement côtier d'environ 3.000 kilomètres. Il y en a un bon tiers qui est, comme on dit, « susceptible » de se transformer en stations balnéaires. Ce travail est en voie d'accomplissement.

Les chroniqueurs nous apprennent qu'en l'an mil la France se couvrit d'un blanc manteau d'églises. En l'an 1927, nos rivages se couvrent d'hôtels, de villas, de cabines de bains, de tentes-parasols. De Dunkerque à Hendaye, du cap Cerbère à la Turbie, se déroule une longue plage qui incite à la natation, aux siestes sur le sable et aux exercices de gymnastique suédoise en plein air, dans des costumes qui permettent de savoir exactement comment sont faites la femme de votre voisin et la nièce de votre apothicaire.

De séduisantes affiches, d'innombrables poteaux indicateurs appellent les citadins à la Grève d'or, au Site des pins, au Golfe enchanté, à la côte d'Améthyste. Il n'est crique ni anse où l'on ne bâtisse un hôtel Beau Rivage et un Casino, où l'on ne spécule sur le prix du mètre carré, où le pêcheur n'abandonne le hareng et la sardine pour l'exploitation, beaucoup plus fructueuse, du Parisien. « Terrains à vendre au bord de la mer » comme disait le roman de ce pauvre Henry Céard.

Aujourd'hui, Guy de Maupassant devrait recommencer sur des données nouvelles son *Mont-Oriol*, histoire d'une ville d'eaux qui ne réussit pas. Il y a bien, ici et là, quelques plages trop neuves, trop ambitieuses, trop vite lancées, où, dans le palace à 150 francs par jour, élevé au milieu des dunes encore solitaires, les garçons se morfondent en regardant tomber la pluie tandis que le patron voit venir la faillite. Honneur au courage malheureux ! La saison prochaine verra la revanche d'Oriol-plage où le baigneur affluera.

Les autres étés, mon fruitier était déjà à Deauville et ma crémière à Cabourg. Cette année, l'exode s'est étendu. Le papetier est à Royan et la teinturière-stoppeuse à Biarritz. En vain la haute fuit-elle à Juan-les-Pins. Ses fournisseurs iront l'y rejoindre.

Ce sont les miracles de l'inflation qui laisseront sur nos grèves plus de villas Bellevue que les terreurs de l'an mil n'avaient laissé d'églises sur les monts et dans les plaines. Que nous parle-t-on de crise économique ? La moitié de la France est en pantalon blanc et en costume de bain. Et même les affaires des entrepreneurs de révolution ne marchent pas trop mal puisque la belle-mère de M. Cachin a des villas sur la côte normande et M. Berthon, un mas devant la mer voluptueuse où chantaient les sirènes.

LES CHEFS SANS IMAGINATION

« Allez, mon fils, et vous verrez par quels pauvres types le monde est mené », disait à peu près le chancelier Oxenstiern.

Ce qui me frappe le plus, chez les conducteurs des peuples, ce n'est pas la faiblesse de l'esprit. C'est la faiblesse de l'imagination. Elle est, d'ailleurs, la même chez ceux qui gouvernent et chez ceux qui sont gouvernés.

L'ami de la paix (et qui donc ne l'aime ?) lit avec satisfaction dans son journal que la Société des nations a trouvé une formule pour organiser la guerre à la guerre. Alors il n'y aura plus à craindre de « remettre ça ».

Mais, la guerre à la guerre, se représente-t-on ce que c'est ? Non ? Eh bien ! c'est pourtant ce qu'on a vu de 1914 à 1918.

Qu'a-t-on fait alors, qu'ont fait vingt-sept peuples alliés, sinon de mettre la guerre hors la loi ? Ce fut la grande croisade du droit contre le militarisme prussien.

Seulement, parmi les croisés, il y en eut qui s'embusquèrent et il y en eut qui se firent tuer plus souvent que les autres. Toujours les mêmes, bien entendu. Car c'étaient déjà les Français qui avaient marché en tête, à l'appel de Pierre l'Ermite, pour délivrer Jérusalem.

Alors il est probable que la prochaine fois ce seront encore eux qui donneront. M. Paul-Boncour est un Pierre l'Ermite infatigable. En quelque endroit que Bellone doive montrer son visage affreux, des divisions françaises seront un peu là. Il n'y aura pas de conflit sans que le bleu horizon soit de la fête. Petit pioupiou, soldat d'un sou, on te verra, redresseur de torts universel, courir les plaines et les montagnes de l'Europe. Tu n'as pas fini de t'amuser !

On a dit froidement, à Genève, que la France pourrait mettre un contingent de deux cent mille hommes à la disposition de la Ligue. Jolie perspective pour les recrues ! C'est ce qu'on appelle le désarmement. Mais, pour désarmer, il faut des armes, de même que la guerre à la guerre, c'est encore la guerre. C'est même la guerre généralisée. Plus de neutres, — que les malins !

C'est cela qu'on ne paraît pas se représenter. La paix garantie, on se la figure sous les espèces d'un bon tommie qui vient au secours de la France. Il faut surtout la voir dans l'image d'un jeune Beauceron qui meurt pour la Tchécoslovaquie.

LA DISCIPLINE RADICALE

Un de nos confrères écrivait l'autre jour :

— Les élections approchent. Combien de Français y pensent et s'y préparent ?

Combien ? Mais tous les candidats, parbleu ! C'est leur affaire. Il s'agit de leur situation sociale, de leur carrière, de leur avenir et de quarante-cinq mille francs par an. Les autres, le commun des mortels, n'ont qu'un bulletin à déposer dans l'urne, opération qui dure deux minutes. La partie n'est pas égale.

Et que les fonctions électives tendent à devenir un métier, rien de plus naturel. C'est ce qui arrive dans toutes les démocraties. Que voulez-vous, alors, que devienne un ancien législateur ? S'il ne retrouve plus de siège, c'est une épave, un raté. Ne vous étonnez pas qu'il soit âpre à la réélection.

Ni qu'il fasse n'importe quoi pour être réélu. N'importe quoi consiste à flatter les électeurs, à leur promettre, par exemple, de prendre l'argent où il est, c'est-à-dire, en définitive, dans leurs propres poches.

Il n'est même pas utile que le candidat partage les opinions qu'il représente et les passions qu'il attise. Ses convictions personnelles et les idées qu'il représente n'ont rien de commun avec la profession qu'il exerce. C'est pourquoi il y a tant de millionnaires socialistes et d'anticléricaux qui mettent leur fille au Sacré-Cœur.

C'est ce qui explique aussi que les gens de gauche soient à la fois plus ardents et plus disciplinés que les gens de droite, chose dont on s'étonne souvent.

Pourquoi voudriez-vous que les gens de droite eussent beaucoup d'ardeur ? Ils ne peuvent même pas espérer devenir ministres. Et s'ils se tirent dans les jambes, s'ils se trahissent, s'ils se divisent en groupes et sous-groupes, c'est parce qu'ils n'ont à se partager qu'une certaine clientèle, quelques sièges, quelques titres de présidents de ligue ou de directeurs.

Les gens de gauche ne valent sans doute pas mieux. Ils ne s'aiment pas entre eux davantage. Mais la récompense de leurs bons et loyaux services, ce sont des portefeuilles, des ambassades, le gouvernement de l'Algérie, la résidence du Maroc, la vice-royauté de l'Indo-Chine. Pour eux, la fidélité et la discipline sont des placements d'un bon rapport.

Prenez l'habitude de regarder les élections sous ce jour-là, qui est le vrai. Vous comprendrez tout et vous ne vous étonnerez plus de rien.

LES IDÉES DE M. SEYDOUX

Un ancien directeur de notre ministère des Affaires étrangères, entré depuis dans la finance (comme tant d'autres), vient d'écrire un article destiné à nous rassurer.

« Voyons, dit-il, est-ce que la France et l'Allemagne sont condamnées à vivre toujours comme chien et chat ? Pendant très longtemps, les Français ont cru que leurs ennemis héréditaires étaient les Anglais. C'est bien fini. Pourquoi n'en serait-il pas de même avec les Allemands ? »

Bien sûr. Pourquoi pas ? Mais pourquoi faut-il aussi que M. Jacques Seydoux ne nous ait pas laissés sur cette idée agréable ?

Car il ajoute (hélas ! qui veut trop prouver ne prouve jamais rien), que l'Angleterre est devenue notre amie à partir du jour où elle nous a « évincés » sur la mer et où nous avons accepté cette éviction. D'où il suit que nous ne manquerions pas d'obtenir la bonne amitié de l'Allemagne, si nous nous effacions devant elle sur la terre, comme nous nous sommes effacés devant les Anglais sur les eaux.

C'est une solution. C'est même la solution pacifique par excellence. Malheureusement, en 1914, nous ne l'avons pas acceptée. Et de là ont découlé toutes sortes de conséquences.

Car, plus malheureusement encore, l'Allemagne a été battue. Ce fâcheux accident ne peut manquer de retarder la réconciliation définitive. Il dérange le cours de l'histoire, puisqu'il n'est jamais arrivé à l'Angleterre, laquelle, dans les guerres maritimes, a toujours fini par avoir le dernier mot.

La France n'a pas été « évincée » en 1918. Alors, c'est désastreux, mais c'est ainsi. Tout est à recommencer.

A moins qu'une autre fois la France ne dise tout de suite : « C'est entendu. Je m'évince. » Mais une pensée pourrait lui venir encore : « Après tout, je ne vois pas pourquoi je m'évincerais plutôt que l'Allemagne. »

Alors, moi qui avais commencé à me réconforter par l'article de M. Jacques Seydoux, je me sens un peu plus inquiet pour l'avenir, depuis que je l'ai lu.

LES AVOCATS SOCIALISTES

Un de nos amis, qui est flâneur, se promenant l'autre jour au Palais de Justice, entra dans une salle d'audience. Le hasard l'avait bien servi. Deux maîtres du barreau étaient l'un en face de l'autre. D'un côté il y avait Me Paul-Boncour contre qui plaidait Me Léon Blum.

Et pour qui plaidaient-ils ? Pour de notables industriels, pour des représentants de ces exécrables puissances d'argent que les députés socialistes dénoncent à la démocratie mais dont les avocats socialistes défendent les intérêts et reçoivent les honoraires.

A la Chambre, M. Léon Blum dit aux bourgeois : « Je vous hais. » Au Palais, il dit au capital : « Va, je ne te hais point. »

Contradiction ? Palinodie ? Sujet de scandale pour les prolétaires ? Mais la réponse est connue : « Il faut bien vivre. En attendant une meilleure organisation de la société, nous sommes obligés de la prendre telle qu'elle est et de nous conformer à ses principes. »

Il y eut jadis un socialiste qui avait voulu rester fidèle aux siens. Il s'appelait Paul Lafargue, il était le gendre de Karl Marx et il avait inscrit comme le premier des droits de l'homme le droit à la paresse. Comme il possédait un certain capital, — produit sans doute par « celui » de son beau-père, — il avait jugé indigne d'un collectiviste de le placer bourgeoisement pour en toucher les intérêts. Alors il avait fait comme le héros d'Alfred de Musset. Il avait divisé ses écus en tranches égales qui devaient le mener jusqu'au temps où sa femme et lui seraient morts.

Il avait cru calculer très large en fixant cette échéance à leur soixante-dixième année. Mais, quand la dernière tranche fut épuisée, Lafargue et sa compagne étaient encore solides et verts. Alors, stoïquement, le ménage s'administra une dose de cyanure de potassium.

Depuis, les socialistes ont médité cet exemple, qui ne déparerait pas les vies de Plutarque. Et plutôt que d'être réduits à avaler la pilule fatale, ils plaident pour les grands patrons.

Il est très commode d'avoir deux métiers et de combattre la société tout en profitant de ses avantages. Seulement Me Paul-Boncour et Me Blum y contractent d'agréables habitudes. Et si le capitalisme venait à succomber, ils seraient les premiers à la trouver mauvaise. Heureusement pour eux, le capitalisme a la vie dure. Et il continue d'assurer le confort de Paul-Boncour et de Léon Blum avec la prospérité de leur double industrie.

PRIX LITTÉRAIRES

Il y a une chose qui m'étonne dans les prix littéraires. Comment se fait-il que les livres couronnés soient, neuf fois sur dix, des livres fraîchement parus ?

Les deux prix qui ont le plus de retentissement se décernent au commencement de décembre. L'ouvrage qui obtient la timbale est presque toujours choisi parmi ceux que la fin de novembre a vu naître. Ainsi, chose singulière, il ne sortirait de bons romans ni en juin ni en mars. L'hiver, le printemps et l'été seraient stériles et c'est à l'extrême automne seulement que la littérature donnerait ses fleurs.

Ce curieux phénomène oblige à se demander si les juges ne votent pas sous l'impression de leur dernière lecture, qui est la plus forte, étant la plus récente. Et puis, n'est-ce pas aussi un effet de la loi du moindre effort ? Après tout, on peut faire partie d'un jury littéraire et être très occupé ou même un peu paresseux. Je vois très bien l'académicien Goncourt ou la dame de la *Vie heureuse* disant, la veille du scrutin :

— Il faut tout de même que j'aie lu quelque chose avant d'aller voter.

Alors, il est naturel que, dans la pile des envois de Grasset, d'Albin Michel, de Gallimard et autres bibliophiles, la main se porte sur le dernier arrivé… On n'a pas l'idée de publier un chef-d'œuvre au mois d'avril !

Cette question en pose, d'ailleurs, une autre. Parmi ceux et celles qui distinguent les talents et qui distribuent les couronnes, combien y en a-t-il qui aient lu, ce qui s'appelle lu ?

Récemment, quelqu'un disait que les critiques d'aujourd'hui donnaient l'impression d'avoir feuilleté d'un doigt alangui et d'un œil distrait les livres dont ils rendent compte. On lui répondit :

— Les critiques ? Comment voulez-vous qu'ils lisent ? Ils écrivent tout le temps.

Il doit en être de même dans les comités, où l'on finit par s'en rapporter à celui qui a lu. A moins qu'il n'ait fait lire par sa femme ou par sa belle-sœur. La vie est si courte et la copie si pressée !

1928

LE PARTI DES LÂCHEURS

Qu'est-ce qu'un communiste ? Tout le monde sait que c'est un révolutionnaire, un ennemi de la société. Mais c'est un ennemi de toute la société telle qu'elle est, y compris la démocratie, le régime parlementaire et le suffrage universel.

Lorsque Lénine s'était emparé du pouvoir, un de ses premiers soins avait été d'envoyer une escouade de marins rouges à l'Assemblée de Moscou. Et l'assemblée kérenskyste s'était dissoute instantanément. Personne ne doute que si M. Cachin triomphait nos députés iraient prendre un bain prolongé dans la Seine. Quant au Sénat, personne n'y penserait, parce qu'il s'évanouirait tout seul.

Enfin, les communistes n'ont que haine et mépris pour les socialistes qu'ils appellent les valets du capital. Quant aux radicaux, ils les mettent au-dessous de rien.

Tout cela n'empêche pas que, le jour où M. Cachin et ses amis doivent aller en prison, ils sont défendus par M. Léon Blum et par M. Daladier.

C'est que les partis de gauche ont, depuis cinquante ans, un principe dont ils ne s'écartent jamais et qui est : « Pas d'ennemis à gauche. » Quand a-t-on vu les conservateurs et les modérés pratiquer le principe : « Pas d'ennemis à droite ? »

Lorsqu'un royaliste est dans le cas de M. Cachin, ces messieurs s'abstiennent prudemment.

Et pourtant le royaliste soutient les mêmes causes qu'eux. Il ne veut pas détruire une société où M. Léon Blum et M. Daladier eux-mêmes ne se trouvent pas si mal. Il est du côté de l'ordre.

Mais les gens de gauche n'ont jamais peur du rouge, tandis que les gens de droite mettent leur drapeau dans leur poche, de crainte qu'on voie passer un bout de blanc. Comment s'étonner après cela que la victoire se refuse au parti des lâcheurs avec une si convaincante obstination ?

« 14 JUILLET, RIEN »

A l'Exposition de la Révolution française, une des choses qui frappent le plus les visiteurs, c'est le célèbre journal de Louis XVI où l'on voit écrit, de la main du roi : « *Mardy 14 juillet, rien.* »

Cela prouve sans doute que Louis XVI manquait du sens des proportions. Cela pourrait prouver qu'il ne croyait pas que, de l'ouverture des prisons, la bourgeoisie ferait dater une ère nouvelle. Supposons que M. Doumergue tienne son journal. Nous serions curieux de savoir ce qu'il y inscrirait si, un 14 juillet, une émeute délivrait les prisonniers de la Santé.

La suite du carnet de Louis XVI montre que le souverain aimait beaucoup trop courir le cerf. Qui va à la chasse perd sa place. Le proverbe a l'air d'avoir été inventé pour lui. Mais ne chasse-t-on pas de notre temps ? Et que dirait-on d'un préfet de police qui tirerait des faisans à Rambouillet pendant que les communistes saccagent un quartier de Paris ? Ce sont, après tout, des choses qui peuvent arriver. Et les révolutions ne sont peut-être que des accidents de chasse.

A tout bien considérer, Louis XVI a été perdu par le goût des exercices physiques. La vie au grand air et la serrurerie ont abrégé ses jours en le menant à l'échafaud. Son exemple m'a depuis longtemps convaincu que l'habitude du sport était funeste, et qu'il fallait y voir un principe de ruine pour les États et pour les particuliers.

On citera les Anglais qui, jusqu'à un âge avancé, ne passent pas une seule journée sans jouer au ballon. Nos voisins ne sont pas étonnés de voir des hommes politiques aussi graves et aussi mûrs que M. Balfour quitter leurs travaux pour leur partie de tennis, de même que M. Lloyd George emportait son attirail de golf aux Conférences où il réglait le sort de l'Europe.

Et l'Angleterre est quand même un grand Empire. Mais si cet Empire s'écroule un jour, ne dira-t-on pas que la faute en est à ses chefs qui passaient leur temps à lancer des balles avec un bâton ou avec une raquette ?

Il n'est pas impossible que, d'ici quelques siècles, on expose le journal intime d'un premier ministre de Sa Majesté britannique où seront écrits ces mots : « Aujourd'hui gagné un match », à la date où l'Angleterre aura perdu les Indes.

JULES VERNE

A propos du centenaire de Jules Verne, on a évoqué beaucoup de souvenirs des vieux jours de l'an. On a dit surtout à ses anciens jeunes amis qu'en leur apprenant qu'il aurait cent ans, on leur rappelle qu'ils ont dépassé la cinquantaine. Les enfants du capitaine Grant seraient maintenant de vieux messieurs.

Mais pourquoi penser au temps qui s'enfuit pour tout le monde ? A propos de Jules Verne, j'aime mieux remarquer autre chose.

Quand le futur auteur de l'*Île mystérieuse* était à ses débuts, il rêvait de continuer Balzac et la Comédie humaine, d'écrire de grands romans sociaux et l'épopée du XIXe siècle. Il n'aurait pas su dire comment il était passé de là au roman d'aventures, ce qui prouve que les hommes, même ceux qui réussissent, font bien rarement ce qu'ils auraient voulu.

Combien de jeunes auteurs, entrés dans la carrière avec l'ambition d'égaler Balzac, si ce n'est Dante et Shakespeare, finissent par rédiger des faits divers ! Jules Verne, du moins, n'a pas été un raté. Mais, comme tant d'écrivains à succès que nous connaissons tous, il eût peut-être, à certains moments, donné ses gros tirages pour une citation à l'ordre du jour dans la vraie littérature.

Plutôt que le septième dans le palmarès de Paul Souday ou de la *Nouvelle Revue française*, mieux vaut être le premier parmi les fournisseurs de livres d'étrennes. Jules Verne, après tout, a été poète à sa façon. Il a compris, comme Baudelaire, l'enfant amoureux de cartes et d'estampes. Il lui a livré l'univers « égal à son vaste appétit ».

Et, chose remarquable, Jules Verne, qui a eu tant de part à la formation de la jeunesse française d'après 1870, ne l'a pas élevée dans la haine de l'étranger. Ses héros préférés sont presque tous Américains ou Anglais, et bien avant Eugène Demolins, il a enseigné la supériorité des Anglo-Saxons. Les Allemands, dans ses livres, ne tiennent pas grand'place. Lorsqu'ils paraissent, ils ne sont pas particulièrement odieux. Quant aux personnages français, ils sont débrouillards comme Passepartout, distraits comme Paganel, sympathiques mais légèrement ridicules, à peu près tels qu'on les voit sur la scène des music-halls de Londres.

De sorte que M. Julien Benda, s'il était juste, devrait préférer Jules Verne à Barrès et mettre l'auteur de *Michel Strogoff* (héros russe), au premier rang des clercs qui n'ont pas trahi.

ERNEST COGNACQ

Un tout petit commis de nouveautés se met un jour à son compte. Il loue un éventaire quinze francs par mois. Il meurt propriétaire d'un des plus grands magasins du monde et il lègue cent millions à des œuvres de philanthropie.

Si cette histoire s'était passée en Amérique, on ne manquerait pas de dire : « Ce n'est qu'au pays des possibilités indéfinies qu'on peut partir de rien pour s'élever à ces immenses fortunes. » Et, pourtant, le conte de fées d'Ernest Cognacq a été vécu à deux pas du Pont-Neuf.

Cela prouve que le pays des vastes possibilités est autour de nous. Cela prouve encore que la société n'est pas si mal faite puisque l'intelligence et le labeur peuvent y être fastueusement récompensés. J'aime mieux un régime où l'on peut devenir Ernest Cognacq que celui de l'égalité dans la misère. Allez donc fonder une Samaritaine à Moscou !

Il faut ajouter seulement qu'Ernest Cognacq avait dans sa giberne ce bâton de maréchal qui s'appelle, comme on voudra, goût du travail ou ambition. Il n'était pas né avec un esprit de rentier.

Il aurait pu, de bonne heure, se retirer des affaires avec cinquante mille francs de rente, chiffre considérable au temps de Mac-Mahon. Se retirer des affaires avec un million, le « bienheureux million » dont Proudhon se moquait déjà, c'était l'idéal de la bourgeoisie.

Alors Ernest Cognacq eût passé le reste de sa vie à faire des parties de cartes au café.

Seulement, comme il a vécu très vieux, il fût arrivé que ses rentes eussent fondu comme neige au soleil avec la dégringolade du franc, s'il n'en avait pas perdu une bonne part dans les fonds russes. Et il serait mort dans un état voisin de la gêne.

Ernest Cognacq ne prenait pas l'apéritif. Il ne considérait pas que la plus noble occupation de l'homme et du citoyen, après la pêche à la ligne, fût la manille. Et chaque fois qu'il avait gagné un million, il agrandissait son magasin.

Je ne dirai pas : « Faites-en autant », à l'instar de M. Guizot qui disait : « Enrichissez-vous ! » Seulement, avant d'envier les grands riches, il faut savoir comment ils ont mené leur vie.

CLASSE MOYENNE

Supposons que M. Poincaré ait quarante ans de moins et qu'il songe à son avenir et à sa carrière. Entrerait-il dans la politique ? Se présenterait-il aux élections ?

Ce n'est pas certain, pas du tout.

Les jeunes bourgeois d'aujourd'hui ne sont plus dans les mêmes conditions qu'en 1890, lorsque trois mille francs de rente assuraient l'indépendance. Maintenant, il n'y a plus de temps à perdre. Il faut gagner de l'argent. Il faut en gagner vite. Si Raymond Poincaré avait trente ans, il serait occupé à conquérir sa place au barreau, dans la banque ou dans l'industrie. Il ne pourrait pas s'offrir le luxe de se dévouer à la chose publique.

La classe moyenne a toujours été en France une pépinière d'hommes d'État. Même au siècle de Louis XIV : voyez Colbert. Appauvrie, sinon ruinée, par l'inflation, elle n'a plus les moyens d'élever ses enfants pour le service de la démocratie.

Du reste, la démocratie elle-même fait tout ce qu'il faut pour détourner la jeunesse des professions désintéressées. Dans les lycées d'aujourd'hui, on ne propose plus en exemple Cicéron. On enseigne la formule de l'eau de Javel, de sorte que le rêve des lycéens n'est plus d'illustrer la tribune, mais de fabriquer des produits chimiques.

Pour toutes ces raisons, les hommes les plus intelligents et les plus actifs de la génération nouvelle laissent la vie publique aux autres. La politique est un métier, un petit métier fort chanceux, exercé par quelques professionnels de la démagogie. Et, à chaque fournée électorale, on constate que le niveau baisse.

On en arrivera au point qu'il sera difficile de trouver des parlementaires capables de déchiffrer un budget. Alors il deviendra nécessaire d'imiter le maréchal Pilsudski et de créer, comme lui, des « listes d'État » afin, dit la loi polonaise, « de faire entrer dans les Assemblées des personnages éminents que les réalités parfois brutales d'une campagne électorale éloigneraient peut-être de la politique ».

Étant donné que le peuple souverain a le droit, qu'il exerce pleinement, d'élire des représentants illettrés, il faudra en venir là, ou à quelque chose d'approchant, si l'on veut conserver le régime parlementaire dont l'invention remonte d'ailleurs à quelques aristocrates anglais qui le réservaient comme un club à leurs familles.

LA RÉVOLTE DES MÉDECINS

Les médecins ont été les pionniers de la démocratie, la phalange sacrée de la République. Ils lui ont amené un à un nos cantons, arrachés au curé et au seigneur du village. Ils ont formé les cadres du parti radical et Gambetta, devenu modéré, dut compter avec les « sous-vétérinaires ». Aujourd'hui encore, le professeur Pinard, doyen d'âge de la Chambre et de la gauche de la Chambre, reste comme le témoin de ces temps éloignés.

Le corps médical d'autrefois a simplement donné des verges pour faire battre ses successeurs. « Les pères ont mangé des raisins verts et les fils auront les dents agacées. » Revanche de l'Écriture sainte sur le Codex et de l'abbé Bournisien sur M. Homais.

Les médecins n'étaient pas seulement républicains parce qu'ils n'avaient pas trouvé l'âme sous leur scalpel, mais parce qu'ils exerçaient une profession d'hommes libres. On a dit que la vigne était radicale. Debout dans son champ, le petit propriétaire défie la société. Tel, le docteur, riche de son savoir, portant sa fortune avec lui, était le champion du progrès et de la liberté.

Des progrès, la démocratie en a tant fait, elle s'est si bien organisée qu'elle tend tous les jours à transformer les médecins en salariés de l'État. Inspecteurs de la santé à l'école, ils auront un traitement fixe pour soigner les enfants. Maintenant, par la loi des assurances sociales, huit millions et demi de clients vont leur échapper. Le médecin ne sera plus qu'un fonctionnaire qui dépendra du service de l'hygiène.

En paroles, on honorera la science. Le savant deviendra ce qu'il est déjà au pays des Soviets, un rouage de la collectivité.

Contre cet asservissement le corps médical s'insurge. Il cesse d'être républicain. Au banquet des médecins d'Action française, il y avait, l'an dernier, trois cents professeurs, docteurs, prosecteurs, internes des hôpitaux. Il y en a eu cinq cents cette année.

Un des derniers métiers indépendants est celui d'écrivain. Pour combien de temps encore ? On s'occupe de mettre fin à ce scandale. D'ici peu, la littérature sera fonctionnarisée. Et M. Lucien Descaves — professeur Pinard de la corporation — s'étonne que la majorité des hommes de lettres soit à droite !

Nous touchons au temps où l'idée de liberté individuelle sera réactionnaire et fera des réactionnaires. Tout change ! Aujourd'hui, pour que sa pharmacie reste ouverte le dimanche, M. Homais serait en révolte contre les lois de la République et tournerait le dos à la démocratie, ce qui lui vaudrait, du reste, de nouvelles disputes avec son curé.

« *SOLDAT INCONNU, TUÉ À UNE DATE INCERTAINE,* *PAR UN ANONYME, INCOGNITO* »

Il y a juste dix ans en ce moment-ci, Paris était bombardé par la Bertha.

— Faut-il s'en aller ? demandait une dame au président du Conseil.

Et Clemenceau répondait ironiquement, à la manière de la Sibylle :

— Les capons s'en vont et les imbéciles restent.

Un long cri d'horreur s'éleva lorsque, le Vendredi-Saint, un obus fut tombé sur l'église Saint-Gervais, tuant des enfants et des femmes. Alors on n'appelait plus les Allemands autrement que « les Barbares ». A Londres, on disait « les Huns ».

Peut-être y avait-il là un tantinet d'exagération. Mais dix ans ont passé. Et alors ?

Alors il arrive que la bibliothèque de Louvain vient de rouvrir. Et quelques personnes se rappellent encore que la destruction de Louvain parut comme le plus exécrable attentat contre la civilisation qui eût été commis depuis le calife Omar. Les échos du monde entier gémirent des protestations indignées de la conscience humaine. Et le traité de Versailles porte encore trace de cette réprobation du vandalisme.

Or, la célèbre bibliothèque ayant surgi de ses ruines, il a été proposé d'inscrire en latin au-dessus du portail : « Détruite par la fureur germanique, reconstruite par la générosité américaine. »

A quoi l'on a objecté que, même en latin, ces mots étaient impudiques. Et l'on a suggéré de réduire l'inscription à cette formule adoucie : « Détruite par la guerre, reconstruite par la paix. »

Mais cette allusion à une guerre, quelle qu'elle fût, a fait dire aussitôt à des personnes judicieuses :

— Pourquoi éveiller des curiosités malsaines ? La jeunesse qui passera devant ce porche désirera savoir quelle était cette guerre. Pour s'en instruire, elle demandera peut-être des livres au bibliothécaire. Mauvaise lecture, contraire à la réconciliation des peuples. Mieux vaut ne rien inscrire du tout sur le monument restauré.

Oublier est le mot d'ordre général. Pourvu qu'on ne retrouve pas l'occasion de nous tympaniser avec les clameurs contre la barbarie allemande dont on a, pendant quatre ou cinq ans, fatigué la terre et le ciel !

Et la flamme éternelle de l'Arc de Triomphe ? Elle est de trop. A moins qu'on inscrive sur la dalle : « Soldat inconnu tué, à une date incertaine, par un anonyme, incognito. »

L'AMI DU PEUPLE

M. François Coty éprouve d'étranges difficultés à faire paraître un journal qui s'appellera *l'Ami du peuple* et qu'il veut vendre dix centimes, deux sous, quoi qu'il puisse lui en coûter. Mais il passe outre à la défense que lui signifient ses confrères de perdre, s'il lui plaît, de l'argent.

Si j'en avais les moyens, moi aussi je fonderais un journal, et un journal qui, sans doute, ne couvrirait pas ses frais.

D'abord, pour attirer la clientèle, je lui donnerais comme titre : *L'Ennemi du peuple*. Il y a trop longtemps qu'on dit au peuple qu'il est toute bonté, toute justice, toute lumière et qu'en lui réside un dieu caché.

Il y a même trop longtemps qu'on lui dit : « Peuple, on te trompe ! » On le lui dit d'ailleurs vainement, car il aime à être trompé.

Au risque de recevoir des pierres dans mes carreaux, je commencerais mon éditorial en ces termes : « Pauvres imbéciles ! » ou « Tristes tourtes ! » J'écrirais : « Vous vous croyez malins et vous ne voyez pas plus loin que le bout de votre nez sur lequel tombe périodiquement, pire que la citrouille de la fable, un jour la guerre, un autre jour la révolution, alors que votre unique désir est de vivre tranquilles. Et vous faites tout ce qu'il faut pour patauger dans les embarras de finance, d'où l'on ne sort qu'en payant beaucoup d'impôts, alors que vous avez pour le fisc une haine de mille ans. »

J'écrirais encore : « Vous allez trop au café. Vous jouez trop à la manille, exercice préféré du peuple le plus spirituel de la terre, avec celui de ses droits souverains. »

Je dirais : « Vous pensez à part vous qu'il est étonnant que les choses n'aillent pas plus mal quand on voit les crétins qui votent et les pauvres types qui sont élus. Vous êtes bien indulgents pour vous-mêmes et vous n'y regardez pas de si près lorsque, quittant la dame de pique pour l'urne, vous allez choisir un député. »

J'aurais bien d'autres vérités à mettre sous les yeux de mes concitoyens. Et j'entends ceux qui m'avertissent que je révolterais tout le monde, que mon journal n'irait pas loin, que je risquerais de finir à la lanterne.

Pourtant Voltaire en a dit bien davantage dans son *Discours aux Welches*, et il a été porté au Panthéon. Mais, pour tout oser, il faudrait, comme Voltaire lui-même, joindre beaucoup de style à beaucoup d'esprit.

LES ÉCRIVAINS CANDIDATS

Il y avait dimanche près de quatre mille candidats. Et l'on a remarqué que, dans le nombre, il ne s'est pas trouvé un seul écrivain un peu notable, pas un journaliste connu, et, en définitive, pas un homme de lettres.

Il en allait autrement jadis. L'imprimé était une recommandation auprès de l'électeur. Paris surtout aimait à être représenté par des auteurs célèbres, par des vedettes de la littérature, par Rochefort ou par Victor Hugo. Aujourd'hui, la Ville-Lumière se contente des quinquets de quartier. Elle se fournit dans les comités, c'est-à-dire à la même enseigne que les ruraux.

A qui la faute ?

Je sais bien qui répondra : « La faute est à la littérature qui a rompu avec la démocratie et qui est allée à droite. » Mais pourquoi a-t-elle rompu avec la démocratie ?

Il faudrait d'abord savoir si ce n'est pas la démocratie qui a rompu avec la littérature. On accuse parfois les gens de lettres de passer à la réaction par intérêt. Admettons-le. C'est donc qu'il n'y a d'acheteurs et de lecteurs de livres que chez les réactionnaires ?

Ce raisonnement conduirait d'ailleurs à penser que Victor Hugo, après avoir chanté le sacre de Reims et servi Louis-Philippe, s'était converti à la République pour avoir de gros tirages. Mais c'est un fait qu'au siècle dernier les gros tirages allaient aux auteurs avancés. Champion isolé de la contre-révolution, un Barbey d'Aurevilly passait pour un excentrique et ne faisait pas fortune. Alors il faut reconnaître que le parti de l'intelligence a changé de côté.

Maintenant, la rupture entre les littérateurs et la démocratie a peut-être une autre raison que la recherche du succès, si l'on estime que les écrivains sont à vendre.

Après tout, les gens de lettres sont des bourgeois. Pourquoi veut-on qu'ils restent dans le camp de ceux qui rêvent de leur prendre leur cabinet de travail ? Si Victor Hugo, qui savait très bien placer et faire fructifier le produit de ses droits d'auteur, vivait de nos jours, je ne crois pas qu'il demanderait que sa maison de l'avenue d'Eylau fût confisquée.

L'AUTONOMISME EN ALSACE

Les scrutins de ces deux derniers dimanches m'ont vexé. Non pas parce qu'il y a eu plus d'élus d'une opinion que d'une autre. Il paraît, d'ailleurs, que la sagesse, c'est le dosage. Trop de gauche ne vaudrait rien pour la santé du franc. Trop de droite rendrait la gauche intraitable et compromettrait l'union. Alors, tout est pour le mieux.

Sauf en Alsace. Je le redis et je ne sais pas si vous êtes comme moi, mais le vote de l'Alsace me vexe. Chaque candidat autonomiste n'aurait-il eu que vingt-cinq voix que je me sentirais tout aussi humilié.

Peu importent les sentiments, les raisons, les excuses même que peuvent avoir les Alsaciens qui ont donné leur suffrage à Rossé et à Ricklin. Peu importe que, parmi eux, il se trouve des Allemands naturalisés, ce qui prouverait, après tout, que nous les assimilons mal. Et puis les autochtones n'auraient pas dû confondre leurs bulletins avec ceux des immigrés.

Les électeurs autonomistes n'ont sans doute pas voulu dire qu'ils désiraient redevenir Allemands. Tout de même, ils n'ont pas eu l'intention de manifester une grande joie d'être Français. Voilà ce que je trouve vexant.

Car enfin j'ai été élevé dans l'idée que tout le monde aimait la France. C'est notre petite faiblesse nationale de nous croire aimés pour nous-mêmes. Nous nous prenions pour des séducteurs irrésistibles qui n'avaient pas de mal à se donner pour plaire, qui pouvaient se permettre toutes les maladresses et dont l'absence faisait pleurer de beaux yeux. Cette innocente fatuité a mal réussi avec l'Alsacienne aux grands rubans noirs.

La mésaventure n'est pas grave. Elle est plutôt un peu ridicule. Je la comparerais à une représentation de *Don Juan* où le conquérant des mille et trois, sûr de lui et la bouche en cœur, s'entendrait répondre par Elvire : « Mais, mon pauvre ami, j'en aime un autre. »

Ce ne serait pas d'un effet moins inattendu que les quelques milliers de voix de Rossé et de Ricklin.

STABILISONS !

Donc on va stabiliser, sans enthousiasme, parce qu'on ne peut pas faire autrement. Et qu'est-ce que la stabilisation ? Faillite, selon les uns. Renouveau, selon les autres. En tout cas, stabiliser consiste à reconnaître que le franc ne vaut plus que quatre sous.

On s'en doutait vaguement. La stabilisation, c'est l'aveu. C'est un peu le fameux communiqué « de la Somme aux Vosges ». Le franc s'est replié sur la position de vingt centimes. Pourvu qu'il s'en tienne là !

Et la stabilisation, c'est aussi la carte à payer. C'est la douloureuse. C'est l'addition de tout ce que les Français, pendant des années, se sont offert d'insouciance et d'imprévoyance.

Après tout, bien d'autres ont payé de leur vie, d'une jambe ou d'un bras, ce que nous payons tous par le franc amputé : la croyance à la guerre impossible et l'illusion de la paix éternelle. Et nous payons encore ce qui a suivi la guerre : les facilités de l'inflation, les belles promesses à l'électeur, la démagogie du Cartel. L'argent a bien été pris où il était. Il a même été pris à la source puisque le voilà réduit des quatre cinquièmes.

Seulement c'est la preuve que nous n'avons plus beaucoup de fautes à commettre si nous ne voulons pas que notre petit résidu de monnaie soit ramené à rien du tout.

Car, enfin, il y aurait bien peu de bêtises à recommencer pour que le franc nouveau dépérît comme l'ancien. Nous savons maintenant comment ces accidents-là arrivent. Il suffit d'une goutte, d'une toute petite goutte d'un poison bien connu. L'étiquette porte : socialisme.

Et pourquoi faut-il qu'il y ait toujours du comique dans les circonstances les moins drôles ? Le camarade Vincent-Auriol a saisi le prétexte de la stabilisation pour reparler du prélèvement sur le capital. Les malheureux rentiers français sont rognés des quatre cinquièmes et le camarade Vincent-Auriol ne trouve pas que ce soit assez. C'est un humoriste. Il n'en faudrait pas beaucoup comme lui pour stabiliser la prochaine fois au-dessous de zéro.

LENTEUR ANGLAISE

Peut-être n'était-il pas indispensable que le général Nobile allât se promener en dirigeable au Pôle Nord qui a déjà été découvert plusieurs fois. Mais, du moment que le général et ses compagnons étaient en péril, on ne pouvait se dispenser d'aller à leur secours.

Alors, dans un mouvement de générosité magnifique, Guilbaud et Amundsen sont partis. Et maintenant c'est pour eux qu'on a des inquiétudes. Il faudra aussi sauver les sauveteurs.

Ces dévouements et ces sacrifices honorent le genre humain. Pour un homme qui se noie, on en trouve dix qui sont prêts à risquer la noyade. Mais ce sont toujours les mêmes, comme à la guerre, qui sont les premiers à exposer leur vie.

On n'en fera pas de reproche à l'Amérique ni à l'Angleterre. Tout de même, on n'a pas pu s'empêcher de remarquer que les aviateurs anglo-saxons ne s'empressaient pas de partir pour le Spitzberg, tout en ne ménageant pas leur admiration et leurs applaudissements pour les volontaires des autres pays.

Cette attitude rappelle assez ce qu'un diplomate français raconte des journées tragiques de juillet 1914 qu'il a vécues à Londres.

Le 1er août, l'Allemagne avait déclaré la guerre à la Russie, envoyé un ultimatum à la France, violé la frontière française et envahi le Luxembourg, ce qui annonçait l'invasion de la Belgique. Mais c'était un samedi, jour sacré pour les Anglais. Et les Français qui étaient là-bas dans l'angoisse virent partir les Londoniens en armes, c'est-à-dire munis de leurs raquettes de tennis, de leurs crosses de hockey et de leurs clubs de golf.

Ce jour-là, le principal rédacteur du *Times* étant allé voir M. Paul Cambon lui demanda ce qu'il faisait.

— J'attends, répondit l'ambassadeur, de savoir si le mot honneur doit être rayé de votre vocabulaire.

Il ne l'a pas été. Seulement les Anglais ont été un peu longs à se mettre en route. Les Américains plus encore, puisqu'ils ont regardé trois ans ce qui se passait en Europe avant de prêter main-forte au droit et à la justice.

Vous verrez qu'ils finiront par venir en aide aux aéronautes polaires. Mais il leur faut le temps de la réflexion. Il faut que la chose leur paraisse tout à fait utile et inévitable. Il faut qu'ils s'échauffent un peu.

En attendant, on peut être envahi dix fois ou mourir de faim sur un iceberg.

LA MORT DE LŒWENSTEIN

Parce qu'un financier est tombé de son avion, beaucoup de personnes qui, avant cet accident mystérieux, n'avaient jamais entendu parler de M. Lœwenstein, ont perdu de l'argent à la Bourse. Et ce n'est pas ce qu'il y a de moins singulier dans cette aventure.

Car enfin, on regarde la marque avant d'acheter une automobile, un phonographe ou un rasoir mécanique. Quand il s'agit de placer ses économies, le public y va au petit bonheur et sans savoir de quoi il retourne. Il suffit que quelqu'un dise dans la conversation : « La Tubize est une très bonne affaire. » Aussitôt on se jette sur la valeur qui doit monter.

Cependant, au lieu d'aller au lavabo, M. Lœwenstein tombe dans la mer et la Tubize tombe avec lui.

Cela prouve que M. Ford a raison de poser ce principe essentiel dans les conseils qu'il donne pour faire fortune : « N'écoutez jamais un tuyau de Bourse. »

M. Ford a raison, parce que l'on ne peut pas savoir si le conseilleur ne fait pas justement la contre-partie de l'opération qu'il a l'air de recommander pour obliger son voisin. C'est l'histoire de ce jeune financier, débutant dans la carrière, qui, ayant entendu son père faire l'éloge des Lombards, achète un paquet de cette valeur. Cependant les Lombards se mettent à baisser, et comme l'apprenti s'étonne :

— Imbécile, répond le père, je disais que les Lombards allaient bien parce que j'étais en train d'en vendre.

Ni cette histoire, ni celle du financier qui tombe de son avion, ni tant d'autres, n'instruiront jamais personne.

Tout de même, avant d'acheter une valeur, tâchez de savoir qui la patronne et qui la « contrôle ». Et quand vous le saurez, demandez encore :

— Est-ce que ce monsieur voyage beaucoup en avion ?

LES JEUX OLYMPIQUES

Aux Jeux Olympiques d'Amsterdam, chaque fois qu'un résultat est proclamé, on arbore le drapeau national du vainqueur et l'on joue l'hymne de son pays.

Les Français ont trouvé qu'on ne jouait pas assez souvent la *Marseillaise* et la défaite de notre champion coureur sur le 800 mètres a été ressentie par eux avec une douleur patriotique. Un témoin rapporte que ceux des nôtres qui étaient là-bas en venaient à se réjouir chaque fois que retentissait le *Gode save the King*. En somme, c'était le front des alliés qui se reformait.

Mais aussi le sport, qui est compétition, n'est-il pas une image de la guerre ? N'en est-il pas à la fois la préparation et le prolongement ? Si c'est un Allemand qui lance le disque le plus loin, il aura toujours l'air de le lancer au delà des frontières du traité de Versailles et jusqu'en pays autrichien.

Du reste, les Grecs, qui avaient inventé les jeux d'Olympie, se battaient entre eux comme des chiffonniers ailleurs que sur la palestre. Après avoir rivalisé pour le jet du javelot, ils se le lançaient en pleine poitrine. J'ai peine à croire à l'influence apaisante des exercices sportifs et les manifestations d'Amsterdam ne sont pas ce qu'il y a de plus rassurant pour l'avenir de la paix.

On ne peut même pas organiser une Exposition internationale sans mettre en lumière des rivalités et sans susciter des antagonismes nationaux. L'autre jour, à Cologne, à l'exposition du livre et de la presse, le bourgmestre a profité de la présence de M. Herriot pour réclamer l'évacuation de la rive gauche du Rhin. « La France, a-t-il dit, a une occasion unique de gagner le cœur des Allemands. Puisse-t-elle ne pas la laisser perdre ! »

Mais on imagine une exposition de peinture où le bourgmestre de Dresde nous demanderait, pour avoir l'amour de l'Allemagne, la permission d'annexer l'Autriche, et une autre où le bourgmestre de Berlin suggérerait que, moyennant la révision des frontières polonaises, nous aurions la reconnaissance éternelle de la Germanie.

Que ce soit pour célébrer Gutenberg, pour le saut en hauteur ou pour distribuer le prix Nobel, on ne réunit pas les peuples sans faire jouer les amours-propres et les intérêts. Au festival viennois la musique elle-même est devenue annexionniste. Ce qui fait croire que, si nous devions avoir un jour les États-Unis d'Europe, il n'y aurait plus de guerres, sauf les guerres de Sécession.

RETOUR À LA MYTHOLOGIE

M. Painlevé a ouvert aux chroniqueurs, humoristes et revuistes une mine qui ne s'épuisera pas de sitôt en proposant de changer le nom du ministère de la Guerre pour celui de ministère de l'Armée. On regrette unanimement qu'il ait renoncé à son idée première, qui était de l'appeler ministère de la Paix.

Ne pas nommer les choses terribles par leur nom est d'ailleurs une habitude qui remonte aux premiers âges de l'humanité. M. Painlevé, homme de progrès, nous ramène à la période mythologique. Il procède comme les anciens qui ne disaient pas les Furies, mais les Euménides, ou Bienveillantes, afin de se concilier ces divinités redoutables.

Il est probable que, dans quelques milliers d'années, on pourra lire dans les manuels d'archéologie : « Les Français du xxᵉ siècle croyaient que, pour conjurer les malheurs, il ne fallait pas en prononcer le vrai nom. Aussi disaient-ils *néoplasme* et non pas *cancer*. Au lieu de *tremblement de terre*, ils disaient *séisme* et *stabilisation* au lieu de *faillite*. A la suite d'un grand massacre qui avait commencé en 1914 et qui dura plusieurs années, ils s'imaginèrent que ce fléau était venu d'une déesse ennemie des humains et, pour se la rendre propice, ils ne la nommèrent plus que par des périphrases flatteuses. »

En effet, à distance, il sera assez difficile de distinguer M. Painlevé d'un desservant du culte de Bellone et de ne pas confondre l'hôtel de la rue Saint-Dominique avec le temple de Janus.

Malheureusement les appellations ne changent rien aux choses et, à moins d'être superstitieux comme des Fuégiens, nous aurons peine à admettre qu'un ministère de l'Armée, de la Défense nationale ou de la Sécurité ne soit pas un ministère de la Guerre. Bien que M. Leygues ne s'intitule pas ministre des Combats navals, personne ne se trompe sur la nature de ses fonctions.

Mais, dans un siècle d'esprits émancipés, on croit dur comme fer à l'influence des noms de baptême et l'on se figure qu'on a agi quand on a trouvé une nouvelle dénomination. Tel, dans une vieille caricature, ce député répondant à l'électeur qui se plaignait que la Chambre n'eût rien fait contre la maladie de la vigne :

— Comment, nous n'avons rien fait ? Nous avons décidé que cette maladie s'appellerait le phylloxéra.

CÉSAR BIROTTEAU

La chute des feuilles est le signal de la pousse des livres. Les éditeurs vont lancer leurs nouveautés. D'ici peu de jours, la littérature française se sera encore enrichie de cinquante romans. Je serais heureusement surpris si, dans le nombre, il y en avait un qui tînt compte des conditions de la vie contemporaine.

Avez-vous remarqué une chose ? Si la question d'argent s'est toujours posée, elle n'a jamais été plus dominante. On n'a jamais vu le public s'attacher autant aux cours de la Bourse et lire aussi avidement les journaux financiers. Cependant, par un singulier privilège, les héros de roman sont affranchis de cette obsession.

Autrefois, dès le premier chapitre, le romancier accordait de la fortune à ses personnages pour que nul souci matériel ne vînt troubler les mouvements de leur âme. Ainsi on a pu dire que la psychologie des passions ne commençait pas à moins de deux cent mille francs de rente. Aujourd'hui, plus même de chiffres. Ce vulgaire détail reste dans l'ombre. Les femmes de *Mensonges* et de *Bel Ami* avaient encore des notes chez le couturier. Elles ne paient plus qu'avec l'air du temps leurs robes, leurs vingt-quatre chevaux, leur nécessaire de toilette en or. La littérature romanesque n'a jamais été plus idéaliste depuis que les grandes amours se passaient au pays du Tendre.

Pourtant, s'il y a du luxe dans notre société, il est acquis au prix d'une lutte sévère. Les existences brillantes sont peut-être les plus difficiles et le problème le plus ardu, c'est, pour chacun, de maintenir son niveau de vie. Pourquoi ce sujet ne tente-t-il pas les romanciers ?

N'est pas Balzac qui veut. Encore faut-il l'essayer et le vouloir. Balzac aurait saisi le drame de notre époque et la liaison de ce drame avec les tragédies du cœur. Ses personnages sont inoubliables parce qu'ils vivent en pleine réalité au lieu de s'agiter dans des sortes de limbes.

L'autre jour, je relisais l'histoire de César Birotteau, parfumeur. En 1928, César Birotteau est l'égal du baron Nucingen. Il réforme l'État. Il tient en échec le syndicat de la presse. Est-ce que ce n'est pas plus intéressant que trente études sur les sentiments du collégien attardés chez l'homme mûr ?

MARTHE HANAU

L'argent n'ayant pas d'odeur, la *Gazette du Franc* s'adressait aux naïfs de toutes les opinions. C'est pourtant un fait qu'elle travaillait de préférence les milieux dits de gauche, à l'enseigne de la démocratie et de la Société des Nations.

En somme, « plus de soixante mille Français et Françaises, groupés pour défendre et développer les institutions républicaines », auront été les victimes de choix de la dame Hanau.

C'était l'élément inédit, la trouvaille géniale de la combinaison.

Tout le monde sait qu'autrefois l'escroquerie financière s'exerçait principalement aux dépens des prêtres et des officiers. Pourquoi ? Parce que le militaire et l'ecclésiastique sont également des idéalistes, des imaginatifs, et n'entendent rien aux affaires. Et aussi parce que, ayant quelques bribes de capitaux avec des appointements trop légers, ils étaient facilement accessibles au mirage des placements merveilleux.

Pressurée par divers Rochette, cette clientèle a été définitivement ruinée par la dépréciation du franc et par les fonds russes. Elle ne rend plus comme avant. C'est alors qu'est venue la dame Hanau en criant : « *Euréka !* »

Nouvel Archimède, elle avait trouvé le levier capable de soulever les petites économies.

Sans dédaigner les lecteurs des *Semaines religieuses*, elle avait jeté son dévolu sur ceux du *Quotidien*. Il y avait là une foule de fervents, prêts à croire à tous les miracles de Locarno et dont le porte-monnaie devait s'ouvrir au nom du rapprochement des peuples, comme les autres s'ouvraient au nom de l'alliance avec notre petit père le tsar.

C'est ainsi que, dans le martyrologe de l'épargne, le receveur des postes a succédé à l'officier et l'instituteur au curé du village. Les augmentations des traitements avec rappel y auront passé.

« Dans l'intérêt des gouvernés », comme disait l'affiche. Et « plus de soixante mille Français et Françaises » ont marché « pour fortifier les institutions républicaines ». Quelle force que la foi !

1929

LE RETOUR DE JÉRUSALEM

On a repris, ces jours-ci, le *Retour de Jérusalem*, qui est une des pièces les plus célèbres de M. Maurice Donnay. Ce fut une date des temps d'avant-guerre, un soulagement, une libération.

Bien entendu, M. Maurice Donnay fut alors accusé d'antisémitisme. Nous avons revu sa pièce et nous n'avons pas l'impression qu'elle fasse tort à Israël. Mais, là, pas du tout.

En effet, les Juifs que l'auteur met sur la scène sont des intellectuels et des prophètes. Ceux-là pouvaient être agaçants et même odieux. On pouvait, comme le héros de la comédie, excédé par les gens de la tribu, par leurs livres et par leurs propos, avoir envie de les envoyer promener du côté de Sion. Mais, enfin, en dépit de travers pénibles et de gros ridicules, c'étaient des esthètes et des philosophes. C'étaient encore des messieurs.

Le *Retour de Jérusalem* se passe dans la haute sphère des idées. Qu'il y a loin de cet âge à celui où nous sommes ! C'est la différence de l'affaire Dreyfus à l'affaire de la *Gazette du Franc*.

Lazare Bloch et la dame Hanau fondaient bien, comme en 1898, des Revues, à l'enseigne de la fraternité des peuples, de la lumière et de la raison. Mais ce n'était pas pour l'amour de l'humanité, de la littérature ésotérique et de l'art nouveau. C'était pour attirer les gogos et pour détrousser l'épargne. Décadence ! décadence ! comme dit le professeur de Copenhague dans la pièce de M. Maurice Donnay.

Il y a d'ailleurs le même genre de déclin entre l'époque du panamisme et celle de la *Gazette des Nations*. Le baron de Reinach était une grande figure à côté de Mimoun Amar. Des banquiers de Francfort nous sommes passés aux tout petits courtiers tunisiens, des carnassiers à la vermine. Israël aurait tort de se plaindre de *Leurs Figures* ou du *Retour de Jérusalem*. Ce sont des ouvrages qui le rehaussent, qui lui font honneur et qui lui donnent en quelque sorte de nobles aïeux.

L'EXTRAORDINAIRE M. BILLIET

M. Henry Torrès, socialiste, s'offre, dimanche, aux suffrages des électeurs de Puteaux. Il a pour concurrents un communiste et un modéré, ce qui rend sa position aussi commode que celle d'un homme qui se trouve entre deux selles. Mais M. Billiet est là.

Le président de la Fédération des intérêts économiques a une grande pensée. Il a même un plan. C'est de combattre et d'exorciser le bolchevisme avec le concours du socialisme. La candidature de M. Henry Torrès a donc eu son appui et il l'a recommandée discrètement à « ceux qui défendent les idées d'ordre et de paix sociale ».

L'*Humanité* en a fait des gorges chaudes. Et ce serait, en effet, à mourir de rire, s'il n'y avait là une image assez frappante de la situation.

M. Poincaré prononçait l'autre jour, à la tribune, l'éloge du régime parlementaire. Il proclamait que la France était profondément attachée à ce régime, qui est au-dessus de toutes les critiques et de toutes les atteintes. Je veux bien que le parlementarisme soit encore capable de défier ses adversaires du dehors, mais le principe de sa ruine est en lui.

Si les trois quarts des membres de la gauche radicale font leurs Pâques après avoir été élus comme champions de la laïcité et si les révolutionnaires sont, au fond, des défenseurs des « idées d'ordre et de progrès social », c'est peut-être assez rassurant. Mais si les élus des modérés courent s'inscrire à gauche, si les conservateurs votent des lois socialistes, si les professions de foi ne signifient plus rien, si les programmes doivent être lus au rebours de ce qu'ils disent, sommes-nous encore en régime parlementaire ?

Nous sommes plutôt dans un état de choses fort semblable à celui que trouva Bonaparte et où Napoléon eut toute licence de faire des comtes et des barons de l'Empire avec des jacobins.

M. PACQUEMENT S'APPELAIT M. BACHMANN

Quand la nouvelle d'un nouveau krach s'est répandue, nous avons entendu des gens qui disaient :

— Et ce coulissier, qui prétendait s'appeler Pacquement, s'appelait en réalité Bachmann. Ces choses-là ne devraient pas être permises. Il devrait être défendu aux gens qui font de la banque de cacher leur vrai nom.

Ce qui veut dire sans doute que le public se serait méfié s'il avait su que le baron de Pacquement était tout simplement M. Bachmann. Mais c'est une très grande erreur.

La dame Hanau n'annonçait pas, à première vue, une extraction tourangelle ou angevine. Aussi a-t-elle extorqué six cents millions à l'épargne française. Le baron Pacquement ne lui en avait tiré que trente. Heureusement, son nom de famille était francisé depuis deux siècles, sinon on eût prêté à Bachmann dix fois plus qu'à Pacquement.

Encore la baronnie suisse du coulissier avait-elle un exotisme séducteur. Les initiés murmuraient entre eux qu'il était de la confession d'Augsbourg, que sa famille était inscrite au livre d'or de l'aristocratie bernoise. L'honneur que le gogo français se fait à lui-même, c'est de croire qu'on ne peut pas être un grand financier quand on s'appelle Dupont et qu'on a été baptisé comme tout le monde.

Il y a évidemment un législateur, nommé Lambert, dont la marotte est de vouloir que les naturalisés, à l'instant même où ils reçoivent la qualité de Français, reçoivent aussi un nom à la française. On lui objecte qu'alors nous ne saurons plus à qui nous aurons affaire. Mais le député Lambert aurait le droit de répondre :

— Tant mieux : une dame Anneau ou Annot n'aurait jamais fait autant de dupes que la dame Hanau.

C'est vrai que tout ce qui a l'air de venir de loin en impose aux naïfs. Si la loi Lambert avait existé en 1815, le baron de Rothschild se serait appelé quelque chose comme Rougemarque et sa banque aurait passé complètement inaperçue.

« *LEURS FIGURES* »

Les jeunes gens d'aujourd'hui, et même les hommes d'âge un peu mûr, ne connaissent que vaguement l'histoire de Panama et du panamisme, bien qu'ils aient lu, j'espère, *Leurs Figures*, livre qui est ce que nous avons de mieux, depuis Saint-Simon, dans la littérature du genre âpre.

Je suppose donc que l'incident Cottu-Soinoury, qui fit un bruit énorme au moment du grand procès de corruption, n'est pas présent à toutes les mémoires. Il est pourtant d'une extrême actualité.

Cottu, distributeur de publicité de la Compagnie de Panama, était en prison. Un jour, un fonctionnaire important de la police, Soinoury, fit venir Mme Cottu au ministère de l'Intérieur et lui proposa ce marché :

— Madame, votre mari est à Mazas. Vous devez désirer pour lui quelques adoucissements au régime cellulaire. Eh bien ! le gouvernement attacherait le plus grand prix à savoir si quelques députés de la droite ne figurent pas sur les carnets de M. Cottu. Donnez-nous un nom. On vous en saura gré. »

Lorsque Mme Cottu rapporta cette conversation à l'audience, l'infortuné Soinoury ne put que bafouiller. En s'acquittant de sa mission, il avait ajouté au scandale. Il tomba en disgrâce et je crois qu'il est allé achever sa carrière aux colonies.

C'était une vraie déveine pour la République, mais, dans l'affaire du Panama, il ne sortait que des noms de gauche. Le gouvernement d'alors eût donné cher pour qu'un réactionnaire fût compromis. On finit par trouver un certain Dugué de la Fauconnerie, qui avait été un peu bonapartiste. Faute de grive, on se contenta de ce merle, qu'il fallut d'ailleurs relâcher.

Vous comprenez maintenant pourquoi dans l'affaire de la *Gazette du Franc*, la justice a saisi avec tant d'avidité les administrateurs titrés et les garde sous les verrous tandis que d'autres suspects ou inculpés sont libres comme l'air. Dans la version nouvelle des *Animaux malades de la peste*, les pelés, les galeux sont ceux dont le nom s'orne d'une particule. C'est un moyen commode de ne pas attirer l'attention sur les autres. Mais ça se voit un peu trop.

« JAMAIS ! »

Un ministre de Napoléon III avait prononcé jadis ce mot historique : « Jamais la France ne permettra que le roi d'Italie s'empare de Rome. »

Quelque temps après, les rois d'Italie, après avoir, d'un coup de canon symbolique, ouvert une brèche dans la Porta Pia s'installaient dans un des palais pontificaux et ils y sont restés.

Cependant les papes, enfermés dans le Vatican, se succédaient et disaient : « Jamais nous ne reconnaîtrons la destruction de notre pouvoir temporel et la spoliation dont nous avons été victimes. »

Et les gouvernements italiens répondaient à tour de rôle : « Jamais nous ne reviendrons sur ce qui a été fait. Jamais nous n'accepterons que le pape redevienne roi. »

C'était ce qu'on appelait la question romaine. Elle se composait d'une série de : « Jamais ! »

Il ne faut pas dire « jamais ». Il ne faut pas dire : « Fontaine je ne boirai pas de ton eau. » Car, au bout de cinquante-huit ans quatre mois et vingt jours, les intransigeances ont molli et la question romaine a été résolue à la satisfaction générale. Tout le monde est content et tout le monde se félicite. Pourtant le pape n'a pas retrouvé ses États, quoique sa souveraineté soit reconnue par le gouvernement italien.

L'ambassadeur de France au Vatican a été le premier à porter ses compliments au Saint-Père. On voit bien que nous ne sommes plus ni sous le règne de Napoléon III ni sous celui d'Émile Combes.

Sous Émile Combes, on ne disait plus : « Rome au roi d'Italie ? Jamais ! » On disait : « Pour faire plaisir à nos amis italiens qui sont anticléricaux et qui ignorent le pape, nous ne devons plus avoir d'ambassadeur au Vatican. »

L'ambassade supprimée a été rétablie. Et qu'est-il arrivé ? Mussolini s'est affligé de voir que tous les pays étaient représentés auprès du pape, sauf le sien. Dorénavant, l'Italie possédera auprès du pape-roi un ambassadeur qui, pour rejoindre son poste, n'aura qu'à prendre le tramway, celui qui passe près de la Porta Pia.

Je suis content d'avoir vu tout cela et, si Dieu me prête vie, je compte voir encore beaucoup de choses qui ne seront pas moins extraordinaires et des « jamais » qui partiront en fumée.

LA MORT DE FOCH

Oui, pourquoi ne le dirait-on pas ? Personne ne s'attendait à cette émotion du public pour la mort du maréchal Foch, à ce deuil national pour ses obsèques. J'oserai ajouter que les gens ont été émus à leur insu, presque malgré eux.

Foch était le chef qui avait gagné la guerre. Mais un grand capitaine n'est plus un héros à panache, et d'ailleurs, peut-être, les grands capitaines n'apparaissent-ils ainsi qu'avec le recul de l'histoire. Foch aura certainement sa légende. En tout cas, on ne l'a pas vu caracoler sur son cheval. C'était une sorte d'ingénieur principal qui travaillait sur des cartes dans son bureau, le régulateur d'une gare gigantesque qui devait, sans se tromper, transporter des millions de soldats sur des centaines de kilomètres et aux points qu'il fallait. Sa besogne parle plus à l'intelligence qu'à l'imagination.

Du reste, la guerre elle-même s'est achevée victorieusement, mais d'une manière presque administrative. Rien de ce théâtre qui accompagnait les victoires d'autrefois. A Sedan, Napoléon III avait rendu son épée au roi de Prusse comme Vercingétorix s'était livré à Jules César. A Waterloo, il y avait eu le dernier carré de la garde, Cambronne, son mot historique, le petit chapeau entraîné dans la déroute… A Rethondes, des messieurs allemands en redingote et haut de forme s'étaient présentés, comme pour traiter une affaire, dans le wagon du généralissime des armées alliées.

Bref, la victoire de Foch était une victoire abstraite, une sorte de démonstration mathématique. Et l'algèbre, même victorieuse, ne soulève pas l'enthousiasme des foules.

On pouvait admirer l'algèbre de Foch. On pouvait admirer aussi ce qu'il y ajoutait, c'est-à-dire une confiance imperturbable et qui a fini par avoir raison, parfois contre ce qui semblait la raison. Foch était un prodige de volonté, au point d'affirmer la sienne contre tout le monde, comme au Conseil de guerre de Doullens où, seul, il fut d'avis que rien n'était désespéré après l'attaque de Ludendorff.

Mais, encore une fois, ce sont des qualités qui touchent l'esprit plus que le cœur. Et c'est le cœur qui a été pris par la mort du maréchal Foch.

Il a été pris parce que, à son nom, les souvenirs de la guerre se sont ranimés. Le Français est ainsi. Il comprime ses sentiments. Au lieu d'en faire étalage, il les renferme. Et puis, il a la religion de la mort. Devant le cercueil de Foch, une sensibilité secrète est remontée à la surface. On a communié avec lui dans la mémoire des sombres jours passés et de tous les disparus. Ses obsèques ont été un grand Jour des Morts par l'évocation de la guerre, quand, tacitement, tout le monde était d'accord pour ne plus parler de la guerre.

Il y a comme cela bien des choses auxquelles on n'aime pas à penser dans l'ordinaire de la vie et qui, pour ressurgir, n'attendent que l'occasion.

TEMPÊTE À MONACO

Il est très curieux qu'il faille lire des journaux étrangers pour être informé des événements qui se passent dans la principauté de Monaco. J'ai comme une idée que quelqu'un veille au discret silence des journaux français.

Pourtant la principauté a été à deux doigts d'une révolution. C'est tout juste si le prince n'a pas eu sa journée des Tuileries et n'a pas été obligé de coiffer le bonnet rouge. Sa police débonnaire a été mise en déroute par les manifestants et il a promis une Constitution à son peuple.

Qu'est-ce qu'il a donc, son peuple ? Les 1.500 Monégasques qui ont droit de cité à Monte-Carlo sont de vrais coqs en pâte, tellement qu'il est interdit de se faire naturaliser. Sinon, qui ne voudrait recevoir l'indigénat de Monaco ?

Sur cette roche fortunée, personne ne paie d'impôts et personne n'est soldat. Alors le Monégasque est comme l'habitant de Capoue qui se plaignait du pli d'une feuille de rose. Savez-vous ses griefs ? Il paraît que le gaz ne chauffe pas assez et que l'électricité a des pannes. On doit bien aussi, au téléphone, attendre la communication et obtenir de faux numéros.

Las de souffrir, les sujets du prince acclament la démocratie et la République. Ils sont jaloux de notre sort. Ils aspirent à payer la taxe sur le chiffre d'affaires, la taxe sur la première mutation, les taxes sur les revenus, les transports, les tabacs, les alcools, et même sur les cartes à jouer. Et ils désirent en plus les douceurs de la caserne.

Ils connaîtront toutes ces joies quand ils auront enfin les Droits de l'Homme. Car les Monégasques sont maintenus dans une condition si proche de l'indignité et du servage que (le croirait-on ?) il leur est interdit d'entrer dans les salles de jeu du Casino autrement qu'en qualité de croupiers.

Ces gens-là sont vraiment trop malheureux. Qu'on les annexe au plus vite à notre démocratie délicieuse et qu'ils viennent partager comme des frères toutes nos félicités.

LA « CHOSE LITTÉRAIRE »

Bernard Grasset, qui a des raisons de le savoir, affirme qu'à aucune époque il n'y a eu autant d'écrivains qu'aujourd'hui. Je veux bien le croire, mais je me demande quand tous ces confrères trouvent le temps d'écrire, car nos contemporains courent les routes sur une six-chevaux et passent leur soirée au cinéma. En tout cas, le temps de lire leur manque sûrement.

Je crois, d'ailleurs, que l'on a toujours noirci énormément de papier. Sinon, pourquoi les boîtes des quais seraient-elles pleines ?

Et pourquoi, dans les vieilles reliures vidées d'un contenu périmé, creuserait-on des boîtes à cigarettes et à chocolat ?

Tout le monde, au collège, a fait des compositions françaises. J'y ai même encore fait de très mauvais vers latins. Aussi, tout le monde peut se croire auteur. Il ne s'agit que d'essayer.

On essaie et l'on s'aperçoit d'ordinaire que ce n'est pas si facile que ça. Donnez un simple « fait divers » à rédiger par quelqu'un qui n'est pas rompu à cet exercice. Vous verrez s'il est plus aisé de raconter un chien écrasé que de représenter, à l'aide du crayon ou du pinceau, la scène qui représente la mort tragique d'un toutou.

Enfin, si personne ne tentait de gravir les hauteurs du Parnasse, il n'y aurait plus de littérature. La différence entre autrefois et aujourd'hui, Bernard Grasset l'a bien marquée, c'est que, jadis, l'escalade était ardue. On s'y cassait souvent les reins. Ou bien, pour se lancer dans la carrière, on attendait d'avoir une retraite ou des rentes, telles ces légions de notaires qui ont traduit Horace.

Aujourd'hui, chose admirable à dire, la littérature rapporte. Elle entretient richement les auteurs à l'âge où leurs aînés mangeaient de la vache enragée. Et, de nos jours, Baudelaire, au lieu de tirer trois cents francs à Poulet-Malassis, serait couvert d'or par les éditeurs de livres de luxe à tirage restreint.

C'est parfait, pourvu que ça dure. Mais, de nos jours, tous les écrivains ne nagent pas dans la prospérité. Il y a encore des Chatterton qui expirent dans leur mansarde, des jeunes et aussi des vieux. Léon Deubil est mort de misère, Tancrède Martel dans la détresse. Hier, Léon Daudet abandonnait généreusement sa pension de la Société des Gens de Lettres à Maurice Talmeyr, réduit à la gêne bien qu'il ait un brillant passé de chroniqueur et vingt volumes derrière lui.

La « chose littéraire » s'use comme autre chose. Voilà la vérité. Et si les écrivains sont gâtés en ce moment-ci, il vaudra mieux qu'ils ne s'y fient pas. Qu'ils regardent ceux dont s'achève une carrière heureuse après des débuts souvent bien durs. Toujours au travail, toujours sur la brèche. Et j'ai grand peur de ceci : c'est que les jeunes auteurs dont Bernard Grasset nous montre les jours prospères aient mangé leur pain blanc le premier.

UN BILLET DE MILLE FRANCS

Un billet de mille francs, autrefois, c'était quelque de chose de considérable. C'était même quelque chose d'assez rare. Beaucoup de gens avaient passé leur vie sans en avoir tenu un seul. Et il suffisait, d'en posséder une centaine pour avoir trois ou quatre mille francs de rente, ce qui faisait un bourgeois.

Le billet de mille francs est bien déchu de sa splendeur, puisque, de cinquante louis, il est descendu à dix — si nous avions encore des louis de vingt francs. Il s'est détérioré. Alors, on devrait bien lui laisser au moins un peu de prestige extérieur.

La Banque de France, qui supprime l'une après l'autre ses vieilles vignettes bleues, a émis de nouvelles coupures de mille francs, n'osant pas en imprimer de cinq mille, qui représenteraient plus sincèrement l'unité ancienne. Mais pourquoi nous offre-t-elle une image aussi chlorotique ?

Est-ce un symbole ? Mais le gros fafiot a les pâles couleurs. A peine un peu de rose aux pommettes, comme une poitrinaire. On nous dit que les caves de la Banque regorgent d'or et son papier trahit l'anémie.

Le graveur lui-même est triste. Il a dû travailler sous le coup de la dépréciation monétaire. Ses personnages respirent un chagrin incurable. L'agriculture est maigre et anxieuse. Le commerce a les yeux pochés comme s'il pleurait nuit et jour. Seule la marine est grosse, grasse, souriante et reposée — peut-être parce que, avec les inscrits maritimes, elle fait grève plus souvent qu'à son tour.

Voilà pour la face. Quant au revers, c'est bien pire. Là, parmi des brumes spectrales, comme au purgatoire et dans les limbes, on entrevoit divers personnages de la mythologie et de l'histoire. Pourquoi Pasteur (ce doit être Pasteur) regarde-t-il anxieusement une bouteille vide ? Et pourquoi, en face, Lavoisier (je suppose que c'est Lavoisier) a-t-il ce sourire résigné ? Il pense sans doute que la République n'a pas besoin de savants. D'ailleurs, par une attention délicate, l'artiste a posé devant lui un petit instrument qui rappelle vaguement la lunette de la guillotine.

On se demande pourquoi on ne lit pas, en exergue de ces allégories moroses : « Frère, il faut mourir », ou bien : « Souviens-toi que tu es poussière ». Notre pécune est placée sous le signe de *Melancholia*. Pour un billet de mille francs qui n'en vaut plus que deux cents, on aurait aimé quelque chose qui réconforte un peu plus le porteur.

LE PARLEMENTARISME ANGLAIS

Entre nous, je ne suis pas trop fâché de ce qui arrive à nos amis les Anglais. Je vais tout de suite vous dire pourquoi.

Depuis que j'ai l'âge de raison, j'entends l'éloge du peuple britannique, de ses institutions et de la sagesse admirable avec laquelle il pratique le régime parlementaire. Je ne sais pas combien de fois j'ai lu et combien de fois des personnes graves m'ont répété :

— Le parlementarisme ? Mais ce serait parfait, si seulement il fonctionnait chez nous comme il fonctionne outre-Manche. Deux partis, comme en Angleterre. Voilà le salut.

Malheureusement, l'Angleterre a cessé d'avoir deux partis. Elle en a trois. Et le mécanisme est dérangé.

Bien que les partisans de M. Mac Donald aient un peu moins de voix que ceux de M. Baldwin, ils ont quarante ou cinquante députés de plus. Avec le quart des suffrages, les partisans de M. Lloyd George n'ont qu'un siège sur onze. De sorte que l'Angleterre risque d'être socialisée quoique la majorité ne soit pas socialiste.

A moins qu'elle ait des gouvernements faibles, instables et à la merci d'une coalition. Car il suffira aux libéraux de se porter soit d'un côté, soit de l'autre pour renverser les ministres. C'est exactement ce qui se passe dans les pays où le parlementarisme est, dit-on, vicié.

Enfin, il sera difficile de soutenir désormais que le peuple britannique est plus raisonnable que les autres. Il s'est trouvé huit millions d'Anglais et, paraît-il, surtout d'Anglaises, pour croire que le socialisme allait rendre tout le monde riche et heureux. Ce n'est pas une recommandation pour le suffrage des femmes. Ou plutôt, ce n'est pas à l'honneur de ce sens pratique pour lequel on faisait aux Anglo-Saxons une réputation de supériorité.

Cela dit, un ministère socialiste à Londres ne sera pas plus réjouissant pour nous que pour l'Angleterre. L'excellent camarade Philip Snowden nous a déjà avertis. Selon lui, M. Churchill ne nous faisait pas assez payer. Et il compte sur les Français pour boucher le trou qu'il se prépare à ouvrir dans les finances de son pays.

LA GRÈVE DES INSTITUTEURS

Les instituteurs se sont mis en grève à leur tour. Ils refusent de faire passer l'examen du certificat d'études. Soit ! Il y a, pour le public, des grèves plus gênantes que celle-là.

Qui donc les instituteurs mécontents de leur sort punissent-ils ? Les enfants, les parents, mais surtout l'État. Et même la

République. C'est à la République qu'ils s'en prennent dans son principe le plus sacré, celui de l'enseignement laïque, gratuit et obligatoire.

Jusqu'ici, les instituteurs passaient pour les prêtres de ce dogme et les desservants de ce culte. Ils étaient le clergé de la démocratie. Les voilà qui abandonnent leur mission et qui désertent l'autel. « Après le pain, l'instruction est le premier besoin du peuple. » O Danton ! O Jules Ferry ! Quelle tristesse ! Encore une religion qui meurt. Ce temple — l'école — est profané. La foi s'en va.

Mais pourquoi le droit de grève respecterait-il l'école plus que le reste ? Pourquoi ne s'étendrait-il pas aux choses de l'esprit ? Les instituteurs qui se croisent les bras me font penser à cet écrivain qui, ayant été blackboulé à l'Académie, disait : « C'est bien. Je ne publierai plus de livres. Et voilà ce que la France y gagnera. »

Il y a des cessations de travail qui comportent des inconvénients plus sérieux. Car nous n'avons pas encore tout vu. Par exemple, la Finlande, beaucoup plus avancée que nous, est menacée d'une grève générale des fonctionnaires, à laquelle les gardiens de prison ont promis leur concours.

Les gardiens de prison ne considéreront pas toujours qu'ils ont des devoirs particuliers envers la société, des devoirs plus étroits que les postiers et les instituteurs. L'idée leur viendra, comme aux autres, de se servir de l'arme qu'ils ont entre les mains : « Qu'on nous augmente, ou bien nous mettons les clefs sur les portes et nous laissons partir tout notre monde. »

Cela aussi nous pend au bout du nez. Pourquoi n'aurions-nous pas une grève du personnel des services pénitentiaires un 14 juillet, par exemple, afin de commémorer la prise de la Bastille ?

ENCORE L'HABIT VERT

On prétend quelquefois que l'Académie n'est pas une société de littérature et que les lettres sont le cadet de ses soucis. C'est une erreur qu'elle vient encore de réfuter.

L'autre jour, elle avait à remplacer deux disparus. L'un était le maréchal Foch. Et cela n'a pas fait un pli. A l'unanimité, le fauteuil de Foch est allé au maréchal Pétain.

L'autre fauteuil, celui de François de Curel, était, si l'on peut dire, un fauteuil littéraire. Il y avait huit amateurs pour succéder à l'auteur de l'*Amour brode*. Huit candidats, tous hommes de plume. Il y a eu six tours de scrutin, et cette bataille s'est terminée sans victoire.

Ainsi l'Académie a une opinion faite, elle n'hésite pas, elle est d'accord lorsqu'il s'agit de saluer une gloire militaire et de reconnaître les services rendus au pays. Mais, pour une compagnie de littérateurs, c'est une autre affaire de décerner un bâton de maréchal des lettres.

Des goûts et des couleurs, on ne dispute pas, sauf à l'Académie. C'est par les goûts et les couleurs que se décide une élection académique, quand il y a lieu de choisir entre des écrivains. Alors, l'extrême variété des appréciations se fait jour, parce que chacun a les motifs de sa préférence.

J'ai comme une idée que s'il existait pour les militaires une Académie sur le modèle de l'autre et dont les membres se recruteraient par cooptation, les avis seraient partagés pour les élections de soldats, tandis que l'unanimité se retrouverait pour élire des écrivains.

Et l'on ose à peine imaginer ce qui se passerait dans une Académie d'orateurs politiques. Ce serait, au moins, aussi acharné et aussi dur que pour le bâtonnat. Au fond, il n'y a pas d'épreuve plus redoutable que d'être jugé par ses pairs et, quand on a entendu des chirurgiens apprécier leurs confrères, on tremble à la pensée qu'on aurait besoin d'être opéré.

LA PLUS DANGEREUSE ESPÈCE D'IMBÉCILES : LES IMBÉCILES INSTRUITS

Une des institutions les plus savantes de France, l'Académie de médecine, estime qu'une autre institution savante, l'Université, est en train d'anémier et d'abrutir la jeunesse. Le rapport du docteur académicien Lesage, célèbre hygiéniste et spécialiste des enfants, est catégorique. L'exagération des matières, des programmes et des heures d'étude fait des infirmes du corps et de l'esprit.

Ainsi, la Science a parlé. Mais a-t-elle le droit de parler contre la Science ? La Faculté se dresse en vain contre l'Université. Les élèves s'étiolent et leur crâne éclate. Les parents gémissent. Les professeurs sensés se plaignent avec eux. Tant pis pour les jeunes gens, les familles et les professeurs sensés. Il n'y a qu'une vérité, il n'y a qu'une autorité, et c'est le Conseil de l'Université qui les possède.

Mauvaise réclame pour l'école unique. La République fait un joli cadeau en ouvrant à tous des lycées que les médecins dénoncent comme un danger pour la santé publique et comme des lieux de torture.

C'est malheureusement sans espoir. Notre confrère, Mme Andrée Viollis, est allée, de son pied agile, rue de Grenelle, chez le directeur de l'enseignement secondaire. Elle a demandé à M. Vial ce qu'il pensait du rapport Lesage. Et M. Vial a répondu doucement, avec un sourire angélique, à la façon de Torquemada :

— C'est pour leur bien que nous soumettons les jeunes élèves au supplice.

On demande timidement à cet homme farouche s'il est nécessaire, à quatorze ans, de connaître les procédés de fabrication de l'acide sulfurique, plus l'histoire de l'art. Et M. Vial réplique à ces paroles sacrilèges :

— Alors, on expliquera aux enfants la Querelle des Investitures et la question d'Orient, et ils ignoreront tout de Rembrandt et de Beethoven ?

Le malheureux ne se doute pas que s'il veut à jamais dégoûter les enfants de l'histoire, il n'y a qu'à leur faire entrer dans la tête la question d'Orient, que les vieux diplomates ne connaissent que par à peu près, et la Querelle des Investitures, excellent sujet de thèse pour le doctorat en droit canonique. Si l'on veut qu'ils ne mettent jamais les pieds dans un musée, ni dans un concert, il n'y a qu'à faire de Rembrandt et de Beethoven des matières d'examen.

Ce ne sont pas seulement les élèves qu'il faut recommander à la sollicitude de l'Académie de médecine. Ce sont les directeurs de l'enseignement, mais leur cas paraît incurable. Jeunesse infortunée ! Elle est livrée à la plus dangereuse espèce d'imbéciles, celle des imbéciles instruits.

LA TOUTE CHARMANTE Mrs SNOWDEN

La toute charmante Mrs Snowden — un vrai bijou, cette femme-là — a dit des conférenciers de La Haye, qui refusaient de prendre au sérieux les menaces de son agréable mari : « Ils ne connaissent pas les gars du Yorkshire. » Ils connaissaient encore moins leurs épouses.

Jadis, les Sabines se jetaient entre les combattants. Mais ce sont des histoires réactionnaires. Les dames du Labour Party sifflent comme les serpents de la discorde. Pour adoucir les relations internationales, ce n'est pas sur elles qu'il faut compter.

Et pas davantage sur le socialisme. Car telle est l'affreuse découverte qu'on a faite à La Haye. En vain, et M. Léon Blum en demeure consterné, a-t-on adjuré Philip Snowden d'être

bon Européen. En vain le délégué de Mussolini s'écriait-il :
« Pensez à l'Europe ! », Philip Snowden n'a répondu que par
des sarcasmes et des injures.

La vieille diplomatie avait au moins ceci de bon qu'elle était
courtoise. Mettons même qu'elle était hypocrite. Mais quand
on avait des choses désagréables à se dire, elle y mettait des
formes. On ne se jetait pas à la tête des épithètes comme celles
de « ridicule » et de « grotesque », dont le bon M. Chéron, qui
n'en revenait pas, a été coiffé. Il a fallu des diplomates d'ancien
style pour arranger l'affaire et trouver que ces adjectifs, injurieux
en français, n'étaient même pas désobligeants en anglais.

Quand la race des vieux diplomates se sera éteinte et quand
il n'y aura plus que des représentants du prolétariat conscient
et organisé à la tête des gouvernements, comment les grandes
Conférences internationales se termineront-elles ? Par des claques ?

En attendant, Philip Snowden et sa délicieuse compagne, avec
qui le féminisme démocratique a fait une entrée remarquable dans
la politique extérieure, se seront moqués comme d'une guigne
de la liquidation de la guerre, du rapprochement des peuples et
de la vraie paix. Au nom des prolétaires de Grande-Bretagne,
l'homme du Labour Party a parlé à Briand et à Chéron le langage
que les envoyés de la Convention tenaient aux despotes.

Mais la Révolution française aussi avait commencé par la
philanthropie et par une déclaration d'amour à l'humanité, ce
qui, en peu de mois, tourna très mal. Depuis La Haye, les États-
Unis d'Europe ne s'annoncent pas beaucoup mieux.

L'ÉVACUATION DE MAYENCE

Il y a, dans les œuvres complètes d'Alfred de Musset, auteur
qu'on lisait jadis en cachette au lycée et qui est devenu scolaire,
une réponse fameuse au *Rhin allemand* d'un certain Becker,
poète qui n'était ni olympien ni européen comme le vieux Gœthe.

Les vers de Musset doivent figurer maintenant dans les programmes. Ils sont classiques. Nous y pensons et c'est même la seule chose à laquelle nous pensions depuis le « succès » de la conférence de La Haye. Un jour n'approche-t-il pas où quelque poète germanique fera à son tour une réplique à notre vieux Musset ?

Rien ne nous assure qu'en 1940 un autre Becker ne s'écriera pas :

> *Vous l'avez eu, notre Rhin allemand,*
> *Il a tenu dans votre verre...*

Et vous n'en avez rien fait. Et vous en êtes partis. Tant pis pour vous. Maintenant si vous en partiez tout à fait ? Vous avez encore Strasbourg à nous rendre. Pas de paix tant que Strasbourg ne sera pas rentré au sein de la patrie allemande...

Nous allons quitter la Rhénanie, et c'est plus tard seulement que les conséquences de l'évacuation seront senties. C'est plus tard aussi qu'on pensera :

— Comme nous étions tranquilles, l'Europe et nous, lorsque nous occupions Mayence !

Alors on se souviendra de cette époque-là avec mélancolie. Ce sera la poésie des temps passés, qui est faite ordinairement de regrets.

Des regrets, nous nous en préparons presque tous les jours de notre vie, sans nous en douter. Mais quand on s'en doute, c'est trop bête. A combien d'années faut-il se donner rendez-vous, et à quelle génération, pour qu'un successeur d'Alfred de Musset ait à répondre à un barde germanique qui, dans une ode enflammée, aura chanté l'Allemagne unie des Vosges au Niemen ?

On s'est étonné que des événements aussi grandioses que ceux de la guerre n'aient pas suscité de poètes. Attendez encore un peu. La poésie viendra lorsque les choses auront changé et que, les esprits se reportant en arrière, on se dira : « Ah ! que d'occasions perdues ! Combien de résultats gaspillés, d'efforts et de sacrifices qui auront eu lieu en vain ! »

LES NOUVELLES IDOLES

Quand le général Bonaparte, qui était encore républicain, eut signé la paix à Campo-Formio, il dit aux plénipotentiaires autrichiens :

— Eh bien, vous êtes contents ? Vous allez rentrer à Vienne. Votre empereur vous couvrira de décorations, de plaques, de grands cordons de tous ses ordres…

Sur quoi Cobenzl répondit froidement :

— Et vous, général, vous allez rentrer à Paris. On votera dans vos Assemblées que vous avez bien mérité de la patrie. Que voulez-vous ! Chacun ses hochets !

Ce jour-là, les rieurs ne furent pas du côté du général Bonaparte qui, bientôt, allait fonder un ordre à son tour, avec rubans, cravates et grands-croix.

L'Autrichien avait raison. Non seulement chaque régime a ses hochets, mais ce sont toujours les mêmes mœurs. Non seulement la République n'a pas supprimé les décorations, mais elle les prodigue. Elle n'a pas supprimé non plus la flatterie des courtisans. Elle l'a portée jusqu'aux limites où la flagornerie soulève le cœur.

On reproche à Boileau d'avoir demandé à Louis XIV de cesser de vaincre, sinon le poète cesserait d'écrire. Que dire de l'encens qui est brûlé devant notre président du Conseil après chaque discours, chaque conférence, chaque assemblée de Genève ? Richelieu, Mazarin, Choiseul, Talleyrand ne sont plus que de la gnognote auprès de ce vainqueur des vainqueurs de la terre.

Encore, lorsque Boileau faisait des compliments au roi-soleil, s'agissait-il du passage du Rhin et non de l'évacuation de ce fleuve. Il s'agissait aussi de victoires réelles qui, une fois, nous donnaient Lille, une autre fois Besançon, une autre fois Strasbourg. Enfin, Boileau polissait ses flatteries dans le silence du cabinet. Louis XIV ne les répandait pas à dix millions d'exemplaires par la voie de la presse et ne la diffusait pas à travers les airs par radio.

L'adulation, de nos jours, a accompli d'immenses progrès. Elle n'est pas en arrière du reste. Elle est multipliée par des moyens matériels qui, malheureusement, n'existaient pas encore aux temps néroniens.

Nous, nous en sommes à ce point qu'il ne reste plus que l'invective en face de la prosternation. Mais on s'occupe d'une bonne loi sur la presse pour réprimer les attentats au culte des idoles. Après quoi on n'aura que le droit d'adorer et non pas celui de se taire, car il faudra chanter obligatoirement les louanges du nouveau Prince de la Paix en attendant que, par ordre, recommence la propagande de « la guerre jusqu'au bout ».

LA RAFLE MINISTÉRIELLE

Pour faire couler une arête qui vous reste dans le gosier, on se bourre de mie de pain. C'est l'image du ministère Tardieu.

Pourquoi M. André Tardieu a-t-il doublé les effectifs ministériels, au mépris des principes d'économie ? C'est nous qui paierons tous ces secrétaires d'État, leurs attachés de cabinet et leurs dactylos. Mais M. Tardieu a voulu donner satisfaction au plus grand nombre de groupes possible, de manière à faire avaler M. Briand.

La difficulté n'est pas de trouver des ministres. C'est d'avoir une majorité. On a beau multiplier les sous-secrétariats d'État, on ne contente, dans chaque groupe, qu'une ou deux personnes, et les autres peuvent toujours dire : « Pourquoi pas moi ? » Dès lors, il n'est pas sûr que l'abondance de la mie de pain emporte l'arête.

Car, enfin, si le précédent ministère a été renversé, c'est parce que trente-neuf députés anti-cartellistes n'ont plus voulu de M. Briand, ni de sa politique extérieure. Cependant, M. Briand faisait partie de la combinaison Daladier. Il faisait partie de la combinaison Clémentel. Et il refait partie de la combinaison Tardieu. Curieux phénomène de survivance et d'adaptation.

Mais les trente-neuf qui ont prononcé l'exclusive contre M. Briand ne paraissent pas disposés à la lever. Ni M. Louis Marin, ni M. de Wendel, ni M. Franklin-Bouillon ne consentiront sans doute à voter pour un gouvernement où M. Briand garde le portefeuille des Affaires étrangères. Et il n'a pas été attribué le moindre sous-secrétariat à M. Franklin-Bouillon, à M. de Wendel, ni à M. Louis Marin, lesquels, d'ailleurs, n'auraient probablement pas accepté.

De sorte qu'il est à craindre que nous ne soyons encore voués à l'instabilité ministérielle pour l'amour de M. Briand. C'est de la passion toute pure !

A moins que, se retrouvant « monstre de souplesse », le titulaire à vie du Quai d'Orsay déclare que, prêt à évacuer Mayence sans conditions dans un ministère Daladier, il n'évacuera qu'avec des garanties dans un ministère Tardieu-Maginot. Peut-être, au fond, n'est-ce pas plus difficile que cela et les mots suffisent, quand les gens ne tiennent pas aux choses !

SEUL, LE SILENCE EST GRAND

Georges Clemenceau avait dit, quelques mois avant sa mort :

— Si un jour je reste grand devant l'histoire, c'est parce que, depuis huit ans, je me suis tu.

Seul, le silence est grand. C'est très vrai que la figure de Clemenceau était devenue encore plus haute dans cette espèce d'orgueilleuse retraite où il s'enfermait. Artiste de sa propre vie, il lui avait donné, à défaut du bûcher de Rouen ou du rocher de Sainte-Hélène, la fin des existences glorieuses qui ne sont pas complètes sans la couronne d'épines de l'injustice, de l'ingratitude et des reniements.

C'est pourquoi on n'avait pu lui rendre, devant la postérité, de plus grand service qu'en lui refusant la Présidence de la République. L'échec lui avait été cruel. Mais, d'ailleurs, il l'avait préparé par son caractère indomptable, son refus de solliciter et de flatter, son mépris des humains. A la réflexion, il avait compris que, pour laisser intacte son auréole historique, rien ne pouvait lui arriver de plus heureux.

Représentez-vous Clemenceau à l'Élysée, le Tigre en cage, achevant ses jours à visiter des expositions, à voir courir le Grand Prix, à résoudre des crises ministérielles. Ou bien il aurait accepté le rôle de soliveau, ou bien il serait parti en claquant les portes. A moins que le Cartel l'eût expulsé, comme M. Millerand en 1924. Dans tous les cas, il eût été amoindri.

Il aura eu l'avantage de ne pas finir comme un politicien, d'avoir, par la solitude, mis sa gloire à l'abri des contacts impurs. Le « Père la Victoire » avait fait oublier le vieux destructeur, l'ami de Cornelius Herz, l'homme du Bloc, tout un passé dont on ne voulait même plus se souvenir. Quel bienfait pour sa mémoire qu'une rechute dans le marécage parlementaire n'ait pas fait oublier le sauveur du pays !

LOUBET ET CLEMENCEAU

La mort a des fantaisies et il lui plaît d'emporter pêle-mêle tantôt de vieux amis, tantôt des gens qui ne pouvaient pas se sentir.

Loubet et Clemenceau n'étaient peut-être pas précisément des amis, mais enfin, si Émile Loubet a été Président de la République, c'était, pour une grande part, à Clemenceau qu'il l'avait dû.

Oh ! avec un certificat qui n'était pas flatteur. Lorsqu'il s'était agi de remplacer Félix Faure, le polémiste avait dit ce mot qui valait une fortune : « Je vote pour le plus bête. » On ne savait pas alors, comme nous le savons aujourd'hui par ses épanchements intimes avec M. Jean Martet, que Clemenceau professait un mépris illimité des hommes et plus particulièrement de ses amis.

Il n'est pas sûr qu'Émile Loubet ait été plus bête qu'un autre. Il n'a pas mal conduit sa barque, et c'était un vieil avoué de Montélimar assez finaud. On voit mieux maintenant en quoi, aux yeux de son grand électeur, sa bêtise pouvait consister.

En ce temps-là (comme on change !), Clemenceau était à gauche, très à gauche. Il ne croyait peut-être pas beaucoup plus à la République, à la démocratie et au suffrage universel qu'il n'y a cru à la fin de ses jours, mais il était le champion de la « défense républicaine ». Il lui fallait à l'Élysée quelqu'un qui crût, dur comme fer, à tout cela. C'est pourquoi il avait désigné Émile Loubet.

Et puis, s'ils n'étaient pas de la même famille d'esprit, ils avaient la même origine. Ils sortaient de cette classe moyenne de province qui a été une pépinière de républicains et qui, adaptant la devise des Rohan, aurait pu dire : « Châtelain ne puis, peuple ne daigne, bourgeois suis. »

Émile Loubet et Georges Clemenceau étaient des bourgeois ruraux avec petites attaches nobiliaires. On situe très bien cela à la campagne. Entre le château et la chaumière, c'est la maison à pigeonnier où se sont formés tant d'hommes de la République, à la fois anarchistes et conservateurs (c'est ainsi que M. Jean Martet, son suprême confident, définit le Tigre), et qui, comme Émile Loubet jadis sur la place de la Nation, tirent, pour la « défense républicaine », leur chapeau au drapeau rouge, dans l'idée qu'ils sont eux-mêmes toute la Révolution, qu'ils n'ont rien à en craindre et qu'elle s'est arrêtée avec eux.

1930

Les idées politiques de Georges Clemenceau — dans ses dernières années, bien entendu — étaient celles d'un désenchanté. La République avait cessé de lui sembler belle. Il ne lui préférait pas la royauté, l'Empire encore moins, tous les régimes étant, pour lui, égaux en abjection.

A travers ses conversations, fidèlement transcrites par M. Jean Martet, on peut se faire le répertoire de ses dégoûts.

Il avait combattu Napoléon III et il en était fier. Ce règne continuait à lui paraître ignoble. Il est vrai qu'il ne parle pas de l'« autre ». M. Jean Martet n'a recueilli aucune opinion de Georges Clemenceau sur Napoléon Ier. Il n'est pas douteux qu'elle eût été détestable. Quant à Louis XV, c'était, naturellement, une honte. Louis XV était mis au-dessous de Fallières, ce qui ne comportait, d'ailleurs, aucune intention flatteuse à l'égard de cet ancien président.

Il va sans dire que les hommes de la troisième République (qu'il n'eût jamais consenti à appeler des hommes d'État) sont une collection de ganaches, d'abrutis, de propres à rien et de pire encore. Il faut entendre Clemenceau parler de Thiers, de Gambetta, de Jules Ferry. C'est un jeu de massacre.

Alors, on s'imagine que l'apologiste du Bloc se réfugiait parmi les grands ancêtres, dans le sanctuaire de la Révolution.

Comme il en était revenu ! Robespierre ? Danton ? « Quels piètres hommes que tout ça ! » Il y avait cru, mais dans sa jeunesse, sous l'influence de son père, qui, à force de lire Victor Hugo « et ces gens-là », en avait eu la tête tournée.

Finalement, tout le monde était « ces gens-là ». Qu'on nommât à Clemenceau n'importe qui, c'était un pauvre type, un fumiste, un phénomène. Démocratie ou monarchie, Doumergue ou Charles IX, « tout ça » des hommes, rien que des hommes, et il n'y en a pas un qui vaille mieux que les autres.

C'est probablement la raison pour laquelle Clemenceau, lorsqu'il gouvernait, n'était pas plus difficile dans le choix de ses ministres. A quoi bon ceux-ci plutôt que ceux-là ? Tous dans le même panier. Et les régimes aussi. Son avis catégorique était que le régime républicain devait finir, comme les autres, « dans la crotte ».

Le Père La Victoire nous y a laissés, heureux de quitter cette vallée de stupidité et d'ignominie. Nous nous débrouillerons comme nous pourrons.

LE DROIT DE TUER

Récemment, un jury acquittait un jeune homme qui avait tué sa mère par bonté, afin d'abréger les souffrances d'une maladie cruelle. Ces jours-ci, un autre jury a acquitté un autre jeune homme qui avait tué par un raffinement de conscience encore plus scrupuleux.

Celui-ci avait abrégé la torture morale d'une fiancée qu'il allait quitter pour prendre un emploi dans une ville lointaine. Jadis, en pareil cas, on jurait de s'attendre et d'être un jour l'un à l'autre. Aujourd'hui, on est pressé. On brûle les étapes et l'on se brûle la cervelle.

Il est vrai que le jeune homme en question, après avoir envoyé sa promise dans un monde meilleur, à la demande de celle-ci, avait très correctement tenté de la suivre. La mort n'avait pas voulu de lui. Il y a de ces guignons.

J'avoue que, membre du jury dans une affaire pareille, j'eusse été embarrassé. L'accusé était évidemment de bonne foi. Tout ce qu'on aurait pu lui demander, c'eût été, après sa guérison, de reprendre son revolver et, cette fois, de ne pas se manquer. Mais il aurait eu cette excuse légitime que le temps avait passé et qu'il ne se trouvait plus dans le même état d'esprit.

En tout cas, la jurisprudence que la Cour d'assises tend à établir, c'est qu'il est permis de tuer par libre contrat et pourvu que l'autre partie soit consentante. Ce n'est plus qu'une question de certificat.

En 1830, le double suicide par amour n'était pas considéré, au point de vue de la forme, comme un acte notarié. Nous pourrions, cette année, célébrer entre autres centenaires celui des *Amants de Montmorency*. Alfred de Vigny s'était dérangé pour voir l'auberge où deux enfants romantiques s'étaient donné la mort « dans leurs baisers », et il avait accordé une lyre à la fois sublime et bourgeoise :

> *La bonne eut quelque bagatelle*
> *Qu'elle montre en suivant leurs traces pas à pas.*
> *— Et Dieu ? Tel est le siècle, ils n'y pensèrent pas.*

Nous avons fait du chemin, depuis 1830. Les poètes ne composent plus d'« élévations » sur deux amants qu'on trouve râlant dans une chambre d'hôtel. Freud et le freudisme ont passé par là.

L'ENLÈVEMENT DU GÉNÉRAL KOUTIÉPOFF

Depuis la disparition du général Koutiépoff, les personnes sages, raisonnables, celles qui haussent les épaules devant le mystère et qui ne veulent pas croire au mal, ne cessent de répéter :

— Comment voulez-vous qu'on enlève quelqu'un à Paris, au coin d'une rue, en plein jour ? Cela ne se voit qu'au cinéma. C'est le roman policier.

Quand on est un bourgeois paisible, on aime mieux penser que le général Koutiépoff a quitté pour quelques jours le domicile conjugal. Les personnes sages et raisonnables admettent avec facilité cette explication. Peut-être est-ce chez elles une envie refoulée ? On sort un soir en disant à sa femme qu'on va chercher le *Temps*, comme dans un *Forain* fameux. Et l'on ne revient que dix ans après.

Malheureusement pour le général Koutiépoff, il est de plus en plus probable qu'il a été enlevé, à moins qu'il ait commandé lui-même les deux autos et le gardien de la paix.

Pourvu qu'on ait pensé à tout, rien n'est d'ailleurs plus facile que de s'emparer de quelqu'un, de le mettre en voiture et de l'emmener en lieu sûr. C'est la *ténébreuse affaire* de Balzac, qui est restée mystérieuse. On cherche encore les raisons pour lesquelles le sénateur Clément de Ris fut, un beau jour, emporté comme un paquet. Mais on a toujours soupçonné qu'il y avait là-dessous de la police et du Fouché.

Il n'y a pas, si l'on veut s'en donner la peine, d'enlèvement qui ne puisse réussir. C'est même si facile que le Code punit avec sévérité la séquestration. Il en fait un crime plus grave que le rapt. S'expose aux travaux forcés quiconque a séquestré une personne et même quiconque a prêté des locaux pour la détention de la victime. Bien plus, la peine est celle des travaux forcés à perpétuité lorsque l'enlèvement a eu lieu avec simulacre d'arrestation et concours de faux agents de l'autorité publique. Il n'est pas jusqu'au « faux costume » qui a servi dans l'affaire Koutiépoff et qui n'ait été prévu par les intelligents rédacteurs de nos lois.

Le Code pénal est d'une lecture intéressante. C'est un document très bien fait. Il ne reste qu'à l'appliquer.

« *PROMOTION DE LA FEMME* »

Lucien Romier n'envoie pas son nouveau livre à ses amis. Les dédicaces sont au nom de leurs associés. Et, cependant, dès que *Promotion de la femme* a été hors de l'enveloppe, c'est moi qui l'ai lu, sur l'heure et à l'instant.

L'auteur trouvera là une vérification d'un des principes qu'il pose. Car, si les conditions de la vie moderne ont « promu » nos compagnes à plus de liberté et d'autorité, il y a des choses qui ne changent pas dans la psychologie de chacun des deux sexes. Lucien Romier lui-même commence par reconnaître des « tendances invariables ». L'une des principales, c'est que l'enthousiasme est l'apanage de l'homme. Voilà pourquoi, sans doute, je me suis jeté le premier sur l'exemplaire qui ne m'était destiné qu'en seconde ligne.

Renan avait déjà dit à peu près : « La femme est faite pour aimer l'homme et l'homme pour aimer Dieu. » Ici, Dieu signifie les idées, l'idéal et même l'illusion. C'est l'homme qui est romanesque, qui poursuit toujours un rêve, jusqu'en amour. Lucien Romier assure que la femme est pratique, modeste, qu'elle n'estime pas valoir ces passions qui ravagent une vie.

J'ajouterai que Romier apporte beaucoup d'observations à l'appui de sa thèse, mais peut-être toutes ces remarques ne lui seront pas concédées. Lui accordera-t-on, par exemple, que l'homme supporte la solitude mieux que la femme ?

Tout cela est possible. Mais je suis porté à croire que Lucien Romier a encore écrit un livre d'homme sur la femme, quoiqu'il annonce que l'âge de l'indépendance féminine est arrivé. Ainsi, il nous dit que la femme subit tellement l'influence de l'homme qu'elle l'imite en tout.

J'ai peur que bien des lectrices de *Promotion de la femme* pensent comme le lion de la fable :

— Si c'était moi qui avais écrit un livre sur ce sujet-là, je l'aurais traité autrement.

Il reste que, depuis l'origine des temps, le sexe faible est un mystère pour l'autre. Après avoir lu les pensées ingénieuses de Lucien Romier, on ne peut s'empêcher de répéter : « Oh ! femme ! femme ! femme ! » Tandis que jamais un auteur féminin n'a écrit : « Oh ! homme ! homme ! homme ! » Ce qui prouve qu'*elles* nous connaissent mieux que nous les connaissons.

UNE JEUNE FILLE DE HOLLANDE

Je suis amoureux d'une personne qui habite La Haye, ce qui offre autant d'inconvénients que d'avantages. Je puis aller voir cette miss Hollande quand il me plaît, mais non pas toujours, à cause du voyage, aussi souvent qu'il me plairait.

Cette ancienne jeune fille, comme l'appellerait le poète Francis Jammes, porte un turban bleu et jaune qui est le comble de l'art. Elle a le privilège de ne pas vieillir. A peine sur son joli nez un peu retroussé ai-je remarqué une légère craquelure qui, à ma dernière visite, n'existait pas. Je pense que vous avez reconnu le chef-d'œuvre de Ver Meer.

Il avait jadis une petite chapelle particulière sur la façade nord du musée. On l'a transportée au sud. Ce sont les seuls changements que les Hollandais se permettent, car ce peuple est remarquablement conservateur.

L'aspect des rues n'a pas changé. On voit toujours, à bicyclette, de vieux messieurs très graves, en chapeau rond, et qui pédaleraient aussi bien en chapeau haut de forme. Peu d'autos dans les rues, à peine sur les routes. Pas de bruit. La Hollande continue à vivre dans l'ouate.

On y observe la vérité de la maxime d'après laquelle la guerre est une révolution. Un pays qui a échappé à la guerre ! Cela se voit rien qu'à la monnaie aux solides florins d'argent et aux prix marqués dans les magasins : un chiffre, deux quelquefois, trois très rarement. Bien qu'avec notre change nous devions multiplier par dix, il est reposant pour l'esprit de rompre un instant le contact avec la numération des astronomes.

Et pourtant, est-ce que cette Hollande si douillette ne languirait pas un peu dans son confort ? Voltaire dit que l'homme est condamné à vivre dans les convulsions de l'inquiétude ou dans la léthargie de l'ennui. Sans aspirer aux convulsions de l'inquiétude, les Hollandais se distraient au moins par celles des autres. Près du Vivier, un guide voulait à toute force me montrer la salle où Philip Snowden avait fait son algarade à M. Chéron. La Conférence aura été marquée d'une pierre blanche dans la vie fortunée mais monotone des habitants de La Haye.

Tellement qu'au restaurant Van Hœckt, dont l'attrait n'est pas inégal à celui de la jeune fille en bleu et jaune, le maître d'hôtel me dit, comme je préférais les Zélandes non ébarbées :

— M. Tardieu ne les mangeait pas autrement.

Et, après un silence évocateur :

— *Il* se mettait à cette table…

Ce maître d'hôtel n'eût pas parlé avec plus de respect s'il s'était agi de Napoléon. « Il s'est assis là, grand'mère. » Voilà comment, avec une douzaine d'huîtres, on laisse des souvenirs historiques. C'est ce qu'on appelle la gloire.

« *MORT DE LA MORALE BOURGEOISE* »

Un livre qui vient de paraître porte ce titre : *Mort de la morale bourgeoise*. Il y en avait donc une ? J'ai lu jadis Proudhon qui affirmait qu'elle n'existait pas ou qu'elle se bornait au culte du veau d'or, condamné par Moïse bien avant lui.

D'autres auteurs, qui doivent être très jeunes car ils nous rappellent notre propre jeunesse, annoncent avec fracas la mort de la pensée bourgeoise. Je suis sûr que ces nouveaux se croient hardis. Une autre génération, celle qu'avait réjouie *Bouvard et Pécuchet*, serait bien étonnée si elle entendait dire que, tel le grand Pan, la pensée bourgeoise est morte. En ce temps-là, le nom de bourgeois désignait l'être qui n'a pas de pensée du tout.

Cependant les contempteurs de la bourgeoisie en sortent tous. Théophile Gautier, Gustave Flaubert n'étaient pas plus aristocrates qu'ils n'étaient peuple. La classe moyenne les avait engendrés. Ils reniaient leur mère et ils battaient leur nourrice, exactement comme leurs successeurs.

Car je veux bien qu'on médise du bourgeois, à condition que l'on ne se croie pas original à si bas prix. Le moraliste La Bruyère et le fabuliste La Fontaine n'étaient pas moins méprisants pour ces messieurs du Tiers-état que les romantiques de la première d'*Hernani* ou que nos communistes mondains qui font le pèlerinage de Moscou. Molière lui-même ne défend pas le bonhomme Chrysale sans le rendre ridicule :

> *Est-il...*
> *Un esprit composé d'atomes plus bourgeois ?*

Ces atomes ont la vie dure. Il y a quarante ans, Jean Grave annonçait déjà que la société bourgeoise était mourante. Il faut encore que M. Berl la tue.

Et si elle était morte, on ne saurait par quoi la remplacer. J'entends bien qu'on nous dit que sa sève s'épuise. Un des arguments qu'on produit en faveur du lycée gratuit c'est même la faiblesse de notre littérature contemporaine et le besoin de la renouveler.

M. Herriot est convaincu qu'il existe, dans les couches profondes de la démocratie, une réserve latente de grands écrivains qui ne demandent qu'à éclore au soleil des humanités pour rajeunir les lettres françaises. En ce cas il faut mettre au latin tous les petits Français.

Car si, en mathématiques comme en musique et au jeu d'échecs le génie est presque toujours précoce, en littérature il ne l'est pas. La Fontaine, Anatole France, bien d'autres qui ne se sont distingués que dans l'âge mûr, et Baudelaire qui n'a été reconnu grand poète qu'après sa mort, eussent été exclus du jardin d'acclimatation littéraire à cause de leur distraction, de leur paresse ou de leur fantaisie, et, plus simplement, parce qu'ils étaient fils de bourgeois.

L'ÉGALITÉ DES PEUPLES

On me trouve absurde quand je soutiens que nous ne serons vraiment en République que le jour où chacun choisira son père et sa mère. Tout de même c'est une idée qui se défend. Sommes-nous libres puisque nous subissons nos hérédités ? Êtes-vous égaux, puisque les auteurs de vos jours ont pu vous donner des viscères moins bons que ceux de votre voisin qui, désormais, vous sera supérieur dans la lutte pour la vie ?

L'égalité, qui tourmente tant les hommes, tourmente aussi les peuples et les rend jaloux. On n'a parlé que d'elle à la Conférence de Londres. Seulement, comme cette Conférence était pacifique, l'âpre revendication égalitaire s'est présentée sous le nom moins provocant de « parité ».

Elles réclament la parité toutes ces femmes qui harcèlent leur mari pour avoir les mêmes chapeaux et les mêmes fourrures que la plus élégante de leurs amies. Oui, mais il ne s'agit pas seulement d'avoir de la toilette, il faut savoir la porter. Telle qui dépense moins éclipsera l'autre qui ressemble à une châsse dans ses atours du dimanche.

C'est l'histoire de la parité navale. Car deux pays peuvent avoir, à une tonne près, le même nombre de navires construits exactement sur le même gabarit, avec la même quantité de canons. Il reste un élément incertain et inconnu. Ce n'est pas comme dans le problème fameux : l'âge du capitaine, mais la valeur des équipages et de l'amiral.

Une escadre commandée par Nelson aura toujours une bonne chance de gagner la bataille de Trafalgar. Et l'on a vu jadis un amiral autrichien, monté sur de vieux navires en bois, battre les cuirassés flambants neufs de la jeune Italie. Par politesse, personne, à Londres n'a rappelé à M. Grandi l'exemple de la bataille de Lissa.

Mais quelqu'un lui ayant dit assez naïvement : « Pourquoi voulez-vous autant de vaisseaux que la France, puisque vous n'avez pas autant de colonies ? » M. Grandi eut la présence d'esprit de répondre : « Faisons donc la parité coloniale pour justifier la parité navale. »

En effet, il n'y a pas de raison pour que la parité s'arrête au tonnage. Elle devrait, de proche en proche, s'étendre à tout, car il n'est pas juste non plus qu'un pays ait plus de charbon, de fer ou de terre à blé qu'un autre.

C'est au nom de la parité réclamée par les peuples les moins bien pourvus que se font presque toutes les guerres et que l'Allemagne, en 1914, demandait encore ce qu'elle appelait modestement sa place au soleil. Alors, ce qui décide, c'est ce qu'il est impossible de jauger et d'égaliser : l'endurance de l'équipage et le talent de l'amiral.

LA GARE ROMANTIQUE

Personne n'a fait plus de prophéties que le fondateur de la troisième République. Par exemple, il avait annoncé que ce régime finirait dans la boue ou dans le sang. Pourquoi pas les deux ? Mais Adolphe Thiers avait dit également que le chemin de fer était un joujou qui ne pourrait jamais aller plus loin que Saint-Germain.

Il est difficile de nous faire une idée de la mauvaise presse qu'avaient eue les chemins de fer à leurs débuts. Après la catastrophe célèbre où l'explorateur Dumont d'Urville perdit la vie, un homme d'esprit de l'époque, Nestor Roqueplan, s'écriait : « On ne peut plus aller à Versailles sans faire son testament. La civilisation est jolie ! »

Aujourd'hui, la côte de Picardie et la route de Quarante-Sous sont bien plus dangereuses que ne l'a jamais été le train, ce qui n'empêche pas des milliers de chauffeurs de s'exposer avec leur famille à l'accident dominical. Si le risque devait empêcher quelque chose, il y a d'ailleurs longtemps que les tripots auraient fermé faute de clients.

Les accidents n'avaient pas plus empêché la multiplication des locomotives qu'ils n'empêchent les automobiles et les avions de se multiplier. Et maintenant, la locomotive est une douairière.

D'ici peu d'années, on célébrera le centenaire de la première voie ferrée. Alors le chemin de fer dira aux nouveaux moyens de transport : « Amis, je viens d'avoir cent ans. » Car le chemin de fer est devenu tout doucement un bon vieillard. Il aurait le droit de soupirer avec le poète : « J'ai plus de souvenirs que si j'avais mille ans. »

L'autre jour, à la gare Saint-Lazare, regardant autour de moi, je pensais que là, du moins, rien n'avait changé. Il n'y a pas de différence entre une gare d'aujourd'hui et une gare du second Empire ! Dans un monde où tout se transforme, c'est peut-être le seul décor qui ne bouge pas.

Alors, voulez-vous exprimer une émotion historique et même poétique, évoquer les jours de votre enfance, revoir vos parents, revivre des moments de jeunesse, retourner, comme Olympio, aux lieux où vous avez des souvenirs d'amour ? Allez dans une gare. C'est à peu près tout ce qu'il reste d'intact du Paris que les hommes d'un certain âge ont connu. Si le XIXe siècle, qui s'enfonce dans le passé, se conserve encore un peu, c'est par le chemin de fer.

Dès qu'on sort du hall de Saint-Lazare, l'enchantement est fini. Dans la rue, rien ne ressemble plus à ce qui était jadis. La gare est le dernier endroit où l'on rêve. La gare est devenue romantique comme le relais de la diligence ! Quelle fuite du temps ! Quelle mélancolie !

« GRANDEURS ET MISÈRES D'UNE VICTOIRE »

On peut être un grand homme et rater un livre. C'est ce qui est arrivé à Georges Clemenceau. Cet accident n'a rien du tout qui déshonore et ne lui nuira même pas auprès de la postérité qui ignorera résolument son bouquin.

Grandeurs et misères d'une victoire, le titre était magnifique, digne de Clemenceau qui avait du grand dans le cœur, dans l'esprit. Mais c'est une autre affaire de mettre tout ça en quatre cents pages. Il aurait fallu que le sauveur de la patrie fût en outre une espèce de poète. On voit un pareil livre écrit par Chateaubriand ou par Alfred de Vigny. Il l'aura été par le rédacteur en chef de l'*Homme enchaîné*.

Oh ! bien sûr, il y a, çà et là, de beaux cris, des phrases qui émeuvent. On n'a pas en vain une nature comme celle de Clemenceau. Mais, à côté, que de petitesses ! Que de taquineries ! Je veux bien que Foch ait commencé et que Clemenceau n'ait fait que répondre. Mais pourquoi du fond de la tombe réplique-t-il comme un vieil enfant : « Et moi, je dirai que tu as perdu le Chemin des Dames, na ! »

Quand on pense que, dans les derniers mois de sa vie, Clemenceau se relevait la nuit pour achever son chef-d'œuvre ! Il ne voulait pas mourir sans avoir renvoyé la flèche du Parthe à l'ombre de Foch. Allons ! ils ne se feront de mal ni l'un ni l'autre.

Mais Clemenceau tenait à ses preuves, à ses documents, à ses petits papiers. Il les sème tout le long de ses pages comme le petit Poucet semait des cailloux. Il n'attaque Foch que pour se défendre lui-même. Comme s'il avait eu besoin de plaider !

Il n'a pas senti, et c'est ce qu'il y a de touchant dans son cas, qu'il était au-dessus de ces petites histoires parce qu'il était déjà dans l'Histoire. Il aurait pu signer une paix cent fois plus mauvaise, être convaincu d'avoir touché l'argent de Cornélius Herz et d'avoir, de ses propres mains, fusillé sur la butte Montmartre les généraux Lecomte et Clément Thomas, il serait tout de même celui à qui on doit la victoire.

En somme, il ne savait pas que sa légende était d'une simplicité définitive. Il doutait de sa gloire, solide comme l'airain. Le livre est mauvais mais l'auteur modeste. C'est la dernière découverte que nous ait réservée Clemenceau qui, derrière ses allures de casseur d'assiettes, était tout uniment un bourru sentimental.

UTILITÉ DU PASTICHE

Quand les agents des délégations judiciaires sont venus arrêter Cazot, le génial imitateur des peintres de Barbizon s'est écrié :

— On va tuer le commerce des tableaux en France !

Cet habile pasticheur est porté à l'exagération. S'il n'avait mis en circulation que deux ou trois faux Millet, on n'y aurait vu que du feu. Il exagère encore quand il généralise son cas. Le commerce des tableaux ne mourra pas pour si peu.

Il y a longtemps que les marchands auraient fermé s'ils n'avaient à vendre que des objets d'art authentiques. Et s'il fallait être sûr de toutes les attributions, que resterait-il dans les collections particulières et même dans les musées ?

Après tout, une copie bien faite peut valoir un original. Nous recueillons pieusement des antiques qui ont été fabriqués d'après les maîtres dans les ateliers de la décadence romaine et nous sommes heureux que cette industrie ait apporté jusqu'à nous l'œuvre disparue de célèbres sculpteurs. Quel dommage que les héritiers de Zeuxis et d'Apelle ne se soient pas livrés au même trafic que le petit-fils de Millet ! Nous aurions peut-être une idée de cette peinture grecque qui n'est plus connue que par ouï-dire.

Tout le monde sait que les tableaux sont voués à la destruction, que le feu, le naufrage, le vandalisme les guettent, que, même sans accidents, la décomposition chimique vient à bout des plus nobles toiles, quand les restaurateurs, pour avoir voulu les rajeunir, ne leur ont pas causé des dommages irréparables et n'ont pas avancé leur mort naturelle. La copie est le seul moyen de les perpétuer.

Et l'on se privera d'autant moins d'admirer les imitations que, si l'on admire les originaux, c'est déjà de confiance et, pour ainsi dire, les yeux fermés. Voilà longtemps que Renan l'a dit : quatre-vingt-dix-neuf pour cent des hommes ne se douteraient pas qu'une chose est belle si l'étiquette : « Chef-d'œuvre » n'était collée dessus. C'est également vrai en littérature. Malgré tous les Aristarques, malgré M. Victor Bérard qui est le plus récent, on continue de trouver sublime, dans Homère, des vers qui ne sont pas du tout d'Homère.

Les interpolations sont à l'épopée ce que les pastiches sont à la peinture. Elles plaident les circonstances atténuantes en faveur de Cazot et du petit-fils de Millet qui peut bien vendre cent mille francs de faux *Angelus* alors que le vrai n'avait trouvé preneur qu'à soixante louis, à l'époque où le grand-père n'était pas encore apprécié sur sa simple signature.

MORALE DES FAITS-DIVERS

Dans un certain genre, amer et salubre, ce que j'aime le mieux, après les fables de La Fontaine, ce sont les faits-divers. Avec la chronique des tribunaux, c'est là qu'on apprend la vie ! Appréciez ce bref apologue :

« *Sauvetage en Seine. — Une femme se jetait dans la Seine, hier, près du Pont-Neuf. Un passant, M. Ghianoli, rue Aubry-le-Boucher, 11, plongea immédiatement et réussit à la rattraper. Mais ce n'est qu'après de multiples efforts qu'il put ramener sur la berge la désespérée, Mlle Antoinette Gauthier, rue Pouchet, 45, qui a dû être transportée à l'hôpital. En reprenant son veston qu'il avait déposé sur le quai, M. Ghianoli constata que son portefeuille avait disparu.* »

Je ne connais pas le confrère auteur de ce petit chef-d'œuvre, mais je lui fais mes compliments. En une phrase, la dernière, pour la sobriété de laquelle je donnerais beaucoup de littérature, il brosse tout un tableau, une large fresque. On voit le héros, de retour au rivage, trouvant sa poche vide, et la foule, le chœur, en deux groupes, dont l'un s'écrie : « C'est dégoûtant ! Il n'y a pas de justice ! » tandis que l'autre murmure : « Ça lui apprendra ! De quoi qui s'mêle ? »

Il est affreux de penser qu'il existe des individus assez indélicats pour faire le portefeuille d'un citoyen courageux pendant qu'il expose sa vie. C'est à croire que les berges de la Seine sont fréquentées par des spécialistes qui guettent les noyades et qui fouillent la veste des sauveteurs. M. Ghianoli, s'il est philosophe, aura eu la consolation de se dire qu'il n'avait pas perdu sa journée puisque ayant rendu la suicidée à sa famille, il a en outre procuré quelques douceurs à un déshérité réduit à coucher sous les ponts.

Mais M. de Talleyrand aurait trouvé ici l'application de sa maxime favorite : « Pas de zèle ! » Ceux qui, voyant la désespérée se jeter à l'eau, ont passé leur chemin et dit : « Ce n'est rien, c'est une femme qui se noie », ceux-là ne se sont exposés ni à la congestion ni à la perte de leurs petites économies.

Cette histoire d'un sauvetage en Seine pourrait être dédiée à M. Aristide Briand, ministre des Affaires étrangères, précurseur de l'Europe nouvelle, bienfaiteur de l'humanité. Tandis qu'il travaille au rapprochement des peuples, qu'est-ce qu'on va encore nous prendre ? Il est vrai que nous avons l'habitude des sacrifices...

Lamartine reprochait aux fables de La Fontaine d'être immorales. C'est parce qu'elles sont vraies. Un simple fait-divers est plus dur que « la raison du plus fort est toujours la meilleure », ou que : « Eh bien ! dansez maintenant ! »

UNE RÉPUBLIQUE DE CÉLIBATAIRES

Avec une brutalité qu'on a trouvée de mauvais goût, Napoléon demandait d'emblée aux femmes combien elles avaient d'enfants. Mussolini est plus heureux que l'Empereur. Ce sont les femmes qui s'annoncent à lui en déclarant le chiffre de leur progéniture.

Il y a, dans la religion mondaine, le mystère bien connu de la Présentation qui consiste à bredouiller le nom, que souvent on ne sait pas, de la personne qu'on présente. A ce mystère, les grandes dames italiennes ont décidé d'ajouter un rite. Désormais, elles s'enorgueilliront d'être mères avant d'être duchesses ou marquises. A Florence, l'autre jour, à la réception du Duce, on entendait : « Marie-Thérèse Ricasoli, six enfants... Nora Guicciardini, sept enfants... Marie-Caroline Corsini, quatre enfants. » L'effet fut prodigieux et M. Mussolini enchanté.

Seulement, je ne conseillerai pas à M. Doumergue d'introduire cet usage dans le palais présidentiel.

En France, le Président de la République n'a pas d'enfant, le président du Conseil n'a pas d'enfant, le ministre des Affaires étrangères n'a pas d'enfant. Notre personnel est composé en majorité de célibataires, de telle sorte qu'il est fort ridicule de faire des discours pour la repopulation. Au moins, M. Mussolini prêche d'exemple, tandis que chez nous, l'exemple qui vient d'en haut c'est qu'il vaut beaucoup mieux, dans la vie, ne pas s'encombrer d'une postérité.

Cet hiver, aux réceptions élyséennes, on n'entendra donc pas les invités réciter leur livret de famille, ce qui donnerait aux diplomates étrangers la plus fâcheuse idée de la natalité française. Mais le nouveau rite, que M. Doumergue laissera volontiers à M. Mussolini avec la hache et les faisceaux, n'a pas plus de chances d'être adopté par le président Hoover. A la Maison-Blanche, les huissiers devraient crier à travers les salons : « Mistress Suchaone, deux divorces... Mistress Anyone, trois divorces. »

Ce ne serait pas gracieux et puis ce serait inutile. En Amérique comme en France, on connaît les gens par le nombre de leurs divorces beaucoup mieux que par celui de leurs enfants, qui ne deviennent un bon sujet de conversation qu'à la condition d'être illégitimes, adultérins ou incestueux.

MAYENCE, 30 JUIN

Dans ses souvenirs (un livre d'autrefois comme on aimerait qu'il en parût souvent aujourd'hui), Ludovic Halévy rapporte cette histoire qu'il tenait d'un vieux vaudevilliste, depuis, mort centenaire, et qui avait débuté sous le premier Empire.

C'était un peu après la retraite de Russie. On jouait, en présence de l'empereur, un innocent opéra-comique où Colombine disait à Pierrot :

> *Ah ! vous étiez ce que vous n'êtes plus,*
> *Vous n'étiez pas ce que vous êtes,*
> *Et vous aviez, pour faire des conquêtes,*
> *Et vous aviez ce que vous n'avez plus.*
> *Ils sont passés ces jours de fêtes !*
> *Ils sont passés et ne reviendront plus.*

Colombine roucoulait et vocalisait à tue-tête devant l'empereur assombri et la salle consternée. Un froid, un froid sibérien, celui de la retraite de Russie. « Qu'est-ce qu'ils ont ? Ai-je chanté faux ? » se demandait la Colombine. Et tout à coup, au milieu du second couplet, elle comprit, balbutia et faillit s'évanouir.

En ce temps-là, le public saisissait les allusions au vol. Le moindre mot de théâtre prêtait à des applications. Si l'on chantait cette semaine, en présence de M. Doumergue, l'opérette du retour de Moscou, est-on sûr que le public s'apercevrait de quelque chose ?

Et pourtant, depuis lundi 13 h. 20, départ du dernier train de Mayence, c'est avec trop de vérité qu'on peut dire : « Ah ! vous étiez ce que vous n'êtes plus. » Les Français qui occupaient la rive gauche du Rhin n'étaient pas seulement vainqueurs. Pendant quatorze ans, ils ont garanti, ils nous ont donné la tranquillité et la paix.

Ils sont passés, ces jours de repos. Déjà il faut des crédits pour la défense nationale. Demain, il faudra des impôts, après-demain le service de vingt-quatre mois ou de trois ans. Alors on pourra chanter, un peu plus tard : « Ils sont passés et ne reviendront plus ! »

Mais, sur le moment, le retour de Mayence n'aura frappé personne. C'est le 30 juin ? Vivent les vacances. Il y a eu un monde fou dans les gares. Un peu moins seulement que le 31 juillet 1914.

QUAND LES SAGES PASSERONT POUR DES PATRIOTES

A peine le général Guillaumat avait-il le dos tourné que racistes et nationalistes s'en sont donné à cœur joie, de Mayence à Wiesbaden. Ces héros se font la main. Faute de taper sur les Français, ils s'exercent sur les malheureux Rhénans et Rhénanes, qui ont commis le crime d'être gentils avec nos soldats.

Il n'est pas très chic de notre part d'avoir abandonné ces gens-là à la vengeance des Prussiens. Déjà le massacre des séparatistes de Pirmasens, qui s'était passé pendant l'occupation, n'était pas une page reluisante de notre histoire. Les lendemains de l'évacuation y ajoutent un chapitre dont nous n'avons pas lieu d'être fiers.

Et l'on nous avait dit qu'en évacuant avant le délai, cinq ans d'avance, on rapprocherait les peuples ! Ce qu'on a rapproché, jusqu'à la portée de la matraque, ce sont les bandes furieuses d'Hitler et les infortunés Mayençais qui avaient des sympathies françaises. Un docteur et sa femme se sont empoisonnés pour échapper aux vengeances. Un jeune homme, tiré hors de sa maison, a été lynché dans la rue. Le rapprochement, ceux-là l'ont senti passer.

Ces scènes de sauvagerie seraient-elles des manifestations de l'esprit de Locarno ? Comme disait le père Hugo, l'esprit souffle où il veut.

On nous apprenait autrefois le proverbe : « Oignez vilain, il vous poindra. » La sagesse des nations a cessé d'être à la mode. Elle est trop réactionnaire. Seulement le moment vient où ses antiques vérités se démontrent et, d'ordinaire, ce n'est pas à la satisfaction générale.

Savez-vous ce que je redoute le plus, au terme des idylles locarniennes ? C'est la déception. Il ne faudra peut-être pas beaucoup d'affaires comme celles de Rhénanie pour qu'on recommence à traiter les Allemands de Huns et de gorilles. Alors, ce sont les sages d'aujourd'hui, ceux qui se méfient de l'enthousiasme et qui ne croient pas à la durée des lunes de miel, qui passeront pour de tièdes patriotes.

À PARIS, TOUS LES DEUX

Je ne fais pas ma lecture matinale des crimes passionnels ou crapuleux, bien que cette rubrique soit quotidienne dans nos journaux. Et pourtant voici deux assassinats qui ouvrent des horizons sur la criminalité.

Un citoyen espagnol, à qui l'on avait la bonté de donner du travail ici, a tué fort vilainement, à coups de hache, une jeune dactylographe qui repoussait sa flamme. Une riche Américaine a tiré plusieurs coups de revolver sur la femme d'un médecin dont elle était l'amie.

Ces étrangers sont venus tuer en France comme il y en a d'autres qui viennent y chercher des plaisirs défendus. A Paris tous les deux... si Garcia avait assassiné dans son pays, il n'eût pas tardé à subir le supplice peu délectable du garrot, et Mme Owen eût été sûre de s'asseoir sur la chaise électrique, tandis qu'avec les jurés parisiens ils ont une bonne chance de s'en tirer.

Ils le savent si bien qu'ils n'ont ni l'un ni l'autre manifesté la moindre émotion quand ils ont dû rendre compte de ce qu'on appelle au bagne l'« accident ». Arrêté à la gare au moment où il prenait le train pour Port-Vendres, le meurtrier espagnol a dit tranquillement : « Je suis fait... Alors qu'on me rende le prix de mon billet, 226 fr. 40 centimes. »

Quant à la meurtrière américaine, après avoir conté son exploit elle se disposait à prendre la porte, quand elle eut l'étonnement de se voir retenue par un juge d'instruction qui manquait d'égards pour une femme du monde. Un peu plus, Mme Owen aurait dit : « Mais j'ai des visites qui m'attendent chez moi ».

Bref, les temps sont venus où l'assassinat est vraiment considéré comme un des Beaux-Arts. Et les criminels pensent de leur forfait ce que Barrès pensait de l'intelligence : quelle petite chose à la surface de vous-mêmes !

Et le remords ? Il paraît qu'il gêne encore moins que la menace du châtiment. Comme il retarde, le mot célèbre : « Il ne faut jamais nous mettre mal avec notre conscience parce que nous sommes condamnés à vivre avec elle. » Si les vies humaines n'étaient protégées que par l'œil qui regardait Caïn, nous serions bien, étant donné que, les autres punitions, on les redoute déjà si peu !

LE SAVOIR-VIVRE

Il paraît qu'à la Cour d'Autriche, au XVIIe siècle, il était recommandé aux grands seigneurs et aux nobles dames qui étaient invités à la table impériale de ne pas se servir avec leurs doigts et de ne pas jeter les os sous leur chaise. M. Fernand Laudet, de l'Académie des sciences morales, qui nous apprend ce détail dans un petit livre sur la politesse et le savoir-vivre, en conclut que les bonnes manières ont fait des progrès.

Cependant il reste nécessaire qu'un membre de l'Institut donne à nos contemporains des leçons de civilité puérile et honnête. Le guide qu'a rédigé ce parfait homme du monde est composé de remarques sur les insuffisances de l'éducation moderne. Les conseils qu'il prodigue à un jeune homme qui entre dans le monde ne s'éloignent guère de ces vieux et plaisants préceptes : « Ne soufflez pas sur votre potage pour le refroidir, il est plus séant d'attendre. » Ou bien : « Ne roulez pas des boulettes de mie de pain, on verrait que vous avez les mains sales. »

M. Fernand Laudet doit enseigner à son jeune Anacharsis qu'on ne parle pas la bouche pleine ; qu'on s'essuie les lèvres avec sa serviette avant de boire et après avoir bu, etc. Ce qui veut dire, apparemment, que ces prescriptions élémentaires ne sont pas toujours observées dans les sociétés les plus élégantes.

Il est vrai que les rites sont parfois discutables. On racontait jadis que l'abbé Delille, invité à déjeuner chez une marquise, avait commis douze fautes en mangeant un œuf à la coque. M. Fernand Laudet professe que la coquille doit être ouverte avec le couteau. J'aurais cru qu'on l'ouvrait avec la petite cuiller. Vous voyez comme ces nuances sont délicates !

Mais hâtons-nous, pour une prochaine édition, de signaler une lacune à l'académique successeur de la baronne Staffe, qui fut l'éducatrice de plusieurs générations. J'ai horreur, pour ma part, que mon voisin de table place son pain à droite de son assiette et le confonde avec le mien, l'usage étant de le mettre à gauche. J'ai vu pourtant des gens très huppés contrevenir à cette règle.

Conventions, sans doute. Mais il s'agit de les connaître. Un jour, dans un dîner parisien, un grand seigneur anglais qui venait de parcourir la France se plaignait avec un peu trop d'insistance de la rusticité de nos sous-préfectures. A ce moment on servait le fromage que le noble lord coupa dans le sens horizontal. « Comme c'est curieux, fit à mi-voix un convive que l'autre avait agacé. Chez nous, un charretier sait qu'on ne coupe pas le nez au fromage. »

COSTES ET BELLONTE

Pourquoi Costes et Bellonte ont-ils réussi la traversée de l'Atlantique ? Ce n'est pas seulement parce qu'ils ont eu du cran. C'est parce qu'ils ont préparé leur expédition pendant des mois sans négliger un seul détail.

Leur système a été le contraire du fameux système D. Mais, ailleurs, c'est le système D qui continue et qui, au lieu de vols triomphants, produit dans l'aviation française d'épouvantables sacrifices humains.

Si nous devons une fière chandelle à la victoire de la Marne, elle pourrait bien, à d'autres égards, nous avoir un peu trop confirmés dans l'idée qu'il ne faut pas s'en faire et qu'on se tire toujours de toutes les situations. Passepartout, du *Tour du monde en 80 jours*, est un héros national et Valmy le type de la bataille que gagnent des volontaires de vingt ans rien qu'en agitant leur chapeau au bout de leur baïonnette au cri de : « Vive la nation ! »

Il est probable que les vieux Gaulois, qui se vantaient de n'avoir peur de rien, sinon que le ciel leur tombe sur la tête, étaient déjà des débrouillards, ce qui ne les a pas empêchés d'être subjugués par les légions romaines auxquelles ne manquait pas un bouton de jambières. Et les chevaliers français de Crécy et d'Azincourt croyaient également qu'avec une belle charge ils « auraient » les artilleurs de l'armée anglaise.

On répète bêtement qu'on ne fait pas d'omelette sans casser d'œufs. Comme disait l'autre, il arrive qu'on casse des œufs sans faire d'omelette.

L'exemple de Costes et de Bellonte prouve que les Français n'auraient rien à craindre de personne s'ils ajoutaient un peu d'ordre et de prévoyance à leurs dons naturels. Nous nous flattons de réparer nos négligences par des improvisations héroïques. Mais n'est-ce pas Émile Ollivier qui disait de l'art oratoire : « Je n'ai connu que deux improvisateurs, Thiers et moi. Nous n'improvisions jamais. » Parole d'autant plus remarquable qu'elle n'avait pas empêché le même Ollivier d'improviser, un jour, un discours et une guerre avec un « cœur léger » qui pèse encore sur sa mémoire.

SAINT JOSEPH BOLCHEVISTE

Le poète Francis Jammes a raconté comment saint Joseph, étant revenu sur la terre, lui avait rendu visite en Béarn. Il est dommage qu'il n'ait pas engagé la céleste apparition à faire un tour jusqu'à Hambach, en Alsace.

Saint Joseph aurait vu, dans l'église de ce village, sa propre statue agrémentée, par les soins de M. l'abbé Pinck, curé de la paroisse, d'une toile peinte où des croix s'entremêlent de faucilles et de marteaux. Pour honorer le patron des charpentiers, on comprendrait mieux des scies, des vilebrequins et des varlopes. Mais il s'agit de symboliser l'alliance des communistes et des autonomistes alsaciens. Par là une voie nouvelle est ouverte à l'art religieux qui fleurit aux environs de la place Saint-Sulpice et dont la banalité désespérait Huysmans.

M. l'abbé Pinck est comme les célèbres pilules dont il porte le nom. Il donne des couleurs aux personnes pâles, remplace les lys par l'églantine et habille les enfants de Marie à la mode des Soviets. Par ses soins, l'Église devient bolchevique et saint Joseph le premier des prolétaires conscients.

M. le curé de Hambach a eu des précurseurs. On a vu naguère, en Italie, certains de ses collègues bénir les médailles de San Lénino, le saint qui partage les terres. Seulement, ce culte n'a fait que naître et mourir. Mussolini est venu et il a mis ordre à cette nouvelle édition de la légende dorée.

C'est ordinairement ainsi que finissent ces sortes d'extravagances et les clercs qui bénissaient des arbres de la liberté en 1848 ont contribué à l'avènement de Napoléon III au moins autant que les insurgés des journées de juin.

En attendant, puisque l'Alsace est encore sous le régime du Concordat qui avait certains avantages, il serait bon de suspendre le régime de M. l'abbé Pinck. Alors, le desservant de Hambach pourrait danser à son aise devant l'arche de l'alliance avec Moscou, étant libéré du scrupule d'être payé par la société bourgeoise.

SOUVENIRS D'UN HUMORISTE

Déjà immortalisé par la création de l'à-peu-près, Grosclaude livre à la postérité les souvenirs d'un Humoriste. On ne saurait croire, du reste, à quel point un auteur gai peut être sérieux. L'auteur des *Gaietés de l'année* n'admet la plaisanterie ni sur Locarno, ni sur Madagascar, ni sur l'Amérique et Georges Duhamel l'a choqué par ses jugements irrespectueux.

Je me rappelle qu'Alfred Capus, ami de Grosclaude, se fâchait, ce qui était imprévu, quand on n'admirait pas suffisamment le traité de Versailles. Pour avoir des convictions, rien de tel qu'un sceptique. Et Grosclaude, sans qu'il y paraisse, rappelle aussi, à l'aide d'un apologue, que ceux qui font rire les autres sont au fond des tristes.

Arlequin, neurasthénique, consulte le médecin qui lui recommande de se distraire, d'aller à la comédie, de voir Arlequin, par exemple.

— Impossible, répond avec accablement l'hypocondriaque. Je suis Arlequin lui-même.

Fable profonde, mais que, bientôt, les progrès de la science appliquée priveront de sel et même de sens. Aujourd'hui, Arlequin peut assister à ses propres arlequinades.

La publicité nous a fait connaître que Maurice Chevalier était allé voir le film qu'il avait tourné. Et nul n'ignore que Maurice Chevalier, comme tous les amuseurs, est enclin à la mélancolie, sans compter qu'il a mesuré la vanité des joies humaines, comme tous ceux qui ont connu le succès et la gloire. Toujours est-il que, grâce au cinéma parlant et chantant, Maurice Chevalier peut voir et entendre Maurice Chevalier, comme s'il était quelqu'un de la foule enthousiaste et obscure.

Se sera-t-il amusé ? Se sera-t-il fait rire lui-même ? Problème qui donne le vertige. Lamartine, sur la fin de ses jours, entendit réciter le *Lac* et s'écria, les larmes aux yeux : « Que c'est beau ! De qui est-ce ? » Combien serait plus émouvant peut-être le chanteur comique qui dirait, en sortant du cinéma : « Quels bons moments je me suis fait passer ce soir ! »

L'AFFAIRE OUSTRIC

Le rédacteur du journal radical-socialiste de Tours, qui distribuait la publicité d'Oustric en commençant par lui-même, est un lettré et un philosophe. Il a terminé sa déposition à la commission d'enquête par une citation classique. *Donec eris felix…*

Comme on suppose que les humanités sont en décadence, la presse s'est hâtée de traduire. C'est bien cela. Pas de contresens. Tu auras des amis tant que tu seras heureux.

Voilà, dans sa cellule de la Santé, un sujet de méditation tout trouvé pour ce pauvre Oustric. En avait-il des amis et connaissances au temps où la *Snia Viscosa* faisait florès ! Que de déjeuners qui ne lui seront jamais rendus !

Et les avocats ? Où sont-ils les maîtres de l'éloquence, les parlementaires du barreau ? Ils ne volent pas au secours du financier dans la prison. Il est vrai que M. Raoul Péret, M. René Besnard sont déjà occupés à se défendre eux-mêmes. C'est égal. Les conseillers juridiques, dans cette occasion, se signalent un peu trop par leur absence. Naguère, chacune de leurs consultations coûtait 25.000 francs à Oustric. Ils lui en devraient bien une par-dessus le marché.

Je me demande même s'ils n'ont pas un peu (comment dirais-je ?) volé leur argent. Car, enfin, les conseils ne devaient pas être fameux, à voir la façon dont les affaires du client ont tourné. Oustric, dans sa geôle, a le droit de penser qu'il payait la consultation un peu cher.

Mais ce qu'il demandait, ce n'était pas des éclaircissements sur le droit. C'étaient des démarches et des services. Il rétribuait ses avocats-conseils comme des commissionnaires. Et ce qu'il y a de plus humiliant dans leur cas, c'est que ces hommes politiques, ces fiers républicains, qui touchaient un fixe chez le banquier, trouvaient naturel que le dernier mois de l'année leur fût compté double. Les malheureux étaient descendus jusqu'à la gratification et aux étrennes.

C'est peut-être ce que je leur pardonnerais le moins si j'étais juge à la commission d'enquête.

1931

LA MORT DE JOFFRE

Le maréchal Joffre s'en va comme il a vécu et comme il a guerroyé, avec une tranquillité prodigieuse. Le sang-froid de ce Méridional ne se sera jamais démenti. Il encaisse le dernier coup, celui de la camarde, comme il avait encaissé Charleroi.

Je n'irai pas jusqu'à dire, avec M. Hanotaux, que le chef-d'œuvre militaire de Joffre a été de perdre la bataille de Charleroi pour mieux gagner la bataille de la Marne. Pas plus que Napoléon, pour mieux vaincre à Wagram, n'avait échoué à Essling. Il n'est pas moins vrai que les Allemands ne pouvaient pas croire qu'une armée battue serait capable de se redresser à la voix de son chef et Charleroi avait donné à von Kluck cet excès de confiance qui s'appelle témérité.

Pendant la retraite, Joffre dormait huit heures de suite, mangeait de bon appétit et se levait de table sans manquer de dire : « Encore un que les Prussiens n'auront pas. » Un jour que Foch était venu au grand quartier général, Joffre le retint à déjeuner et lui demanda s'il aimait le veau. Foch fut tout de même un peu étonné.

Mais rien ne nous dit que les choses eussent aussi bien tourné si Foch avait commandé au début de la guerre et si Joffre avait encore commandé à la fin. Un bonheur extraordinaire que d'avoir eu, au moment voulu, les tempéraments qu'il fallait : Joffre, imperturbable, pour résister ; Foch, toujours bouillant, pour foncer.

Si nous n'avons pas été écrabouillés, à la grande surprise de Guillaume II et de quelques autres, nous le devons pour une bonne part à ce que l'homme de la situation s'est rencontré à chaque jour critique. Lorsqu'on y repense, il a fallu, pour nous tirer de là, un concours de circonstances aussi prodigieux que la faculté d'encaissement de Joffre. Et c'est pourquoi on ne peut pas promettre au monde de lui offrir une victoire de la Marne tous les vingt-cinq ans.

Quant à contester à Joffre le mérite de cette victoire, jamais de la vie. Car si, par malheur, la Marne avait été perdue, vous verriez comme on serait d'accord pour lui en laisser la responsabilité !

RÉINCARNATIONS ALIMENTAIRES

Benjamin Constant, dont on célèbre le centenaire, a été beaucoup de choses à la fois : créateur du roman d'analyse, amant de Mme de Staël, homme politique versatile qui fabriquait des constitutions pour Napoléon Ier, faisait payer ses dettes par Louis-Philippe, et, de nos jours, eût été mûr pour la commission d'enquête. Il était en outre joueur et végétarien. Vers la fin de sa vie, quand on lui demandait l'emploi de ses soirées, il répondait : « Je mange ma soupe aux herbes et je vas au tripot. »

Ainsi les médecins de l'autre siècle recommandaient déjà aux hypertendus de dîner légèrement. Mais ce n'est pas pour ménager ses artères que Bernard Shaw renonce au régime carné.

Bernard Shaw, cet ironiste, croit aux réincarnations alimentaires. Il a peur, en se repaissant de bêtes, d'absorber leur âme et de devenir oie, huître ou dindon.

Achille avait sucé le sang des tigres et des ours avant de passer au rang des héros. On dit encore d'un écrivain vigoureux qu'il est nourri de la moelle des lions et l'homme des cavernes croyait acquérir la vaillance en dévorant le cœur d'un intrépide ennemi. C'est ce que, sous le nom d'opothérapie, rajeunit la médecine moderne qui, à nos foies défaillants, propose les sucs hépatiques du porc et du veau.

Cela étant, Bernard Shaw, résolu à s'abstenir de chairs, ne va pas assez loin dans ses métempsycoses. Tout vit dans la nature et Pythagore craignait de faire souffrir les fèves. Pourquoi les vertus végétales n'entreraient-elles pas en nous comme les caractères des animaux ?

Or, le chou sert de mesure à la bêtise. La carotte n'est pas loyale. La poire a une réputation de naïveté. La cerise passe pour donner la guigne. Aucun comestible n'offrira vraiment de sécurité à Bernard Shaw.

LA GLOIRE DE JOFFRE

La gloire du maréchal Joffre est entre bonnes mains. Les Allemands ne permettront pas qu'on y touche, car ils sont les principaux intéressés à ce qu'on sache que Joffre était un grand capitaine. S'ils avaient été battus par une mazette, que resterait-il de leur réputation militaire ? Voyez, réciproquement, ce qu'il est advenu des lauriers que les Japonais avaient cueillis jadis en Mandchourie. Personne n'en parle plus depuis que la Russie, vaincue par le Japon, l'a été par l'Allemagne qui l'a été elle-même par la France.

La presse allemande a donc prononcé l'éloge du vainqueur de la Marne et ce n'est pas elle qui lui retirera l'honneur de cette journée historique pour l'attribuer à un autre. Bien mieux, un certain général Kabisch lui reproche de n'avoir pas eu assez de confiance en lui-même et d'avoir écouté le général Gallieni.

Si Joffre avait maintenu son plan primitif, la bataille se serait livrée au sud de la Seine. Alors, selon le général Kabisch, l'armée allemande n'aurait pas seulement été obligée de reculer en désordre. Elle eût été anéantie. La guerre était terminée dans les vingt-quatre heures. En cédant à l'insistance de Gallieni, Joffre a manqué l'occasion de gagner la bataille décisive, peut-être la plus grande bataille de l'histoire.

Je dois dire que le stratège allemand en retraite n'est pas l'inventeur de cette thèse. Elle a trouvé des partisans dans notre état-major. Les gens du métier épiloguent toujours, même sur le succès.

Mais, comme disait le vieux Clausewitz, il est facile, dans le silence du cabinet, de critiquer les opérations militaires. Sur le champ de bataille, il s'agit d'une décision à prendre en cinq minutes. La victoire de Joffre eût-elle été encore plus belle au sud de la Seine ? C'est possible, ce n'est pas sûr, et mieux vaut tenir que de courir, sans compter qu'il y avait Paris dont le général Kabisch fait bon marché. Il est probable que son opinion ne serait pas la même si Berlin avait été en jeu.

On peut affirmer n'importe quoi. C'est égal. Je suis tellement fatigué d'entendre dire que c'est Gallieni qui a gagné la bataille de la Marne, que je finirai par admettre qu'il a fait perdre à Joffre la bataille de la Seine.

ÉLOQUENCE

On lit peu le *Journal Officiel*, d'abord parce que c'est l'abonnement le plus cher de Paris, ensuite parce que c'est long (mais on en a pour son argent, rien qu'au nombre des pages), enfin parce que cette lecture n'a pas la réputation d'être récréative. Quelle erreur ! Le compte rendu des débats parlementaires est tout ce qu'il y a de plus réjouissant.

L'autre jour, un orateur, interpellant sur la politique étrangère, s'écriait : « Les chemins de fer allemands sont un tonneau des Danaïdes ! »

— Charmant ! fit une voix ironique.

C'était celle de M. Léon Blum, littérateur, que les métaphores mal placées ne font souffrir que si elles sortent de la bouche d'un de ses adversaires politiques.

Cependant l'orateur, emporté par son sujet, ne fut pas arrêté par l'interruption et, après avoir comparé les chemins de fer allemands au tonneau des Danaïdes, il ajouta froidement : « A moins qu'ils ne deviennent une boîte de Pandore ! »

On voit que, depuis Joseph Prudhomme, l'éloquence française n'a pas démérité. Notre gaîté traditionnelle non plus. Ainsi, vous croyez peut-être que le budget de l'agriculture ne prête qu'à d'austères débats. Détrompez-vous encore.

La semaine dernière, un sympathique député breton montait à la tribune. Après avoir malicieusement constaté que, si l'agriculture manque de bras, elle ne manque pas de langues, et invoqué « le grand écrivain au nom pastoral, j'ai nommé La Bruyère », il demandait la permission de présenter une observation « brève par sa durée mais capitale par sa portée ». Alors il démontra que l'avenir de notre agriculture n'était pas sur terre, ni sur l'eau, comme l'avenir de l'Allemagne, selon Guillaume II, mais sous les flots de la mer.

« Oui, messieurs, c'est sous les flots de la mer que gisent d'incontestables richesses agricoles. Elles nous tendent les bras, saisissons-les ! Ces bras ce sont, si je puis dire, les frêles et riches tentacules des algues, des goémons et des varechs. » Il n'y a qu'à les ratisser, « coups de râteau autrement féconds que ceux des croupiers ratissant l'épargne publique sur les tapis verts ».

Je n'invente rien. Je ne me moque pas non plus. Cela prouve que la France n'a pas tellement changé depuis Louis-Philippe, ce qui est rassurant pour le maintien de l'ordre social.

CHARLOT CHEZ BRIAND

Au programme de Charlot pendant son séjour à Paris figurait une visite à M. Briand. Cette entrevue de deux hommes illustres fait rêver.

Je ne sais ce qu'ils ont pu se dire, mais, tous deux, ils ont la grande vedette et ils l'ont acquise par les mêmes moyens. A la tribune et sur l'écran, on agit sur les foules à l'aide d'effets identiques. Les plus grands succès sont des succès d'émotion. C'est encore mieux quand il s'y mêle une pointe de raillerie. La devise de Charlie Chaplin pourrait être celle de Villon : « Je ris en pleurs ». Aristide Briand a la corde de l'ironie sur son violoncelle.

Et puis, tous deux ont subi l'influence de leur propre gloire. M. Briand a développé ces dispositions à se croire Jésus-Christ que discernait déjà Clemenceau. C'est un homme de foi qui ne veut plus être un sceptique. De même Charlot ne veut plus être un simple amuseur. Il évolue vers les idées générales et la philosophie. Il commence à se prendre au sérieux et à se regarder comme le grand interprète des sentiments humains.

Au sommet de la renommée il est rare que l'homme échappe au vertige. On fait comme le clown du poète. Au son du cor et du tambour, on va rouler dans les étoiles.

Ce n'est pas sans quelques inconvénients. Charlot risque de tourner au raseur, Aristide Briand de perdre de vue la terre sur laquelle d'autres diplomates, qui n'aspirent pas au rôle de messies, s'occupent un peu moins de la rédemption de l'humanité que de l'*Anschluss*.

Seulement, le jour où ils seraient sifflés, Aristide Briand et Charlie Chaplin se consoleraient encore en se disant qu'ils ont gagné leur dernière couronne, la plus belle de toutes, la couronne d'épines.

LA RÉVOLUTION ESPAGNOLE

S'il avait eu le temps de s'amuser, le roi d'Espagne aurait bien ri de ces républicains de là-bas qui sont venus chanter la *Marseillaise* sous les fenêtres de son palais. Malheureusement un souverain qu'on somme d'abdiquer n'est pas d'humeur à faire de l'ironie.

La *Marseillaise* ! Mais il n'y a personne qui la connaisse comme ce monarque. Alphonse XIII l'a entendue trois cents fois, debout, tête nue. Il l'a fait jouer chez lui pour ses hôtes français. Quand on lui en corne l'air aux oreilles, il doit croire qu'il est à l'Élysée ou à l'inauguration du transpyrénéen.

Il sait du reste ce que ses sujets paraissent ignorer, c'est-à-dire que la *Marseillaise*, dans son pays d'origine, est devenue réactionnaire. En France, pas de réunion bien pensante, pas de fête de patronage où ne retentisse l'hymne des Marseillais, qui a cessé d'être féroce et que les royalistes eux-mêmes ont adopté. Ainsi Bonaparte avait dessouillé la Révolution.

Les Espagnols en sont encore à croire à cette liberté chérie que nous ne connaissons nous-mêmes que par ouï-dire et dont l'avènement a coïncidé avec toutes sortes de choses qui en sont le contraire : vaccination obligatoire, instruction obligatoire, service militaire obligatoire, assurances sociales obligatoires, plus, selon les derniers calculs de la statistique, quatre mois par an de travail forcé pour payer les impôts. Que les Espagnols se hâtent de gratter le chant républicain sur leurs guitares en attendant d'être libres comme nous qui sommes informés périodiquement, par les feuilles que nous avons à remplir, de notre état d'« assujettis ».

Nos voisins de *tra los montes* ne veulent plus être les sujets de don Alfonso. S'ils pouvaient savoir comme il est plus facile de se débarrasser d'un roi que d'une administration et comme la Bastille est plus facile à prendre que les bureaux !

ALPHONSE XIII EN EXIL

M. Léon Blum et quelques autres s'en désolent bien inutilement, mais les révolutions ne sont plus de goût des Français.

D'abord, pour ce qu'elles nous rapportent, nous préférons que les autres peuples se tiennent tranquilles. Nous n'avons pas à nous féliciter des Soviets. La république allemande n'est pas tombée entre nos bras et il n'est pas jusqu'à la petite république d'Autriche qui aime mieux être fille de la grande d'à côté que sœur de la nôtre.

On a regardé les enthousiasmes républicains de Madrid et de Barcelone sans y participer parce qu'il est certain que, par le Maroc ou autrement, il ne nous arrivera de là-bas que des ennuis. Et si Alphonse XIII a été acclamé en arrivant à la gare d'Orsay, ce n'est pas seulement par la gentillesse native des Parisiens qui n'ont pas voulu que le souverain déchu fût moins bien reçu que le souverain régnant. Ces vivats voulaient dire aussi : « Du moins, tant que vous étiez là, l'Espagne ne nous a pas fait d'embêtements. »

Et puis nous avons une curiosité apitoyée pour ces pauvres Espagnols qui croient encore à tout ça.

Le jour du 2 décembre, à la mairie de la rue Drouot, Victor Hugo disait à un député conservateur qui manifestait son émotion dans un petit coin : « Monsieur le comte croit sans doute qu'on éteint les révolutions comme Gulliver éteignait les incendies. » Les modérés qui font partie du gouvernement provisoire espagnol sont comme le député conservateur. Ils s'imaginent qu'ils feront régner l'ordre avec des discours.

Mais l'âge des révolutions politiques est passé. Il n'y a plus que des révolutions sociales et les bourgeois qui saluent le drapeau de la liberté retardent. La liberté est bourgeoise. Elle est même réactionnaire et le peu qui nous en reste s'en irait avec une révolution.

M. Léon Blum a bien raison de se désoler de la tiédeur des Parisiens pour ses amis d'Espagne. Car le jour où son lieutenant Vincent-Auriol serait ministre des finances comme le camarade Indolecio Prieto l'est à Madrid, ce qui ficherait le camp, ce n'est pas la duchesse d'Albe, mais cette légion de modestes personnes qui s'appelle l'épargne française.

L'EXPOSITION COLONIALE

L'autre jour, à Antibes, on a dispersé aux enchères publiques des livres et des meubles qui avaient appartenu à Gustave Flaubert. Il y avait, dans le nombre, le fameux petit cabinet persan qui était posé sur la table du maître et qu'il avait rapporté d'Égypte.

Ce petit cabinet persan en laque polychrome, je le vois ici. Il doit être affreux. C'est l'Orient banal, un bibelot pour le Pécuchet éternel, un objet d'excitation cérébrale pour Bouvard. Flaubert avait besoin de ça pour se faire un horizon, une atmosphère. Il en a tiré la *Tentation de Saint-Antoine* et *Salammbô*.

Ce sont des livres que nous n'admirons plus énormément. Mais depuis que l'exotisme est à portée de la main, nous en donne-t-on de meilleurs ? Plus les choses sont faciles, plus la curiosité s'émousse et plus l'imagination se tarit. Les écrivains d'aujourd'hui vont tous à Angkor et à Tombouctou. Ils en rapportent des études sociologiques à faire bâiller et des considérations sur l'âme jaune ou noire qui font regretter l'orientalisme en toc de Flaubert et de Loti.

L'Exposition coloniale rafraîchira peut-être la littérature exotique. Pour les auteurs qui n'ont pas les moyens de courir le monde, elle sera ce qu'était pour Flaubert le petit cabinet persan en laque polychrome. Il faut aux sédentaires de quoi se monter un peu le bourrichon.

Une bonne idée, c'est de mettre, dans le pavillon de Sainte-Hélène, une reproduction de Longwood. J'espère qu'on y verra l'Empereur dictant ses mémoires et cultivant son jardin, comme on voyait, à l'Exposition de 1889, un Latude qui, tous les soirs, à quatre heures, s'évadait d'une Bastille de carton. En fait de souvenirs de Napoléon on pourrait même, tout à côté, dans le fossé du fort de Vincennes, représenter l'exécution du duc d'Enghien.

Ce sont des choses excellentes pour l'instruction de la jeunesse. Il faudrait se garder de pousser ces reconstitutions historiques trop loin. Ainsi, pour la section de la Guyane, il eût été de mauvais goût de figurer, au milieu du lac de la Porte Jaune, une île du Diable où les amis du capitaine seraient venus s'attendrir.

LE DÉSASTRE D'ARISTIDE BRIAND

On discute encore sur Waterloo et sur les chances qu'avait Napoléon de gagner la bataille. Le désastre de M. Briand, qui marquera peut-être un peu moins dans l'histoire, laisse des inconsolables qui ne se lassent pas de chercher les raisons pour lesquelles leur candidat a succombé.

Ils assurent qu'à bulletins ouverts M. Briand eût été élu triomphalement tandis que le scrutin secret favorise les intrigues, les embuscades et les lâchetés. Curieux argument. Car enfin, comment les députés et les sénateurs sont-ils nommés ?

On a si bien considéré que le secret et l'anonymat étaient la condition d'un vote sincère que la conscience du suffrage universel a été protégée au moyen de l'isoloir. Un rideau pudique permet à l'électeur de glisser son bulletin dans l'enveloppe à l'abri des regards indiscrets. A Versailles, où donc était l'isoloir ?

Si le scrutin secret ne vaut rien, il faut revenir à la signature sur les registres officiels qui n'admettaient que des oui comme au temps où le général Rampon, votant pour le Premier Consul, écrivait : « Puisqu'il faut ramper : Rampon. » Ou bien il faut adopter le système hongrois qui est celui où l'électeur prononce à voix haute et intelligible, et devant la gendarmerie, le nom du candidat de son choix. Ou bien encore il n'y a qu'à généraliser l'usage corse qui, selon Emmanuel Arène, enfant de l'île, consistait à placer la salle de vote au premier étage de la mairie avec accès par une échelle que tenaient les hommes du bon parti.

Que le suffrage soit universel ou restreint, le scrutin secret est celui où l'on dit vraiment ce que l'on pense et ce que l'on veut dire. Si, à la Chambre, le vote était anonyme, bien des lois absurdes et ruineuses ne passeraient pas. Et, sans doute, le 13 mai, plus d'un qui avait promis de voter pour Briand a mis un bulletin au nom de Doumer. Mais la réciproque s'est faite aussi. Ce qui n'a pas empêché M. Mandel d'annoncer à deux ou trois unités près le chiffre exact des voix qu'obtiendraient les deux concurrents. Et comme on félicitait M. Mandel de sa perspicacité, il se contenta de répondre :

— Je ne demande pas à mes collègues à qui ils donnent leur voix. Je ne m'enquiers que de leurs pointages.

Talleyrand et Metternich n'eussent pas mieux dit. Vous voyez bien qu'il y a toujours une manière de connaître l'opinion d'un homme.

GASTON DESCHAMPS

Sur les obsèques de ce pauvre Gaston Deschamps, il flottait une grande mélancolie.

Je ne veux pas dire qu'il y ait des enterrements joyeux. Mais les plus tristes sont ceux où l'on peut dire du défunt que la voiture des pompes funèbres est la seule qu'il n'ait pas manquée. Ce sont les enterrements qui ne rapportent rien à personne parce qu'ils ne libèrent pas une place, pas une sinécure, pas un fauteuil d'académicien.

Qu'était-il donc arrivé à Gaston Deschamps ? Des débuts merveilleux dans la République des lettres, toutes les portes ouvertes, la succession de Scherer et d'Anatole France à la critique du *Temps*, des livres de jeunesse portés aux nues. Son avenir semblait aussi beau que celui des plus illustres normaliens. Il n'avait qu'à marcher sur les traces de Taine et d'About, de Sarcey et de Lemaître. L'autorité, les honneurs, tout lui était promis.

Et puis, un jour, tout s'était retiré sans qu'on sût pourquoi. Ou plutôt peut-être le devine-t-on. C'est la revanche du destin pour les carrières dont les commencements ont été trop heureux. La réputation littéraire est comme la fortune. Il est encore plus facile de l'acquérir que de la conserver.

Avis aux jeunes auteurs qui connaissent tout de suite le succès et les invitations à dîner en ville, qui ont à vingt-cinq ans ce qui ne s'obtient d'ordinaire qu'à cinquante. Il reste la fée qu'on avait oubliée au baptême et qui vient, au milieu du chemin de fleurs et de velours, rappeler que rien ne s'obtient sans peine et ne dure sans effort.

En somme, il n'est jamais prudent de se croire arrivé. L'autre jour, je feuilletais le magnifique catalogue des collections qu'un magnat des affaires avait rassemblées au temps de sa splendeur. Elles viennent d'être dispersées aux enchères publiques. Au « …financier dans la cité », il manquait un chapitre. Le voici. C'est le « …financier à l'hôtel des ventes ».

M. GERMAIN-MARTIN PERD SON TEMPS

Le jour où les fonctionnaires ne seront plus payés, où les pensionnés, rentiers sociaux et les autres trouveront des guichets clos… Hypothèse scandaleuse. Ces choses-là ne s'étaient encore vues que chez les Turcs. Un ancien ministre du Trésor n'a pourtant pas hésité à dire, en pleine Chambre, qu'on pourrait les voir chez nous.

Pourquoi ? A force de distribuer la manne à tout le monde. Elle n'était tombée qu'une fois dans le désert. Aujourd'hui, elle tombe tous les jours. Et, chez le percepteur, il y a deux cortèges, le plus long, celui des citoyens qui viennent chercher de l'argent, le plus petit celui des citoyens qui en apportent.

Mais c'est bien vainement que M. Germain-Martin a prévenu le public que tout cela ne serait pas éternel. Il a du reste voté les augmentations de traitements, les pensions, les assurances sociales comme tous ses camarades du Parlement et il continuera sous peine de ne pas être réélu.

M. Germain-Martin perd surtout son temps parce que personne ne voudra le croire. Les Français sont persuadés qu'il y aura toujours de l'argent dans la caisse, comme ils sont sûrs que le soleil se lèvera demain.

Et pourtant, à la même tribune d'où M. Germain-Martin a lancé son avertissement, il y a eu naguère un ministre des Finances qui, en s'épongeant le front parce qu'en ce mois de juillet il faisait vraiment très chaud, avait déclaré que le Trésor était à sec et que le lendemain, à midi, il faudrait mettre l'écriteau « fermé » sur tous les guichets où l'on touche.

Ces mauvais souvenirs sont déjà tombés dans l'oubli. Et, comme cette affaire-là s'était arrangée, on s'est convaincu que ça s'arrangerait toujours.

Jusqu'au moment où les fonctionnaires auront des arriérés de traitements, *alla turca*. Mais ce n'est peut-être qu'une habitude à prendre. Et, en attendant, il est très agréable de se faire augmenter par des députés qui, d'ailleurs, ne sont pas élus pour autre chose.

BONNES NOUVELLES

Au milieu de tant de nouvelles désastreuses qui affluent de tous les points du monde, en voici au moins une, qui nous arrive de Cannes et qui apporte un rayon de joie au milieu des calamités.

Je lis dans le *New York Herald* que Grace Moore, la star du Metropolitan Opera, vient d'épouser Valentin Parera, acteur espagnol. Après la cérémonie, garden-party à l'hôtel Miramar. Il y avait là Charlie Chaplin, la signora Toscanini, Mrs Caruso et beaucoup de Vanderbilt. Les nouveaux mariés sont partis en auto pour Venise d'où ils iront en Allemagne pour assister au festival de Bayreuth.

Dans un temps de catastrophes comme le nôtre, est-ce que vous ne trouvez pas ce programme rassurant ? D'abord il est agréable de penser qu'il y a encore des Vanderbilt et qu'ils n'en sont pas réduits à chercher du travail. Et puis un voyage de noces n'aurait pas été différent si l'univers était solide sur ses bases. Venise, Bayreuth, on se croirait aux temps les plus paisibles de l'avant-guerre, quand personne ne doutait ni du franc ni du mark.

Grace Moore et Valentin Parera donnent, sans le savoir, un très bon exemple, celui de faire comme si tous les malheurs dont on nous menace n'existaient pas et comme si les choses continuaient à être ce qu'elles ont été. C'est un moyen d'empêcher les effondrements et ceux qui ne veulent pas avouer que ça va si mal que ça sont peut-être ceux qui nous garantissent contre le pire.

On m'a rapporté que, ces jours-ci, le député d'une circonscription rurale avait fait une petite conférence à ses électeurs pour leur exposer la situation. C'était sombre. A mesure qu'il parlait, il voyait des visages consternés et bouleversés. Il avait ouvert l'abîme devant des gens qui étaient jusque-là calmes et confiants. Alors il fit comme avec les enfants qui ont peur de l'histoire de l'ogre : « Je vous ai dit ce qu'on raconte, mais rassurez-vous, ce n'est pas vrai. »

L'AN MILLE

La tradition veut qu'aux approches de l'an mille, nos lointains ancêtres, convaincus que la fin du monde allait arriver, aient renoncé à travailler, à semer et à bâtir et se soient mis en prières. A quoi bon s'occuper d'autre chose que du salut de notre âme quand le jugement dernier est pour demain ?

La légende de l'an mille est inséparable de celle du naïf moyen âge enfoncé dans les ténèbres de la crédulité, bien que les historiens aient prouvé que l'année 999 avait ressemblé aux autres années, que les hommes n'en avaient fait ni plus ni moins et n'avaient pas cessé de soigner leurs petites affaires terrestres.

Pourtant, le bon moine qui a raconté cette histoire ne l'a peut-être pas tout à fait inventée et il a dû y avoir des gens qui voyaient venir l'heure de l'Apocalypse. Mais qu'étaient leurs terreurs auprès de celles d'aujourd'hui ? Au moins, lorsqu'on fut à la millième année et que l'on eut constaté que le soleil se levait comme d'ordinaire, on put respirer. Tandis que nous !

Comme d'autres volent de succès en succès, nous volons de catastrophe en catastrophe. La fin du monde est toujours pour dimanche prochain. Nous sommes au régime du gouffre à date fixe et de l'échéance fatale avec périodicité hebdomadaire. Pas de semaine où le genre humain n'attende, haletant, un événement qui doit être immanquablement décisif et dont on ne peut même pas dire qu'il va tout perdre ou tout sauver puisqu'un autre, non moins redoutable, s'annonce aussitôt.

A cause du plébiscite prussien, il y a des déserteurs des bains de mer et, à cause du mark et de la livre sterling, des personnes cependant munies de nos francs ont annulé leur billet de passage à bord du navire qui devait refaire le voyage du divin Ulysse sous la conduite savante de M. Victor Bérard.

Il est bien connu que la peur des choses fait plus d'effet que les choses mêmes. Seulement, à force d'avoir peur tous les huit jours, on ne se souvient même plus de quelles horribles perspectives on a été menacé et je mets au défi n'importe lequel d'entre nous d'énumérer les transes par lesquelles on nous a fait passer depuis deux mois sans que ce soit fini.

« DE LA SUPÉRIORITÉ DES ANGLO-SAXONS »

Un Anglais de qualité, Sir Henery Dobbs, qui a rempli de hautes fonctions à travers le vaste Empire britannique, fait une découverte affligeante. L'Angleterre est menacée de perdre ses colonies. Échec sur toute la ligne. Dans l'Inde, en Égypte, en Palestine, en Irak, en Afrique du Sud, on ne veut plus des Anglais. En regard, Sir Henery montre, dans nos possessions, les peuples colonisés heureux et fiers d'appartenir à la France.

D'excellents auteurs avaient essayé, autrefois, de nous faire croire à la « supériorité des anglo-saxons ». Ils prétendaient même en avoir trouvé les causes. Sir Henery n'est pas un disciple de Demolins. A son avis, les anglo-saxons nous sont nettement inférieurs. Nous sommes heureux de l'apprendre. Ce sont des choses qui font toujours plaisir.

Maintenant, à quoi cette infériorité tient-elle ? Sir Henery y voit plusieurs raisons dont la principale est que ses compatriotes consacrent trop de temps au sport.

L'occupation qui consiste à envoyer une petite boule dans un trou avec un bâton est fort élégante. Mais nous sommes toujours un peu étonnés quand nous voyons des ministres de S.M. britannique, des hommes graves et qui ont dépassé la soixantaine, jouer encore à la balle. Ils ne renonceraient pas à leur partie de golf ou de tennis pour un empire, celui qu'ils sont en train de laisser tomber.

L'assiduité des anciens Grecs à la palestre a peut-être été cause de leur conquête par les Romains qui, à leur tour, allèrent à la décadence par l'abus du cirque. Quant à la démocratie française, si elle doit perdre ses colonies et le reste, ce ne sera pas l'excès des exercices physiques qui en sera responsable. Je redouterais plutôt la passion de la manille.

Tous les jours, à l'heure de l'apéritif, plusieurs millions d'électeurs remuent, sur les tables des cafés, la dame de pique et le valet de cœur. Il est douteux que ce genre de distraction convienne mieux que le polo à l'éminente dignité de la personne humaine et au développement des facultés de l'esprit. Puisse cette pensée consoler Sir Henery Dobbs !

« CE PAYS »

On s'était beaucoup moqué, il y a cinquante ans au moins, de ce président du Conseil qui, la main sur le cœur, s'écriait, tourné vers la gauche : « Je suis profondément républicain », puis, se tournant vers la droite, s'empressait d'ajouter : « et profondément conservateur ».

Je ne vois pas que tant de choses aient changé depuis ce temps-là, sinon qu'aujourd'hui les déclarations ministérielles attestent la crise du français. On révèle, dans la plus récente, quelques faiblesses de syntaxe assez douloureuses. Quant au style, plutôt pire.

Et je l'aurais parié. On retrouve dans la profession de foi de M. Pierre Laval une expression qui ne manque jamais et qui n'a pas cours en dehors de la Chambre. Elle m'agace, et je sais bien pourquoi elle m'agace. C'est une traduction littérale de l'anglais. L'usage en remonte au temps où l'on ne se croyait pas un homme d'État si l'on n'imitait, jusque dans leurs tics, les parlementaires d'outre-Manche.

Les Anglais ont coutume de dire *this country*, qui est devenu au Palais-Bourbon : *ce pays*. Pourquoi « ce pays ? ». Est-ce que vous parlez ainsi ? Est-ce ainsi que tout le monde parle ? Pourquoi ne pas dire, simplement, « le pays », ou bien, « notre pays » ou « chez nous », qui vaudrait encore mieux ?

This country a quelque chose d'emphatique que *ce pays* ne rend pas du tout. Au contraire. *Ce* exprime une légère nuance de dédain. Vous entendrez par exemple : « Ah ! on est joliment gouverné dans ce pays ! » Mais vous seriez indigné si vous entendiez dire d'un héros : « Il est mort pour ce pays », tournure de phrase qui suggérerait à peu près la même idée que celle-ci : « Quand on pense qu'il s'est tué pour cette femme ! »

Alfred de Musset protestait contre les orateurs de son temps qui disaient pays au lieu de patrie, « vieux mot assez usé ». Musset avait tort. Patrie est à réserver pour les grandes circonstances. Et puis « le pays » est dans Corneille. Mais Corneille n'écrivait pas : « Avant que d'être à vous je suis à ce pays. »

COMMENT ACHÈTE-T-ON ?

Il n'est question que des parlementaires payés, achetés, vendus. Je me suis souvent demandé où et quand commençait la vente. Offre-t-on tout droit de l'argent à un député, voire à un ministre ? Pas plus sans doute que l'amateur de sportule ne tend carrément la main.

J'ai idée que cela doit se faire tout seul. On se tâte. On se reconnaît. Il est probable qu'on se trompe rarement d'adresse. Le fait est qu'on n'a jamais vu un parlementaire se plaindre qu'on ait cherché à le corrompre ni un homme d'affaires dénoncer le représentant du peuple qui l'a fait chanter. On est entre gens qui se comprennent.

Et puis, il y a tant de moyens de se faire récompenser ! M. Flandin en a indiqué un certain nombre qui ne tombent pas tous sous la juridiction de la Commission d'enquête. Le plus répandu, le plus honorable consiste, comme il l'a dit, à caser des fils, des gendres et des neveux.

Lui-même fils de son père, M. Flandin sait bien de quoi il retourne. Dans la République, il y a de grandes familles : les Chaumié, les Chautemps, les Peytral, les Monod, dont on retrouve les noms à toutes les pages des annuaires et qui se partagent les places dans l'administration avec une tendance, de date récente, à pénétrer dans la haute industrie.

D'ailleurs, ce n'est pas le député qui pratique le plus assidûment le placement familial. L'âge où l'homme a des charges, c'est l'âge du sénateur. Que de situations à trouver ! La dot d'une fille, c'est une préfecture, un poste de procureur général, le secrétariat d'une grande colonie. Père, beau-père, grand-père, oncle, grand-oncle et cousin, le sénateur, assiégé par la tribu, sollicite sans cesse des places. Et c'est ainsi que les gouvernements qui savent s'y prendre tiennent le Sénat. L'avenir des enfants et la tranquillité des parents dépendent de sa docilité.

S'est-on assez indigné contre les prébendes de l'ancien régime ! Nous avons aussi nos prébendiers qui offrent cette ressemblance de plus avec ceux d'autrefois qu'ils attaquent la société tout en la trouvant très confortable.

LES VÉRITABLES BELLICISTES

C'est une vieille connaissance. Vous vous rappelez le « chiffon de papier » ? De 1914 à 1918, on l'avait répété matin et soir, et imprimé des millions de fois. Il sommeillait. On vient de le réveiller.

Où cela ? Dans les journaux où le mot d'ordre était la confiance en l'Allemagne. On a passé, en vingt-quatre heures, de la confiance à l'indignation. L'article le plus vibrant qui ait été écrit sur l'*Anschluss* porte la signature de M. Herriot. Le

Sénat qui, trois semaines plus tôt, saluait le pacte d'arbitrage général par des hymnes et des cantiques, a mal accueilli Aristide Briand, lui-même devenu amer. Nos plus grands « européens » sont les plus chavirés.

Ils croyaient à l'esprit de Locarno, à la régénération de l'Allemagne par la démocratie. Il leur est pénible d'avouer qu'ils se sont trompés. Alors ils disent que c'est l'Allemagne qui les a trompés. Leur grand cœur a été méconnu. « Ils m'ont fait cela, à moi ! » Pour les apôtres de la vraie paix, l'accord austro-allemand est une injure personnelle. Voilà ce qui est dangereux pour la paix.

Vous étiez naguère un « belliciste » si vous aviez un doute sur la bonne foi germanique, si vous étiez d'avis de garder des sentinelles à la frontière et si vous étiez assez endurci dans le péché pour redouter une autre agression. Du moins, aujourd'hui, vous ne criez pas au chiffon de papier, parce que ce qui arrive ne vous suffoque pas.

Le véritable bellicisme, il éclate toujours chez les lyriques et chez les sentimentaux déçus. Péguy et d'autres étaient allés du dreyfusisme et de l'union pour l'action morale à l'exaltation de la guerre. D'ailleurs Péguy prêcha d'exemple et mourut joyeusement au champ d'honneur. Le sort le plus beau, le plus digne d'envie, disaient déjà les idéalistes de la Révolution. Les partisans de la justice et du droit s'étaient retrouvés semblables à eux-mêmes. « Jusqu'au bout ! » Et quand l'Autriche offrait la paix séparée, ils étaient les premiers à crier : « Arrière les consciences pourries ! »

Les pacifistes affirment qu'ils rendent la guerre impossible. Ensuite ils se lancent à corps perdu dans la guerre à la guerre. En 1870, les admirateurs de la Prusse voulaient aller à Berlin en chantant à tue-tête la *Marseillaise*. Émile Ollivier, orateur sublime, avait un grand cœur gonflé d'amour pour l'humanité qui devint un « cœur léger » désastreux. Pourvu que tout ça ne recommence pas et que les prétendus « bellicistes » d'hier ne soient pas obligés de modérer les vrais, ceux de demain !

« *RIEN QUE LA TERRE* »

A l'aviateur qui part pour les Indes, sa maman dit : « N'oublie pas ton goûter. » C'est ainsi que Paul Morand explique le prodigieux rétrécissement de notre planète. « Rien que la terre », cette terre dont on fait aujourd'hui si vite le tour que nous sommes devenus voisins des antipodes et à quelques jours de voyage de Managua.

Avouez-le franchement. Vous ignoriez le nom de cette capitale et le tremblement de terre qui l'a engloutie ne vous a pas ému dans les profondeurs. Malgré les progrès des transports et de la vitesse, le Nicaragua reste loin, très loin.

Dans un autre siècle, la même catastrophe, en détruisant Lisbonne, avait bouleversé les esprits. Elle a fait date dans l'histoire des idées, laissé après elle toute une philosophie et toute une littérature. Voltaire s'y confirma dans son dégoût de l'optimisme. Dès lors, il redoubla d'ironie contre ceux qui prétendent que tout est bien dans le meilleur des mondes possibles et il inventa l'immortel personnage dont nous avons emprunté le nom.

De nos jours, Managua n'est pas plus loin de Paris que Lisbonne au temps de Voltaire et de Rousseau. Et pourtant cinq mille victimes au Nicaragua ne nous font pas le même effet. Ainsi, on a beau supprimer les distances, elles subsistent moralement. Nous ne sommes vraiment touchés que des malheurs qui peuvent nous survenir et une petite secousse de la croûte terrestre à Nice continue à nous causer une impression plus vive que la disparition de l'Amérique centrale entière sous les flots. Les lieux se sont rapprochés plus que les hommes.

Il est même probable que les cœurs se sont endurcis. J'ai connu dans ma jeunesse des amis de l'humanité que les atrocités bulgares et les massacres d'Arménie empêchaient de dormir. Mais, depuis, nous en avons tant vu !

Le temps du tremblement de terre de Lisbonne était celui de la douceur de vivre. C'est pourquoi on avait de l'émotion et de la bonté de reste. La vie — quand on la garde, et nous avons vu à quoi elle tenait — est devenue une difficulté, une inquiétude et un problème de tous les jours. Alors, comme la méditation philosophique, la compassion est un luxe que les gens n'ont plus le moyen de s'offrir.

L'ÉLECTION DE PAUL DOUMER

Autrefois, un républicain, un vrai, de la tête aux pieds et radical, c'est-à-dire jusqu'à la racine, n'admettait pas que la République eût un président. C'était une survivance des monarchies et cette ombre de roi alarmait les démocrates farouches.

Un bon républicain exigeait au moins que le président fût un terne soliveau. Pour plus de sûreté, on avait posé ce principe qu'il fallait le choisir un peu au-dessous du médiocre. Lorsque Clemenceau s'écriait : « Je vote pour le plus bête », il était d'accord avec la doctrine et la tradition.

Il ne se doutait guère qu'un jour il serait candidat et qu'on l'exclurait pour cette raison qu'il avait trop de prestige dans le pays, ce qui l'eût rendu dangereux pour le régime. Jamais la République ne devait avoir à sa tête un homme de premier plan. Une personnalité fait nécessairement de la politique personnelle. Pas de ça, Marianne ! Et méfie-toi des individus !

Avec le temps, les idées changent. D'anciens détracteurs de la fonction présidentielle se sont présentés au suffrage du Congrès. Ils ont même logé à l'Élysée. Et l'extrême-gauche vient d'appuyer la candidature d'Aristide Briand, qui est quelque chose comme le Napoléon de la paix.

Les républicains soupçonneux d'un autre âge ont flairé du bonapartisme dans une popularité si étendue que la bénédiction de l'Église n'a, dit-on, même pas manqué à M. Briand. En somme, il leur a semblé aventureux de faire un président autour duquel on se bat, dont le nom seul est un drapeau et dont l'élection, justement parce qu'elle avait d'enthousiastes partisans et des adversaires passionnés, eût pris la valeur d'un plébiscite.

Si j'avais été électeur à Versailles, j'aurais joint mon bulletin à celui de M. Bienvenu-Martin, gardien de la bonne doctrine. J'aurais voté pour la barbe démocratique de M. Doumer. Car, je l'avoue, j'ai peu de goût pour les dictateurs, même pacifiques, et qui, s'appelant aujourd'hui Aristide, peuvent s'appeler demain Robespierre, Lénine ou Léon Blum.

LA CRISE

Lorsqu'une santé se détraque, on cherche une cause à l'état de maladie et, d'ordinaire, il y en a plusieurs. C'est ainsi que le monde, ayant fichue mine, souffre d'une bonne demi-douzaine d'affections qui sont à la fois physiques et morales.

Rien ne va, ici pour une raison, là pour une autre, et l'ensemble est détestable. Mais, d'après ce qu'on découvre presque partout, le plus grand mal de l'humanité est d'avoir perdu, dans quelque domaine que ce soit, le sens de la mesure.

Je connais un Français dont le métier est de trouver des débouchés pour nos produits nationaux. Il a vu tous les marchés se fermer les uns après les autres. La Russie, l'Allemagne, n'en parlons plus. Aux Indes, il y a Gandhi et la roupie d'argent se meurt. La Chine est dans le chaos et elle a repassé sa célèbre muraille aux États-Unis qui, incapables d'absorber leurs propres marchandises, se ferment à celles des autres. Le Canada a tant de blé que ses fermiers le brûlent et le Brésil tant de café qu'il le jette à la mer.

Le chercheur de débouchés s'est dit qu'il devait bien rester, sur la planète, des pays pour y placer les articles de Paris et de Lyon. Il s'embarque pour Yokohama. En arrivant, il voit de grosses fumées qui sortent de cheminées colossales et les Japonais lui disent : « Si vous venez pour nous offrir des tissus, des parfums, des produits chimiques ou quoi que ce soit, ce n'était pas la peine de vous déranger. Nous fabriquons tout cela et nous en avons à revendre. » Il reprend le bateau pour Sidney. De la rade, il aperçoit encore des espèces de volcans qui sont des usines géantes et les Australiens l'avertissent tout de suite : « Désolés, mais nous regorgeons de produits et de chômeurs, et nous n'avons plus d'argent. »

A force d'inventer les mécaniques qui débitent en un jour autant que, jadis, vingt ouvriers en une semaine, on a mis le monde à l'envers. C'est l'histoire qu'Alfred Capus appliquait à l'Allemagne et qui s'applique maintenant à tous les pays. Un homme voit des ingénieurs qui construisent une machine énorme et admirable. Il leur demande à quoi elle va servir et, quand ils lui ont répondu que c'est pour aller dans la lune, il s'éloigne en disant : « Alors, ça ne m'intéresse plus. »

Avant cette parabole, il y avait déjà eu celle de la Tour de Babel, connue pour sa déplorable fin. Mais on assure que les Américains eux-mêmes ont abandonné la lecture quotidienne de la Bible.

L'OR QUI VOLE

La vie n'est pas difficile pour tout le monde. Il suffisait, ces temps-ci, d'avoir de l'idée et de se donner un peu de peine pour gagner plus d'un million en vingt-quatre heures.

Le secret ? Très simple. Vous achetiez des livres sterling. Vous les échangiez à la Banque d'Angleterre contre des lingots d'or. Ensuite vous frétiez des avions qui transportaient les lingots au Bourget. Il ne restait plus qu'à les conduire à la Banque de France où ils étaient payés en francs. Bénéfice net : une dizaine de centimes ou deux par unité de la monnaie Mac Donald.

Il n'y fallait qu'une petite mise de fonds d'un milliard et vous aviez gagné de quoi vivre confortablement jusqu'à la prochaine affaire.

Malheureusement, ces opérations-là ne sont pas à la portée de toutes les bourses. Admirez seulement les gaillards qui ont assez d'estomac et de coup d'œil pour manœuvrer au moment opportun et saisir l'occasion de ces jolis coups de râteau.

Mais voyez-vous cet oiseau qui par les airs chemine ? Il promène sur nos têtes un or plus caché que celui du Rhin puisqu'il ne sort des caves d'une banque que pour entrer dans celles d'une autre. Tout cela se passe en chiffres, en figures, en imagination.

Un économiste écrivait l'autre jour que si un ingénieux escroc arrivait à subtiliser l'encaisse de la rue de la Vrillière et à remplacer, sans que personne s'en doutât, nos 58 milliards de métal jaune par des barres de plomb, il n'y aurait rien de changé. Le franc continuerait à valoir ce qu'il vaut et même à faire prime sur la livre sterling.

La richesse est peut-être une idée comme le bonheur, un songe comme la vie, un papillon qui tombe en poussière dès qu'on y touche.

ALI-BAB

Le gastronome Ali-Bab, qui vient de mourir, était un homme bon, fin et charmant. Il était modeste aussi, comme sont les maîtres. Ayant élevé la cuisine à la hauteur d'un des beaux-arts, il savait que l'art est difficile et, quand il traitait ses amis, il ne leur annonçait pas des merveilles. Ce sont les ignorants et les novices qui disent d'un air entendu : « On ne mange pas trop mal chez nous. » Suffisance qui, en général, ne présage rien de bon.

Ali-Bab pratiquait la gastronomie à laquelle il avait consacré un livre savant et spirituel. Si j'ose ainsi dire, il n'en faisait pas un plat. Il ne s'agit pas de vivre pour manger. Puisqu'il faut manger pour vivre, pourquoi ne pas rendre agréable cette nécessité de chaque jour ?

Une table négligée assombrit l'existence. De bons repas ne consolent pas des chagrins ; de mauvais gâtent les plaisirs. Lorsque Ali-Bab, son frère le docteur Babinski, le professeur Vaquez et quelques autres allaient en voyage, chacun, à tour de rôle, était de semaine et veillait aux menus. Ainsi la caravane évitait ces épreuves de l'estomac qui dégoûtent de l'exotisme et jettent un voile funèbre sur les paysages.

Ne pas manger mal quand on peut manger bien, c'est le précepte des gastronomes. Sans forfanterie comme sans honte, Ali-Bab pouvait dire qu'il mettait à son ordinaire un peu plus d'attention que le commun des mortels.

Il aurait toujours quitté trop tôt ses amis. Mais enfin la bonne cuisine n'a pas abrégé ses jours. Il y avait longtemps qu'il avait enterré Metchnikoff, lequel prétendait devenir centenaire en se nourrissant de lait caillé, et Jean Finot, auteur d'une *Philosophie de la longévité*, qui fut enlevé quelques mois après l'apparition de son manuel d'ascétisme. La philosophie d'Ali-Bab était celle de La Fontaine. Dieu fait bien ce qu'il fait et il n'a pas mis à notre disposition tant de bonnes choses pour nous nuire. Adieu, cher et bienveillant Ali-Bab !

LA BAISSE DE LA LIVRE

Si j'étais Anglais, je ne serais pas peu fier. D'autres monnaies ont subi des malheurs. Le mark était tombé à zéro. Le franc, sous le consulat de M. Édouard Herriot, était descendu à dix centimes. Le monde avait continué son train. Il est sens dessus dessous depuis que la livre sterling a cessé de valoir de l'or.

Il est vrai que l'or lui-même passe un mauvais moment. Les grands médecins anglo-saxons, qui ordonnaient naguère une cure métallique aux pays atteints d'avarie monétaire, enseignent que les temps de « l'idole barbare » sont passés et qu'on vit parfaitement bien avec des billets à valeur variable.

Si l'Angleterre veut en tâter, elle en connaîtra à son tour l'agrément. Mais il est probable que jamais on n'aura mieux vu que les doctrines, même celles des économistes les plus sévères, varient avec les situations.

La livre sterling nous aura joué plusieurs fables à la fois. C'est une admirable histoire pour illustrer notre La Fontaine dans lequel on trouvait déjà toute la guerre et dans lequel on retrouve la tragi-comédie de la Cité de Londres.

Le mépris de l'or, depuis que les lingots se font rares dans les caves de M. Montagu Norman, c'est le renard et les raisins. L'Angleterre conseillant aux autres d'adopter le fameux *gold standard* puis de s'en défaire, c'est la panthère qui a la queue coupée. Et puis la livre, géant des monnaies, rompt sous la tempête tandis que notre petit roseau de franc a modestement plié. Enfin j'ai lu ces jours-ci, je ne sais plus où, que les belles théories de monnaie dirigée et d'économie dirigée finiraient comme les légumes du jardinier qui commandait à sa guise la pluie et le beau temps.

Cependant la livre ne valant plus que 98 fois le franc, on considère que c'est un cataclysme sans exemple. Et peut-être y a-t-il, à travers le monde, encore plus de scandale que de consternation. Mais, quand on est grande dame, c'est comme ça. On n'a pas le droit de faire soi-même son marché.

DON JAIME

Don Jaime, qui vient de mourir à Paris dans un appartement du quartier de l'Étoile, descendait en droite ligne de Louis XIV. Chef de la famille des Bourbons espagnols, il gardait des partisans au delà des Pyrénées, ceux qui avaient lutté pour don Carlos — avant Pierre Benoît, bien entendu. De ce côté des monts, il avait même pour fidèles quelques originaux qu'on appelait les blancs d'Espagne. Mais il avait trop d'esprit pour revendiquer du trône de France autre chose que les armoiries et il ne contestait la fameuse renonciation d'Utrecht que modérément.

Ce prince chargé d'histoire avait eu une existence peu enviable. Il représentait avec simplicité et bonne grâce le malheur de porter un trop grand nom. Pour occuper sa vie, il avait été officier dans l'armée russe, comme un autre prince qui s'appelle Bonaparte, et il s'était battu en Mandchourie — déjà !

Ce prétendant au royaume d'Espagne, où la République et la mort auront réconcilié les deux branches d'une famille divisée, ne se trouvait bien qu'à Paris et il avait une prédilection pour la France. Nous allons peut-être hériter de lui.

Il possédait Frohsdorf, lieu d'exil, et les souvenirs historiques que le comte de Chambord y avait apportés. C'est là que se trouvaient le panache blanc de Henri IV (qui était d'ailleurs un panache noir), les souliers du sacre de Louis XIV, le livre d'heures que Louis XVI lisait avant l'échafaud. Ces reliques, avec plusieurs autres, don Jaime se proposait de les laisser à la France.

Il y a quelques années, il faisait part de cette intention à quelqu'un que je connais.

— Excellente idée, Monseigneur, répondit mon ami. Ne manquez pas de la mettre à exécution. Des dernières volontés n'ont jamais fait mourir personne.

Par un testament, le petit-fils de Louis XIV était devenu roi d'Espagne. Le testament de don Jaime ramènera-t-il chez nous le panache du roi Henri ? Mais, ma foi, il est touchant que le fils de don Carlos ait eu, même si la Camarde ne lui a pas laissé le temps de l'écrire, cette pensée pour la France qui, il faut l'avouer, n'a pas toujours été très chic avec sa famille. Il doit falloir que les autres peuples soient rudement mufles pour qu'on nous préfère quand même !

LES BIENS DE FORTUNE

J'ai repris mon vieux La Bruyère au chapitre des biens de fortune. C'est de la meilleure actualité. Le peintre des *Caractères* y parle de ces âmes « toujours inquiètes sur les rabais ou sur le décri des monnaies, enfoncées et comme abîmées dans les contrats, les titres et les parchemins. » Traduisez dans le langage d'aujourd'hui. Vous retrouverez tous ceux que le cours des changes obsède et qui se plongent dans des perplexités douloureuses sur les actions et les obligations.

Si encore ces angoisses servaient à autre chose qu'à en donner de nouvelles une fois qu'on a cru prendre une garantie contre l'insécurité ! Je connais un homme qui s'est procuré ces jours-ci un lingot d'or pour se préserver de la dépréciation du papier. Mais quelqu'un a dit : « Que feriez-vous de votre pavé de métal jaune le jour où le cours forcé serait rétabli ? On vous le reprendrait au prix légal du franc, ce qui ne vous avancerait pas beaucoup. Et vous pourriez vous estimer heureux si vous n'étiez pas condamné pour accaparement par un tribunal révolutionnaire. »

En effet, quand on craint tout, on peut craindre cela comme le reste et, depuis, mon homme au lingot aléatoire et compromettant n'ose même plus s'en débarrasser.

Bien plus sage est celui qui disait l'autre jour : « Personne ne sait plus quoi faire. Alors je ne fais rien. » Dans les grandes crises, ce sont encore les fatalistes qui s'en tirent le moins mal, résultat qui est du reste, dans toutes les circonstances de la vie, le meilleur qu'on puisse espérer.

Et mon La Bruyère m'apprend aussi qu'il n'y a rien dont on voie mieux la fin que d'une grande fortune. C'est vrai pour la livre sterling et pour le dollar. Mais pourquoi, comme dit notre moraliste, de grandes richesses sont-elles l'occasion prochaine de la pauvreté ?

Parce que, quand on est riche, ou bien l'on dépense trop, ayant trop de facilités pour emprunter, et l'on se ruine ; ou bien on est économe, raisonnable, on place de l'argent, on en prête, et l'on n'est pas remboursé. Il est très grave d'avoir des dettes. Il est tout aussi dangereux d'avoir des créances et les États-Unis sont en train de le prouver.

L'ÉPURATION DU MAQUIS

L'expédition militaire pour l'épuration du maquis rappelle cette histoire d'une autre île qui a été racontée par Grosclaude.

Aux débuts de l'occupation de Madagascar, il arriva qu'un Français qui s'était aventuré chez les Sakalaves fut assassiné. Le résident général se rendit chez le premier ministre de la reine Ranavalo et il exigea réparation en termes sévères. Le grand vizir malgache essuya l'orage et, quand ce fut fini, il déplia un numéro du *Petit Journal* où l'on pouvait lire, en grosses lettres : « Deux rentières égorgées à Neuilly. »

— Si votre préfet de police, ajouta-t-il, ne peut pas garantir la sécurité des vieilles dames aux portes de Paris, comment voulez-vous que je réponde de ce qui se passe à trois cents kilomètres de Tananarive ?

Évidemment, Spada et Bartoli ont exagéré leurs exploits au pays de Colomba. Mais on trouve dans nos journaux, à côté des dépêches d'Ajaccio qui relatent les opérations d'encerclement des bandits corses, qu'un chauffeur de taxi a été tué à Chennevières-sur-Marne et qu'un voyageur a été abattu à coups de revolver dans un train parti de la gare Saint-Lazare.

Il y a donc encore beaucoup à faire pour la répression du banditisme jusque dans la banlieue parisienne. C'est pourquoi beaucoup de personnes n'ont pas voulu croire que les forces armées qui ont débarqué dans la romanesque Cyrnos fussent destinées seulement aux *banditi d'onore* qu'on appelle si drôlement là-bas, « bandits honoraires ». Et l'on a murmuré qu'il s'agissait de vaincre une révolte de l'île ou d'en chasser des chemises noires venues pour en prendre possession au nom de Mussolini.

Le jour où la Corse s'insurgera n'est pas encore arrivé. C'est la meilleure pépinière de fonctionnaires français que nous ayons depuis l'Empereur, qui fut le premier de tous. La fierté de l'avoir donné à la France attache même l'île parfumée plus solidement que n'importe quoi et, des conquêtes de Napoléon, celle-là, qu'il n'avait pas faite, est tout ce qui nous reste.

LA FIN DU MONDE

J'ai lu dans *Je suis partout* une chronique scientifique d'Henri de Varigny qui nous apprend comment le monde finira. C'est déjà une idée très reposante de savoir qu'il doit finir. Il est en même temps agréable de savoir que ce n'est pas pour demain.

Il paraît que le soleil, à force de brûler, perd tous les jours un peu de sa substance. A mesure que sa masse diminue, la terre s'éloigne de lui et un âge viendra où, de notre globe gelé comme crédits en Allemagne, il n'apparaîtra plus que sous la forme d'un lumignon.

Ainsi les générations futures sont condamnées à mourir de froid après avoir repassé par l'état de Lapons. C'est exactement le contraire de l'anticipation de Renan qui, lui, voyait les derniers hommes, repus de bien-être, mourant comme des crétins en se chauffant au soleil.

Étant donné toutefois que la distance entre notre planète et l'astre du jour ne s'accroît que d'un mètre par siècle, le danger de congélation n'est pas imminent. Ce bas monde en a encore pour plusieurs dizaines de millions d'années, ce qui laisse de la marge au genre humain.

Mais grâce aux perspectives d'avenir que nous ouvre M. de Varigny, chacun peut justifier son système. Pour l'optimiste, ce monde est vraiment le meilleur des mondes possibles puisqu'il finira non dans une catastrophe affreuse mais par extinction lente et dans un délai si long que nous n'avons pas à nous en préoccuper. Pour le pessimiste, ce sera tout de même une fin très laide, et de plus si lointaine, que l'humanité a encore le temps d'accumuler les sottises et les crimes.

Le sceptique dira qu'il a bien raison de ne pas prendre au sérieux une future boule de glace qui roulera dans les ténèbres. Quant au spéculateur, il songe à celui qui saura prendre position en vue de la hausse certaine des terrains sous les tropiques. C'est-à-dire, en somme, que le monde va toujours son train.

1932

GEORGES CLAUDE

Candidat ! Comme Pasteur, comme Ernest Renan, M. Georges Claude, une des gloires de la France, avait brigué un mandat législatif. Il rapporte ses mésaventures électorales dans un petit livre qui n'est pas fait pour encourager les hommes de talent à rechercher les suffrages du peuple.

M. Georges Claude a très bien raconté de quelles amertumes il fut abreuvé et de quelles injures il fut couvert par son concurrent, M. Jacques-Louis Dumesnil, aujourd'hui ministre. En cette qualité, M. Dumesnil est d'ailleurs tout prêt à accabler de fleurs son ancien rival, au nom du Progrès, inséparable de la Démocratie, bien entendu. Mais quand il s'agissait d'emporter le vote des électeurs bellifontains, M. Dumesnil traînait le glorieux savant dans la boue et dans l'ordure.

Ce qu'il y a de plus curieux dans cette histoire, c'est l'espèce de génie qu'a dû déployer le député de Fontainebleau pour défendre son siège contre un concurrent aussi redoutable.

En effet, M. Georges Claude se présentait pourvu d'un prestige immense. La presse entière a célébré ses découvertes. L'air liquide, la synthèse de l'ammoniaque, l'énergie thermique des mers, les forces de la nature mises au service de l'humanité par la force de l'esprit, bref la Science, avec un très grand S, c'est-à-dire la religion laïque, ce qu'on apprend aux petits enfants, aux futurs électeurs à vénérer dès l'école, ce que les journaux et les discours officiels ne cessent d'exalter, voilà de quelle auréole le nom de M. Georges Claude s'entourait.

Stratège et psychologue, M. Dumesnil mesura le péril. Il fallait une contre-attaque. Il la prononça hardiment. Connaissant le cœur humain, il en appela au démon de l'envie. Mille affiches traitèrent M. Georges Claude d'exploiteur, de capitaliste et de châtelain. C'est ainsi que la Science fut coulée.

J'en conclus que M. Dumesnil est aussi fort pour capter le suffrage universel que M. Georges Claude pour capter l'énergie dans la profondeur des mers.

ANDRÉ MAGINOT

Du moment qu'on faisait des obsèques nationales à André Maginot, ce que tout le monde a trouvé très bien, pourquoi avoir fixé la cérémonie à 8 heures et demie d'une matinée de dimanche que les Parisiens ont coutume de faire grasse, surtout en hiver ? Quand Jaurès fut porté au Panthéon, le cortège n'avait pas été caché. Il s'était déroulé en plein après-midi.

Ordinairement, la République enterre bien. Elle n'aime pas à faire de grands hommes de leur vivant et elle applique strictement la devise : « Méfie-toi des individus. » C'est aux défunts qu'elle réserve ses pompes. Encore, pour Maginot, y a-t-on regardé. On lui a accordé les honneurs suprêmes en redoutant qu'il y eût foule.

Il a d'ailleurs fallu qu'il mourût pour qu'on lui rendît justice — au petit jour. J'espère qu'il ne faudra pas une nouvelle invasion, arrêtée sur la frontière dont il avait organisé la défense, pour qu'on proclame que le sergent Maginot, ministre des bastions de l'Est et de l'assurance nationale contre le danger de guerre, avait été notre deuxième Vauban.

Mais si la démocratie redoutait sa popularité, elle pouvait s'en rapporter aux gens du monde pour la combattre. C'étaient eux qui faisaient à André Maginot la réputation d'un habitué des grands bars. Ils se croyaient malins en répétant les calomnies les plus agréables aux socialistes que de belles dames ne se lassent pas d'inviter pour les nourrir de poulardes truffées et les abreuver de champagne.

Les conservateurs ont toujours été affreux pour ceux qui représentent et qui défendent quelque chose de national dans ce pays-ci. Jadis, le prince Napoléon les appelait de méchantes bêtes. Ils n'ont pas changé depuis. Mais, sur la méchanceté, c'est peut-être encore la bêtise qui l'emporte, ce qui explique un certain nombre d'événements et, en particulier, « la fin des notables », comme dit Daniel Halévy.

Les « notables » ont surtout mauvaise langue. Ils meurent sans doute de se l'être mordue.

LE SECRET DE DUNIKOWSKI

Un ingénieur polonais affirme qu'il a trouvé un secret pour la fabrication de l'or, ce qui l'a mis, pour commencer, en délicatesse avec ses bailleurs de fonds. Car, même pour créer de la richesse, il faut d'abord des capitaux, de même qu'il faut faire de la philosophie pour nier la philosophie.

Il paraît que Dunikowski, après avoir persuadé quelques capitalistes parisiens, a convaincu ses avocats. Ils ont assisté à une séance de transmutation des métaux et ils en sont sortis avec la foi. Ainsi un de leurs confrères contrôlait dernièrement la réalité des apparitions démoniaques. Le retour au moyen âge se poursuit.

Cependant le moyen âge n'était pas tellement crédule. Il flairait des explications naturelles derrière l'enrichissement magique des alchimistes. On lit, à l'article Nicolas Flamel, dans le vieux dictionnaire de Moreri : « Il y en a qui croyent que sa science lui avoit fait trouver le secret de la transformation des métaux et que, par ce secret, il avoit acquis plus de quinze cens mille écus de bien, ce qui étoit extraordinaire pour ce temps-là. D'autres disent, avec plus de raison, que Nicolas Flamel s'étoit enrichi des dépouilles des Juifs et dans les finances. » Ce procédé semblait déjà plus sûr que de changer du plomb en or.

Nicolas Flamel était comme Oustric et quelques autres. Il savait le moyen d'attirer la fortune mais non celui de la fixer. Quant à l'ingénieur Dunikowski, le public ne semble pas attacher beaucoup d'importance à ses creusets, non seulement parce qu'on croit peu à ses trouvailles, mais parce qu'il y a un désir caché qu'il ne réussisse pas ou qu'il soit un simple imposteur.

C'est qu'on sent très bien que s'il y avait un homme qui fût capable de produire du métal jaune en quantités industrielles, ce serait encore un affreux bouleversement. Les Anglais, depuis que la livre sterling est devenue erratique, peuvent railler l'or, qu'ils appellent l'idole barbare. Mais trop d'or produirait le même effet que la disparition de l'or. En cessant d'être rare il cesserait d'être précieux. Et, à partir de ce moment-là, comme il n'y aurait plus d'instrument pour mesurer le prix des choses, tout tomberait dans un désordre pire que ceux que nous avons vus.

Si Dunikowski dit la vérité, c'est un malfaiteur redoutable. Il détruira la dernière valeur qui reste en ce monde, la suprême espérance dans le lingot. Ne dites plus de mal du veau d'or. Nous avons besoin qu'il soit toujours debout !

L'ARMÉE DE LA S. D. N.

Si la proposition de M. André Tardieu est acceptée, il y aura enfin une armée de la Société des Nations. Alors, gare à ceux qui troubleront la paix. Le Japon n'aura plus qu'à bien se tenir.

Quant au contingent français, félicitons d'avance les veinards qui, parmi nos jeunes poilus, seraient désignés soit pour la division de fer des conflits d'Europe, soit pour la vaillante brigade des conflits extra-européens. On a seulement oublié de dire si l'on ferait appel à des volontaires, si l'on tirerait au sort ou si les heureux partants pour Moukden et Tsitsikar seraient nommés par décret ministériel.

Il est vrai qu'on a oublié encore autre chose. Je sais bien qu'on veut organiser la répression de la guerre et le châtiment des agresseurs (quand on aura défini l'agression) en dotant la Ligue de Genève d'une force militaire. On semble persuadé que cette gendarmerie serait irrésistible et que le dernier mot resterait nécessairement aux représentants de la loi. Et pourtant !

Toute guerre a ses hasards. La victoire, personne n'en est jamais sûr. Guillaume II, en 1914, croyait aussi que son armée était invincible, et l'autre empereur, le grand, le vrai, avait vu, à Leipzig, que, dans une bataille des nations, on risque d'avoir des effectifs saxons qui changent la direction de leur tir.

Il n'est donc pas tout à fait superflu de prévoir le cas où les zouaves de cette garde pontificale seraient battus. Qu'arriverait-il si le dieu des combats, par une distraction dont il n'est pas avare, laissait succomber la juste cause ? En quel lieu l'armée de la paix en déroute rassemblerait-elle ses débris ? Dans les murs de Genève ? Dans les bureaux de l'*Europe nouvelle* ?

Désastre épouvantable et sans exemple qu'on ose à peine imaginer. C'est une des raisons pour lesquelles l'aréopage des peuples préférera sans doute ne pas exposer à l'inconstante fortune des armes les petits pioupious de Mlle Louise Weiss.

BONS À TOUT

M. Paul Reynaud, dans l'espace de quelques mois, a été ministre des Finances, puis des Colonies. Le voici maintenant préposé à la garde des sceaux et à l'administration de la justice. M. François Piétri a voyagé des Colonies au ministère du Budget pour devenir le grand coordinateur de la défense nationale : l'armée, la marine et l'aéronautique passent entre ses mains. M. Pierre Laval a fait un autre circuit. Il retrouve le portefeuille du Travail qu'il avait abandonné pour l'Intérieur, d'où il était passé aux Affaires étrangères.

Je n'oublierai pas M. André Tardieu lui-même, que nous avons vu aux Travaux publics, à l'Intérieur avec la présidence du Conseil, à l'Agriculture, puis, pendant trois semaines, à la Guerre, et qui reprend la présidence du Conseil avec les affaires extérieures.

C'est tout simplement merveilleux ! Que diriez-vous d'un journal où le rédacteur du bulletin de la Bourse serait appelé tout d'un coup au feuilleton des théâtres pour rédiger ensuite la chronique médicale ? Et d'un acteur qui jouerait aussi bien Joad que Scapin et qui tiendrait tour à tour les emplois de père noble, de valet et de marquis ?

L'université des connaissances et la diversité des aptitudes sont d'ailleurs l'apanage de la gauche comme de la droite. M. Painlevé, M. Daladier, M. Herriot sont également bons pour la terre et pour l'air, pour le dedans et pour le dehors, pour le sol et pour le sous-sol, pour la plume et pour la bêche, pour l'instruction publique et pour les voies ferrées.

Un de nos proverbes rustiques dit que douze métiers valent treize misères. Ce qui est vrai pour le commun des mortels ne doit pas l'être pour les citoyens qui ont reçu l'inspiration d'un suffrage comme eux universel. Les treize misères sont pour nous.

Cependant ces omniscients ne sont pas des omnipotents. Plus d'un ministre avoue, dans l'intimité, que les bureaux sont les vrais maîtres. Comment ne le seraient-ils pas ? Si les choses marchent encore à peu près, c'est parce qu'il y a des bureaux.

Seulement, c'est ainsi que nous sommes devenus, sans nous en apercevoir, des « administrés » et des « assujettis ».

LES CHAMPIONS DE LA LIBERTÉ

Ne diminue pas ton adversaire, sinon tu te diminues toi-même. Le général japonais qui commande à Shanghai a eu tort de dire que l'armée chinoise qu'il avait à combattre était une « armée de loqueteux ». Il est désobligeant pour la réputation militaire du Japon que ses troupes, supérieurement organisées, aient été tenues en échec par des soldats en loques.

Avouez d'ailleurs que vous avez été intéressé par cette guerre à partir du moment où les Chinois ont fait tête aux Japonais. Tout le monde aurait applaudi s'ils les avaient jetés à la mer.

Mais ce sont peut-être les pacifistes qui ont suivi cette lutte le plus passionnément. Pour eux, le Japon est l'agresseur. Il a fait du pacte Kellogg le cas que les sujets du mikado font du papier dans lequel, très proprement, ils se mouchent. Les Chinois étaient les vengeurs de la Société des Nations. Alors les apôtres de la paix leur ont crié : « Courage ! Allez-y ! Tuez-en ! Kss ! Kss ! »

Il ne s'agissait plus de l'horreur de la guerre mais de la lutte sainte pour la justice et pour le droit. Un écrivain genevois, très excité pour le désarmement, qui est un des meilleurs conférenciers de Mlle Louise Weiss, a même exhorté les Chinois à gagner leur bataille de la Marne et à ne pas s'arrêter avant d'avoir mis à genoux le militarisme japonais.

Cependant, on aurait pu dire à la Société des Nations : « Voilà donc quels soldats s'arment pour la querelle ! » Il n'y a pas encore très longtemps, les « toukions » et leurs mercenaires passaient pour l'équivalent des grandes compagnies dans un moyen âge calamiteux. Les voilà promus volontaires de la République, défenseurs de la cause des démocraties, frères

de nos sans-culottes sous leur nom, fièrement accepté, de
« loqueteux ».

Que ces nouveaux champions de la liberté ne s'y fient pas.
S'ils avaient la malchance d'être les vainqueurs, le militarisme
chinois serait dénoncé à Genève au lendemain de la signature
du traité et des âmes sensibles s'occuperaient aussitôt à l'œuvre
charitable de relever ce pauvre Japon.

Pour l'amour de l'humanité, il valait mieux conseiller aux
combattants de cesser le feu. Qui s'est employé à cette bonne
œuvre ? Un militaire, un galonné, un buveur de sang : l'amiral
anglais. Il y a longtemps qu'un grand chef l'a dit : ce sont les soldats
qui détestent le plus la guerre parce qu'ils savent ce que c'est.

À PROPOS DE GOETHE

Renouvelant un procédé qui a souvent servi, et notamment
à M. Léon Blum quand il hésitait encore entre la profession de
littérateur et le métier de socialiste, nous pourrions imaginer
un entretien de Gœthe avec Eckermann sur la célébration
de son centenaire. Mais cet effort d'imagination est superflu
car l'olympien de Weimar avait déjà dit à son famulus, le
24 novembre 1824 :

« Les Français ont de l'intelligence et de l'esprit, mais
ils n'ont pas de fonds et pas de piété. Ce qui leur sert dans le
moment, ce qui peut aider à leur parti, voilà pour eux la justice.
Aussi, quand ils nous louent, ce n'est jamais qu'ils reconnaissent
nos mérites, mais c'est seulement parce que nos idées viennent
augmenter les forces de leur parti. »

Autrement dit, Gœthe aurait souri de tant d'articles qui
ont paru dans la presse parisienne et qui ont fait de lui le type
du grand Européen. Il aurait encore dit à Eckermann qu'on
l'enrôlait, comme Napoléon, lorsqu'à Erfurt l'empereur avait
inscrit Monsieur le Conseiller dans sa Légion d'honneur.

Au fond, ce que nous aimons, à notre insu, chez Gœthe, c'est qu'il n'a pas été un chaud patriote allemand. Ami de son repos, il avait, en des temps orageux, trouvé le refuge commode de la tour d'ivoire. Nous le louons encore d'avoir rimé tandis que les peuples, à Iéna et à Leipzig, se faisaient casser la tête. Seulement, le moment vint où les nationalistes de là-bas lui reprochèrent son abstention, son indifférence et la croix que lui avait donnée le tyran. Les derniers jours de Gœthe en furent troublés et c'est pourquoi il se plaignait des Français qui continuaient de tirer de leur côté sa douillette couverture.

Il nous doit pourtant beaucoup. La France a fait une grande partie de son culte. Gœthe serait-il aussi fameux si Napoléon, en épinglant le ruban rouge sur sa poitrine, n'avait prononcé le mot : « Vous êtes un homme ! » qui, d'ailleurs, ne voulait rien dire ? Mais surtout je ne suis pas sûr que la gloire de Gœthe ne soit pas considérablement tributaire d'un autre poète, celui qui a composé un livret d'opéra si admirable que, grâce à Barbier, le monde entier connaît *Faust*.

LES MÉMOIRES DE STRESEMANN

Dix millionième de souverain pour trois secondes — le temps que le bulletin glisse dans l'urne — l'électeur français aura eu, au jour du vote, un joli petit avis que ces messieurs d'à côté s'offraient sa figure.

Ordinairement, les révélations historiques viennent longtemps après que les acteurs du drame ont disparu. Les manigances des diplomates ne sont pas dévoilées tant que les fers sont au feu. Quelquefois elles ne le sont jamais. Les grands politiques n'ont pas tout dit. Souvent ils ont emporté leur secret dans la tombe. Stresemann avait laissé des papiers bien en ordre, des archives au complet, comme pour mieux prouver qu'il avait été remarquablement subtil et qu'il avait mené les Français par le bout du nez.

Sa lettre de 1925 au kronprinz, qui a été publiée à la fin de la semaine dernière, est d'un cynisme accompli. On nous attendrissait sur ce généreux Européen qui exposait sa vie et qui usait sa santé pour la cause de la démocratie et de la paix. Pendant ce temps, il expliquait à son prince que Locarno était le meilleur des trucs pour en finir avec les réparations, l'occupation et les traités.

Stresemann et Briand sont morts. D'outre-tombe, Stresemann a l'air de dire : « Vous voyez comme je l'ai eu, comme je l'ai roulé ! Et l'on nous a fait une réputation de lourdauds, de butors, d'éternels gaffeurs dépourvus de psychologie ! Quand nous voulons, nous sommes les plus fins. »

Le mot « finasser » se trouve même dans le rapport justificatif au kronprinz, qui avait besoin qu'on lui mît ce point sur cet i. Mais enfin, cette correspondance aurait pu rester secrète. En aucun pays, les papiers d'un homme d'État ne sont publiés sans la permission du gouvernement et ceux de Stresemann n'auront pas échappé à la règle. Pourquoi donc, à Berlin, n'a-t-on vu aucun danger, aucun inconvénient à nous faire savoir que Locarno avait été un coup monté et que Gustave s'était payé la tête de son ami Aristide ?

C'est ce qu'il y a de plus vexant pour nous dans la circonstance. Bien sûr, le jeu locarnien n'était pas difficile à comprendre. Il ne fallait être ni Talleyrand pour y penser ni Machiavel pour le deviner. Mais que les Allemands, sans même attendre le résultat final de l'opération, dévoilent le procédé, donnent la recette, se vantent publiquement de leur subtile duplicité, c'est à nous faire monter le rouge au front.

Car, en vérité, on ne peut pas dire aux Français en termes plus clairs : « Pauvres Boubouroches ! Race de Sganarelles ! On vous met les preuves sous les yeux impunément. Vous êtes si vaniteux et si naïfs que vous ne les lisez même pas. »

ALBERT LONDRES

Albert Londres est porté manquant parmi les passagers du *Georges-Philippar*. On veut encore espérer qu'on le retrouvera et que, prédestiné aux aventures, il a été mené par son canot de sauvetage vers une côte inhospitalière. Mais il avait lui-même un autre pressentiment.

Je l'avais rencontré naguère à bord d'un bateau et c'était là surtout qu'on pouvait le rencontrer, car il était toujours sur les routes de la mer. Dès qu'on se tirait des coups de fusil et que des mitrailleuses entraient en action sur un point du monde, Albert Londres bouclait sa valise. Je ne sais plus d'où il revenait, cette fois-là, mais il s'était encore promené au milieu des balles que des fanatiques, quelque part en Asie, échangeaient pour des causes obscures.

— Quant à moi, me disait-il, je sais bien qu'à force de naviguer j'irai dormir par plusieurs brasses de fond.

C'était un globe-trotter poète et nonchalant, nullement un Capitaine Fracasse du grand reportage. Il vivait dangereusement, par choix et par goût, sans pose ni défi, comme sans illusion sur la fin qui l'attendait.

Du moins avait-il l'habitude de coucher à la belle étoile, son domicile le plus ordinaire avec les chambres d'hôtel, les couchettes des wagons-lits et les cabines des paquebots où l'on dort entre l'incendie et le naufrage. Et il n'avait ni femme, ni enfants, ni propriété.

Il y a une multitude de Français qui ont tout cela, qui sont casaniers, qui sortent rarement de leur village, qui auraient horreur de courir les grands chemins, qui cherchent avant tout à se mettre à l'abri d'une vie accidentée et qui pourtant, un certain jour, qui revient à peu près tous les quatre ans, jouant leur destin avec leur bulletin de vote, appellent le naufrage et l'incendie. C'est la grande aventure chez soi.

J'aime mieux Albert Londres, qui savait ce qu'il faisait et qui ne comptait pas mourir tranquillement dans son lit, entre une pension de retraite et un livret de Caisse d'épargne.

LES ENCYCLOPÉDISTES

La Bibliothèque nationale a ouvert une exposition des Encyclopédistes qui est plus près de l'actualité qu'on ne pourrait le croire.

Il n'y a pas là seulement le souvenir et l'effigie des écrivains qui entouraient Diderot et d'Alembert. Leurs puissants patrons, leurs belles amies ont aussi leurs portraits, comme il se doit. Les salons du XVIIIe siècle revivent sous nos yeux, ces salons dont les habitués sciaient la branche sur laquelle ils étaient assis.

En passant devant ces tenaces fossoyeurs de leur société, je pensais qu'il aurait fallu les ranger en deux catégories. Quant à moi, mentalement, je mettais d'un côté ceux des Encyclopédistes, de leurs protecteurs, de leurs admiratrices, qui étaient morts avant 1789 et, de l'autre, ceux qui avaient vu la Révolution. Ce classement très simple a l'avantage de tout éclaircir.

Quand l'aurore des temps nouveaux commença à poindre, les fidèles de la comtesse d'Épinay, de Mme Du Deffand, de Mme Geoffrin ne manquèrent pas de soupirer : « Comme elles seraient heureuses d'être là ! » Quelques mois plus tard, lorsque nulle tête n'était plus sûre de rester sur ses épaules, ils se disaient : « Comme elles ont bien fait de partir ! » Il est probable, en effet, que si ces dames n'avaient pas été déjà dans l'autre monde, elles seraient allées devant les tribunaux de la Révolution.

Je n'ai pas aperçu sous les vitrines de la Bibliothèque nationale ce duc de La Rochefoucauld, précurseur des lumières, qui fut massacré par d'aimables citoyens. Mais j'ai fait une petite station devant le marquis de Condorcet, qui croyait à la perfectibilité indéfinie de l'homme et qui s'empoisonna pour échapper aux cannibales. J'en ai fait une autre devant M. de Malesherbes qui, ayant protégé, lorsqu'il était au pouvoir, les adeptes de la raison, n'eut de ressource que de murmurer en allant à la guillotine : « Si encore tout cela avait le sens commun ! » Encore un, disait Sainte-Beuve, pourtant peu coutumier des calembours, qui avait cru à la Terre Promise avant le passage de la mer Rouge.

En somme, on devrait bien conduire le personnel d'un certain nombre de nos salons et de nos comités à cette exposition des Encyclopédistes pour lui apprendre le danger de jouer avec les révolutions, comme on conduit les jeunes gens au musée Dupuytren pour les mettre en garde contre d'autres imprudences.

M. BOUILLOUX-LAFONT, MINISTRE D'ÉTAT DE SON ALTESSE SÉRÉNISSIME

M. Bouilloux-Lafont, naguère vice-président de la Chambre, n'ayant pas réussi, le 8 mai, devant le suffrage universel, a trouvé une autre situation. Du jour au lendemain, il est devenu ministre d'État de la principauté de Monaco.

Cette nomination flatteuse a paru toute naturelle non seulement à l'intéressé, mais encore au public. Cependant, n'a-t-on pas le droit d'admirer qu'un ancien député républicain (de gauche, bien entendu), soit entré, sans transition, au service d'une monarchie de droit divin dont les sujets, il n'y a pas longtemps encore, réclamaient à grands cris une Constitution ?

M. Bouilloux-Lafont apportera son expérience au gouvernement de Son Altesse Sérénissime. Et nous sommes convaincu qu'il dirigera les destinées de Monaco dans le sens d'un libéralisme éclairé. Mais, non moins fidèle à son prince qu'ouvert aux idées du progrès, il ne trahira pas sa mission. Il laissera aux frontières cette foi républicaine qui le recommandait aux électeurs et il administrera selon les principes de la royauté.

Cependant, si M. Bouilloux-Lafont consent à servir la dynastie monégasque, on a le droit de penser que, le cas échéant, il ne répugnerait pas à prêter serment à une autre dynastie. Des liens antiques et féodaux rattachent à la France la princière maison dont le chef est duc de Valentinois, marquis des Baux, comte de Carladès, baron de Buis, seigneur de Saint-Rémy, seigneur de Matignon, comte de Thorigny, baron de Saint-Lô, baron de la Luthumière, duc d'Estouteville, de Mazarin, de la Meilleraye et de Mayenne, prince de Château-Porcien, comte de Ferrette… J'en passe, et des plus sonores. Dieu aidant, quelle raison l'ancien vice-président de la Chambre aurait-il de refuser hommage à celui que l'almanach de Gotha appelle chef de la maison de France, tout simplement ?

On se doutait bien que l'héritier de Henri IV, une fois rétabli sur le trône de ses pères, ne manquerait pas de ministres. La belle carrière de M. Bouilloux-Lafont promet l'embarras du choix.

« N'EST PAS INTERNATIONALISTE QUI VEUT »

Le citoyen Renaudel a fait du joli à Genève. Dans l'enceinte de la paix, à deux pas de l'assemblée qui jetait les bases du désarmement matériel et même moral, il a failli amener un incident grave entre la France et l'Italie.

Les diplomates sont intervenus. Ils ont étouffé l'affaire dont il n'a plus été question dans les journaux. Le manteau de Noé a été étendu sur l'incartade du belliqueux socialiste qui s'était fièrement refusé à faire des excuses à l'Italie après avoir lancé un défi au fascisme, tels les ancêtres de la Révolution jetant la tête de Louis XVI aux rois.

Si M. Renaudel veut combattre l'étendard de la tyrannie, il aura de l'occupation. Vengeur de Matteoti, il devrait l'être aussi de Severing et des social-démocrates qui viennent d'être expulsés par quatre hommes et un caporal de la Reichswehr.

Pour peu qu'on laisse faire le socialisme pacifiste, nous voilà avec deux bonnes guerres démocratiques sur les bras.

M. Renaudel est citoyen du monde à la condition que tous les peuples aient les mêmes opinions que lui. Dangereuse manière de pratiquer l'esprit européen. Quand on ne peut supporter des hommes qui ont leur propre façon de penser, il est plus recommandable de rester chez soi.

En somme, le camarade Renaudel a toute une éducation à faire et sa mésaventure prouve que n'est pas internationaliste qui veut. Il faut apprendre les usages. Il faut être poli, poncé, tolérant et savoir tout admettre comme les gens de la Carrière, qui ne connaissent pas d'ennemis et qui ne sont jamais entre eux que « chers collègues », sans quoi la vie en commun à l'étranger ne serait pas possible.

Mais le véritable esprit international n'existe que chez un petit nombre d'individus qui figurent presque tous dans l'almanach de Gotha, qui ont des parentés dans toutes les maisons princières et qui ont parlé trois ou quatre langues dès le berceau. Les autres ont beau faire des discours sur l'harmonie des peuples et la fraternité humaine, ils restent de leur village et susceptibles comme des villageois.

LE LYCÉE GRATUIT

L'entrée au lycée étant désormais gratuite, l'admission dans la classe de sixième a été demandée, pour Paris seulement, par 2.705 garçons et 1.586 filles. Les commissions de triage en ont éliminé un bon millier, dont la moitié seulement pourra être repêchée en septembre.

De toute manière, voilà 314 jeunes gens (sans parler des jeunes personnes de l'autre sexe) à qui le paradis des lettres et des sciences est fermé à jamais. Et si le jury d'examen s'était trompé ?

La gratuité de l'enseignement secondaire part de ce principe que le génie est partout, qu'aucune force intellectuelle ne doit être perdue et que l'instruction ne doit pas être le privilège de la fortune. Il ne faut pas que des Victor Hugo inconnus restent attachés à la glèbe, ni que des Claude Bernard qui s'ignorent soient épiciers.

Mais quel jury sera assez sagace pour déceler la divine étincelle chez des Victor Hugo et des Claude Bernard de dix à onze ans ? Je tremble à l'idée que, parmi les 314 exclus, il y ait le grand écrivain qu'attend notre littérature, le savant qui avancera encore dans la connaissance des choses et par qui l'humanité fera de nouveaux progrès.

Il est même probable que les 314 se regarderont toute leur vie comme les victimes d'une injustice et qu'ils répéteront en se frappant le front : « Et pourtant, j'avais quelque chose là ! » Le pire est que ce sera peut-être vrai et que jamais personne ne pourra le savoir.

En somme, on a déplacé la difficulté, on ne l'a pas résolue. Comme disait Mallarmé, jamais un coup de dés n'abolira le hasard. Aucune loi, aucun examen non plus. Pour avoir la certitude que nulle parcelle d'intelligence ne demeurera inféconde, il faudrait que tous les jeunes Français, sans en excepter un seul, fissent leurs classes puisque la sélection est encore une élimination et puisqu'il reste la masse des enfants dont les parents trouvent inutile qu'ils apprennent le latin.

Je propose que, sur les recalés définitifs, on en tire au sort un sur un cent. Qui sait si le futur grand homme ne se trouvera pas parmi ces méconnus ?

LE POMPON DE LA DIPLOMATIE

J'ai reçu d'un lecteur une lettre de protestation qui m'a fait plaisir.

Ce lecteur n'approuve pas ce que nous avons dit de l'algarade de Narcisse Renaudel aux fascistes italiens. Comment, nous écrit-il, vous vous plaigniez ? Vous le blâmez ? Vous êtes dans l'erreur. L'opinion publique est pour Renaudel.

Elle en a assez, l'opinion publique, des concessions à perpétuité et du sourire inaltérable avec lequel nos représentants aux Conférences reçoivent les coups de pied quelque part. Les convenances diplomatiques, les bonnes manières, c'est louable, à la condition de ne pas aller jusqu'au brûle-parfums. Renaudel a lancé une ruade ? Enfin ! Voilà un homme ! Il a refusé des excuses ? Bravo ! C'est un bon exemple et une lâcheté de moins. On devrait se cotiser dans tous les partis pour offrir une médaille au député socialiste du Var.

J'ai résumé la lettre de mon correspondant aussi fidèlement que possible. Après quoi je ferai observer que, s'il a raison, je n'ai pas tort.

Moi aussi, j'aime assez la fierté républicaine et les jacobins qui parlent haut à l'Europe. Même, à l'occasion, quelque grossièreté n'est pas d'un mauvais effet. On est sans-culotte ou on ne l'est pas. Au genre platement miteux je préfère celui de ce vieux démocrate, appelé à représenter la République auprès d'une souveraine étrangère et qui répondait, comme on se plaignait que l'ambassadrice ne parût pas aux bals de la Cour : « Ma femme se f… de la reine. »

J'admets que tout cela soit très bien et que Narcisse Renaudel ait relevé le pompon de la diplomatie française, comme Barrès disait que le général Boulanger avait relevé le pompon du soldat, lorsqu'il a envoyé promener les fascistes au lieu d'accueillir, la bouche en cœur, ainsi qu'on faisait dans la salle voisine, les insolences de Papen et de Grandi.

Seulement, lorsqu'on prend ces manières-là il faut les appuyer sur quelque chose. Il faut pouvoir en courir les risques. Narcisse Renaudel reçoit l'applaudissement inattendu de ceux qui en ont assez des reculades. Mais, tandis qu'il est nationaliste à Genève, il est antimilitariste et pacifiste au Palais-Bourbon.

C'est exactement le système de l'homme à la tête encore plus légère que le cœur. C'est ainsi que nous eûmes la guerre en 1870. C'est horriblement dangereux.

SUICIDE À JUAN-LES-PINS

Ce marin valeureux, ce jeune homme d'action, déjà signalé par des exploits, avait reçu tous les dons. Il avait l'intelligence et le courage. Une citation, dont la lecture est étrangement mélancolique, l'appelait « officier du plus brillant avenir ». Elle mentionnait sa « rare maturité d'esprit » et ses « véritables qualités de diplomate ». L'avenir, c'était une balle sous le menton. Et cet esprit à la fois ferme et souple n'a pas empêché l'amour de faire une victime.

Seulement, il n'en a fait qu'une. On reconnaît, jusque dans le drame, la marque d'un caractère et d'une éducation.

Ce lieutenant de vaisseau s'est tué. Il n'a pas tué. Il n'a pas cherché à entraîner dans la mort celle qu'il aimait. Jaloux, il ne s'est pas arrogé le droit de faire deux fois « justice », comme tant d'autres, des deux sexes, à qui la passion sert d'excuse à l'assassinat.

Le suicide par amour est absurde et navrant. Du moins, il est chevaleresque. C'est pourquoi il devient d'une insigne rareté. On ne veut plus mourir tout seul. Et même, le plus souvent, s'en rapportant à l'indulgence du jury, on néglige de retourner contre soi-même l'arme qui vient de servir à abattre l'objet adoré.

Du bord de son youyou, pour rouler dans les flots et être sûr de ne pas se manquer, ce jeune homme a commis un acte de désespoir qui n'était pas conforme ni au temps ni au lieu. Il faudrait, avec cette variante, répéter l'harmonieux distique :

C'est une tragédie antique et surannée
Que mire en son azur la Méditerranée.

Car, enfin, le fléau du monde, l'exécrable folie, quel anachronisme aux environs de Juan-les-Pins ! Sous le bain de soleil, la passion meurtrière est une monnaie qui n'a plus cours. Pour les néo-païens somnolents du semi-nudisme, quel homme, quelle femme valent la peine de mourir ? Le révolver du lieutenant de vaisseau était l'écho d'un autre âge. En face de Saint-Raphaël, il n'aura été compris que par l'ombre lointaine de ce pionnier de la Côte d'Azur, l'avant-dernier témoin du romantisme, Alphonse Karr.

LES MÉMOIRES DE JOFFRE

Les mémoires du maréchal Joffre révèlent l'homme. Sous cette pesante enveloppe, il y avait un esprit vif, aigu, qui ne dormait pas. Il y avait surtout une puissante réserve de bon sens.

C'est ainsi que Joffre, aux premières heures de la guerre, ne s'était pas gêné pour dire que le fameux recul de dix kilomètres était une sottise superflue. D'abord, il était impossible d'observer exactement cette distance sur toute la longueur de la frontière. Il eût fallu prendre un compas. Et puis, la ligne pouvait traverser une rivière, un village, courir sur des sommets vosgiens. En ce cas, s'établirait-on en deçà ou au delà ? Enfin, disait Joffre, on abandonnait des positions qu'il faudrait reprendre plus tard au prix de luttes coûteuses.

Si encore le recul de dix kilomètres, destiné à prouver que la France était pacifiste, avait servi à quelque chose ! Mais il n'a pas empêché les Allemands et pas mal d'autres, parmi lesquels des Français, de répéter que les responsabilités de la guerre étaient partagées, voire qu'elles retombaient tout entières sur Poincaré et Viviani. Ce qu'il y a de mieux, c'est que jamais, dans cette controverse sur la culpabilité, personne, de notre côté, n'a songé à faire valoir les dix kilomètres abandonnés pour attester notre innocence !

Joffre était l'homme qui remet les choses au point. Il n'aimait pas l'exagération. Une des bonnes histoires qu'il raconte est celle des généraux nommés en temps de paix pour des raisons étrangères à leur capacité et qu'il dut priver de leurs fonctions après avoir constaté leur insuffisance à la guerre.

Joffre, ayant fait part au ministre, qui était alors Messimy, de la nécessité d'épurer le commandement, reçut cette réponse : « J'estime qu'il n'est pas d'autres peines que la destitution et la mort, comme en 1793. » Sur quoi Joffre remarque en pince-sans-rire : « Je sentis que je serais soutenu. » Et il envoya un certain nombre d'officiers généraux à Limoges.

Pour pouvoir « limoger » les défaillants, il fallait avoir l'ordre de les traduire en cour martiale. Joffre pensa : « Qui peut le plus peut le moins. » Il interprétait fort bien les instructions ministérielles. Sous sa flegmatique corpulence, il cachait beaucoup d'esprit.

« L'ART D'ÊTRE PAUVRE »

Boni de Castellane avait écrit l'*Art d'être pauvre*, ce qui fut sa suprême élégance. Personne n'a su dire comme lui : « Je n'ai plus un sou. »

Mais il mettait aussi une certaine fierté à prouver qu'il était capable de faire fortune, tout comme un autre. Jadis, au temps de sa splendeur, il avait rempli son palais de l'avenue Malakoff de meubles, de tableaux, d'objets d'art qu'on obtenait alors à des prix qui paraissaient énormes et qui, aujourd'hui, même après la crise, seraient dérisoires. Il n'y avait qu'à attendre, à laisser faire. La collection Castellane eût valu un milliard.

L'accident était arrivé, le papier timbré aussi. L'admirable collection, taxée de folie, avait été dispersée. Et puis on s'arracha les antiquités à coups de chèques. Elles atteignirent des prix vertigineux. Boni de Castellane n'avait pas un regret. Il ne poussait pas un soupir. Il triomphait à chacune des enchères où repassaient les pièces rares de son ancien musée. « Vous voyez, disait-il, comme j'avais raison. On me traitait de dissipateur. J'étais un prévoyant de l'avenir. »

En effet, nous avons vécu une époque où il valait mieux avoir acheté n'importe quoi plutôt que de la rente. Et le grand seigneur, qui avait pour Plutus un dédain que ce dieu bourgeois lui rendait avec dureté, n'avait pas tort de prétendre que son goût était à lui seul une richesse et qu'on ne fait vraiment fortune qu'avec des idées.

Seulement il faut pouvoir conduire l'idée jusqu'au bout. C'est l'histoire de tant de spéculateurs qui avaient du génie et à qui, pour réussir, il n'a manqué qu'un an, trois mois, quelquefois quinze jours.

Je suis d'ailleurs convaincu qu'on parlera de Boni de Castellane comme d'un personnage légendaire. Notre époque, où de telles existences auront été possibles, paraîtra romanesque et fabuleuse. On écrira sa vie. On le mettra au théâtre. D'ici un certain nombre de siècles, on le confondra peut-être avec don Juan. Il en avait l'insolente bravoure. Et la statue du Commandeur qu'il avait défiée s'appelait l'argent.

L'ÉLECTION DE FRANKLIN ROOSEVELT

Franklin Roosevelt a eu une élection triomphale, non seulement en Amérique, mais en France. Tout le monde, chez nous, votait pour Roosevelt. Son avènement a été salué par une explosion de joie et une hausse vertigineuse à la Bourse comme si une féconde rosée s'était répandue sur l'univers.

Il est vrai qu'en 1928 Herbert Hoover avait eu sur son concurrent une majorité non moins écrasante et la presse française lui avait consacré des articles enthousiastes, chose qu'on ne se rappelle plus quand on dit qu'il est l'homme de ce temps qui a commis le plus de gaffes.

Les Américains en avaient tellement assez de ce président guignard et porte-guignon que des familles, des villes, des États où l'on était républicain de fondation, ont voté en masse pour le démocrate. Il n'y a guère qu'un endroit où Roosevelt ait été nettement battu. Je pense que vous l'avez déjà deviné.

A Duchess-County, sa propre circonscription, il n'a obtenu que 7.614 voix contre 8.849 à Hoover. Qu'il est donc difficile d'être prophète en son pays et grand homme dans son village !

Les électeurs de Duchess-County connaissent bien Franklin Roosevelt. Ils le voient vivre à côté d'eux. Ils peuvent lui parler tous les jours. Ils le trouvent capable de faire un bon conseiller général. Jusqu'à député, ils marchent encore. Mais, président des États-Unis, c'est trop, beaucoup trop. Ils n'ont pas confiance. Et quand ils entendent dire que leur voisin de campagne va sauver le monde, non seulement ils refusent leur bulletin de vote, mais ils se tordent de rire.

Ce sont des hommes de peu de foi. Je veux espérer qu'ils ont tort. Néanmoins, le verdict du corps électoral de Duchess-County me trouble. Si c'était vrai ? Si Roosevelt n'était grand que vu de loin ? Tel était Hoover il y a quatre ans, quand il ne s'était pas encore essayé à faire le bonheur des États-Unis et à décréter la prospérité qu'il a mise en fuite avec une sûreté étonnante à chacun de ses oukases.

L'ÉCOLE DES DICTATEURS

A l'instar d'un grand nombre d'hommes de gauche et d'extrême gauche, notre nouveau président du Conseil a fait ses études dans un collège religieux. On se demande où se recruterait le haut personnel de la République, si l'enseignement libre venait à être supprimé. Selon Jules Véran, qui est malicieux, un véritable ecclésiastique aurait même dit de M. Paul-Boncour :

— C'est un des révolutionnaires les plus distingués qui soient sortis de nos maisons.

Voyez comme M. Paul-Boncour a de la chance. De même qu'il a dit adieu aux dignes prêtres qui l'ont élevé, il a quitté le parti socialiste. Et l'autre jour, à la Chambre, M. Léon Blum s'écriait, comme le préfet des études de Pontlevoy :

— Tout à l'heure, en entendant le discours de M. le président du Conseil, nous nous disions avec quelque fierté que l'homme qui le tenait devait avoir passé par nos rangs.

M. Léon Blum a déclaré qu'il ne s'offusquait pas que le socialisme eût donné tant de chefs à d'autres partis. Il est vrai qu'il n'a rien répondu quand un interrupteur lui a crié : « Même Millerand ? » Mais enfin, c'est son orgueil que ce « phénomène de peuplement », selon l'expression dont il s'est servi. Et il est allé jusqu'à prononcer cette phrase trop peu remarquée :

— M. le président du Conseil prend aujourd'hui rang, comme M. Mac Donald, et je ne veux pas ajouter comme M. Mussolini ou comme le maréchal Pilsudski, parmi les chefs de gouvernement qui ont fait ou qui ont parfait avec nous leur éducation gouvernementale.

Tiens ! tiens ! tiens ! « Je ne veux pas ajouter que… » est une figure de rhétorique qui veut dire précisément qu'on ajoute. Alors, la pépinière socialiste ne renie donc plus ni Mussolini ni Pilsudski ?

Il faut bien le croire. Il faut craindre aussi que ces rapprochements ne tournent un peu la tête à M. Paul-Boncour qui a un culte pour les grands conventionnels et qui, selon la description de son cabinet de travail qu'un journaliste donnait naguère, a, pour corbeille à papier, un vieux tambour républicain sur lequel a peut-être été battue la charge, le jour du 10 août, à moins que ce soit le 18 brumaire.

Tout cela laisse craindre aussi qu'un de ces matins les bourgeois qui ont envié aux Italiens leur Mussolini aient le désagrément de se réveiller sous un maître dont M. Léon Blum dira encore : « C'est un des dictateurs les plus distingués que la Révolution ait produits depuis Robespierre. »

SAINT GAMBETTA

Nous avons un saint nouveau depuis la semaine dernière. Saint Gambetta ne saurait tarder à faire des miracles. Lisez plutôt le récit de la célébration du cinquantenaire de sa mort, aux Jardies, où tout ce qui n'avait pas été gardé a été reconstitué pieusement, même le papier des murs, comme dans la maison de la petite sœur de Lisieux.

Un de nos confrères raconte avec émotion que M. Paul-Boncour et sa suite ont fait une première halte devant le gobelet où l'agonisant trempa ses lèvres. On parlait bas, comme dans un temple. Le président du Conseil prononça le panégyrique « d'une voix contenue ». Et le récit reprend avec le ton de la légende dorée :

« Un long arrêt. Les pèlerins méditent sur une relique précieuse : le coffret d'où l'on retira le cœur du tribun pour le placer au Panthéon. »

Pèlerinage, reliquaire, oraison, tout y est. Nous n'inventons rien. Que pensez-vous de cette châsse vénérable qui a contenu le viscère ? Et dire qu'il n'y a pas vingt ans qu'on a écrit les *Cordicoles* !

Nous aurions encore bien moins inventé un autre texte qui pouvait se lire le même jour dans les feuilles les plus graves :

« Aux pièces déjà placées dans le musée créé à Cahors en souvenir du grand homme d'État sera ajouté l'œil de Gambetta. Cette relique (*bis*) a été remise à M. de Monzie par M. Gheusi, qui en avait hérité. »

Tandis que le cœur est au Panthéon, le gobelet et la châsse aux Jardies, l'œil sera à Cahors. Tel un apôtre et martyr dont Auxerre possède une dent et Tours un orteil. Mais de quel œil de Gambetta peut-il s'agir ? De celui qu'il avait en verre, probablement. C'est le culte de la prothèse.

Dans mon pays, saint Ortaire a une chapelle et une petite fontaine dont l'eau guérit les ophtalmies. D'ici peu d'années on ira demander la guérison des maux d'yeux à Cahors, près du Lot, au sanctuaire du borgne qui annonça l'Évangile de la République. A quand les apparitions miraculeuses de Gambetta à M. de Monzie ? A quand M. Paul-Boncour écoutant les « voix » de Waldeck-Rousseau, de Jaurès et d'Aristide Briand ?

L'INSURRECTION DE SAINT-AMOUR-BELLEVUE

Ce qui s'est passé l'autre jour dans un village bourguignon qui porte le nom gracieux de Saint-Amour-Bellevue devait arriver et arrivera encore. Les vignerons du Beaujolais sont entrés en insurrection contre le fisc. A l'appel de l'un des siens, la Ligue des contribuables de Saône-et-Loire a mobilisé ses troupes. Non seulement le vin du réfractaire, mis aux enchères publiques, n'a pas trouvé d'acquéreur, mais le percepteur de Crèches-sur-Saône (encore un nom idyllique), qui instrumentait, a été hué et reconduit chez lui au chant de « Pouet-Pouet ».

On dit même que l'agent du Trésor public a reçu quelques horions, qu'on lui a tiré la barbe et que les gendarmes, devant l'attitude de la foule, ont jugé préférable de ne pas intervenir.

Là-dessus, on nous rebat les oreilles de Paul-Louis Courier, vigneron, et de sa fameuse *Pétition pour les villageois que l'on empêche de danser.* Si l'on regarde de près les faits de la cause, on s'aperçoit que la petite jacquerie de Saint-Amour-Bellevue est beaucoup plus moderne.

Pourquoi le viticulteur bourguignon refusait-il de payer ses impôts ? Se plaignait-il d'être injustement taxé ? Pas du tout. Il reconnaissait l'exactitude de sa feuille. Seulement, l'État lui doit une indemnité sur des fonds votés par la Chambre pour dommages causés aux vignes par la grêle. Alors il établit une liaison entre les réparations et les dettes. « Je paierai, dit-il, quand je serai payé. En d'autres termes, je ne dois rien. »

Bon raisonnement, bien que la loi ne l'admette pas. Qu'est-ce qu'il signifie ? Pour que ce vigneron, victime des intempéries célestes, soit payé, il faut qu'il paie. En somme, il s'indemnise lui-même. Il avait été tout ravi lorsque son député (radical-socialiste, au moins, car on sait que la vigne est radicale) avait obtenu de la Chambre un secours pour les sinistrés du Beaujolais. Mais à qui demander l'argent, sinon aux contribuables ?

Les habitants de Saint-Amour-Bellevue et lieux circonvoisins s'en prennent au percepteur qui n'en peut mais. Il fait ce qu'ils lui ont demandé de faire. Pour distribuer l'argent, il faut bien qu'il en ait reçu. L'électeur charge son député de proposer et de voter toutes sortes de lois qui font tomber la manne sur les villages et sur les villes. Ensuite, il s'étonne, il s'indigne, il se révolte quand la note lui est présentée. C'est pourquoi l'émeute de Saint-Amour-Bellevue est beaucoup plus drôle qu'on ne le dit.

MOBILISATION

La commune de Naveil (Loir-et-Cher) a un maire qui ne sait pas très bien garder les secrets. Ayant reçu, ces jours-ci, une circulaire confidentielle relative aux mesures à prendre en cas de mobilisation, il s'empressa d'en donner connaissance à ses administrés et ceux-ci furent aussitôt convaincus que c'était la guerre.

On les rassura quelques heures plus tard. Mais, sans le vouloir, ce maire communicatif avait fait une expérience d'un vif intérêt.

D'abord, la nouvelle qu'on mobilisait n'a pas paru invraisemblable. Elle a même été admise par les habitants de la commune de Naveil avec une extrême facilité. Il est probable qu'en 1914 ils doutaient que la guerre fût une chose possible et qu'ils admettaient très bien que l'on pût mobiliser sans en découdre.

Aujourd'hui, on ne croit plus à la mobilisation qui « n'est pas la guerre ». On ne croit pas davantage que l'inflation ne serait pas la chute du franc.

Mais, chose plus curieuse, les habitants valides de ces campagnes fort éloignées des frontières ne paraissent pas avoir eu l'idée de ne pas répondre à l'appel. Évidemment, ils se rendent compte qu'ils n'auraient pas d'excuse. Ils ne pourraient pas dire que la guerre est la faute de Poincaré puisqu'ils ont pour député M. Chautemps, qui n'a pas encore été surnommé Chautemps-la-guerre.

En somme, si ç'avait été sérieux (ce qu'à Dieu ne plaise) les gars de Naveil seraient encore très bien partis. Et pourquoi ? Toujours pour la même raison, parce que l'Allemagne ne peut pas s'empêcher de nous avertir, parce qu'il y avait eu les discours de Guillaume II en 1914 et qu'il y a aujourd'hui ceux du chancelier Hitler.

Les Allemands ont besoin d'être excités par un de leurs *Führer* avant de se lancer *nach Paris*. Alors ils marchent plusieurs fois sur les pieds des Français qui finissent par se rebiffer. On ne peut pas dire que ce soit rassurant. Ça vaut tout de même mieux que s'ils attaquaient, sans crier gare, des gens convaincus que la paix perpétuelle est garantie par la Société des Nations.

LES CONSEILS DE M. CHARLES LAURENT

Tout le monde a lu dans les feuilles le nom de M. Charles Laurent, secrétaire général de la Fédération des fonctionnaires, qui adresse des sommations aux ministres et aux Chambres. On a pu voir aussi que M. Charles Laurent n'était pas un émule du célèbre caporal-bottier. Il occupe un rang élevé dans la hiérarchie des cartons verts, étant chef de bureau.

Il est même chef de bureau à la Caisse des Dépôts et Consignations, établissement qui gère la plus grosse galette du monde entier, puisqu'il se trouve à la tête de 75 milliards. Par son emploi et sa qualité, M. Charles Laurent connaît les secrets de la science financière. Il sait très bien comment les fonctionnaires dont il défend les émoluments sont payés. Il n'ignore pas que, si l'État n'avait plus le sou, les agents des services administratifs n'auraient le choix qu'entre deux systèmes : le turc, qui consiste à payer les appointements avec six ou douze mois de retard, et le français modèle 1926, qui consiste à ne pas diminuer d'un centime le nominal, mais à verser des francs dont la valeur a diminué des trois quarts.

Les fonctionnaires sont les premiers intéressés à une alimentation régulière et copieuse du Trésor. Aussi M. Charles Laurent, dans sa prudence, a-t-il interdit à ses syndiqués de pousser, au cours de leurs manifestations, des cris tels que : « A bas les commerçants ! » En effet, ce serait aussi absurde que s'ils criaient : « Mort aux vaches à lait », étant donné que le commerce et l'industrie subviennent aux dépenses publiques pour la plus grosse part.

Y aurait-il moins de discipline parmi ceux qui payent que chez ceux qui touchent ? Dans quelques cortèges de protestataires du négoce on a entendu : « A bas les fonctionnaires ! » cri non moins absurde que l'autre. Car s'il est permis de trouver que nous avons trop de gratte-papier, bureaucrates, rats de cave, gabelous, etc...., aucun pays n'a jamais pu se passer d'eux. C'est même si vrai que l'agriculture et l'industrie demandent la protection de la douane, ce qui se ferait malaisément sans douaniers.

De l'avais de notables commerçants, le cri imbécile : « A bas les fonctionnaires ! » est le fait d'agents provocateurs. Nous le croyons volontiers. L'État est sans autorité sur ceux qui sont censés le servir et qui, aujourd'hui, le commandent. Il est sans pouvoir sur le charbonnier qui, maître chez lui, ferme sa boutique quand il lui plaît. Quelle ressource lui reste-t-il ? Diviser pour régner, dernier et triste moyen des gouvernements faibles.

KRACH À NEW YORK

Les établissements de crédit américains ont fermé leurs guichets. Les dépôts ne sont plus rendus aux déposants qui peuvent se brosser avec leur carnet de chèques. Savez-vous comment les banquiers des États-Unis ont appelé cette suspension des paiements ?

L'expression, qui nous a été transmise par câble, est plaisante. Elle a quelque chose de champêtre et d'idyllique. Ces graves messieurs, car on se représente toujours les financiers comme des hommes graves, ont annoncé des « vacances bancaires », tout simplement.

Il est à craindre pour leur clientèle qu'à ce « Vivent les vacances ! » ils n'ajoutent, *in petto* : « A bas la rentrée ! » Espérons que cette partie de campagne, qui n'est pas honorable, ne sera pas trop contagieuse.

On parle beaucoup de vacances depuis quelque temps. Il y a celles de la légalité que nous a promises M. Léon Blum et qui ne nous disent rien de bon non plus. Mais la mode se généralise de ne plus appeler les choses par leur nom.

On dit « vacances bancaires » et non pas krach, « vacances de la légalité » et non dictature. Il est malséant de prononcer le mot de faillite qui est devenu « règlement transactionnel ». Impôts et taxes sortent du vocabulaire où les « aménagements fiscaux » les remplacent. Chine et Japon, Bolivie et Paraguay, Colombie et Pérou peuvent se battre pourvu que ces pays affirment qu'à l'instar de la mobilisation de 1914 la bataille n'est pas la guerre.

C'est ainsi que les anciens évitaient de dire les Furies et ne parlaient que des Euménides, les douces, les bienveillantes. Les « vacances bancaires », c'est le type de l'euphémisme, figure par laquelle on déguise des idées désagréables, odieuses ou tristes, selon la définition des grammairiens. L'euphémisme fleurit partout. La médecine, qui avait cessé de dire typhus, a dit longtemps typhoïde. A présent, elle ne découvre plus chez les malades que des affections paratyphiques. Ce qui n'empêche pas qu'on en meure.

RAJEUNISSEMENT

L'art médical vole de découverte en découverte, de victoire en victoire. Comme disait cette femme du temps jadis : « Vous verrez qu'on inventera le moyen de ne pas mourir lorsque je ne serai plus là. »

Il y avait déjà la cure de rajeunissement par la méthode de Voronof. Si je puis ainsi dire, cette méthode a déjà vieilli. D'abord, elle était coûteuse, compliquée, non sans périls. Ensuite, les anthropoïdes, fournisseurs de cette nouvelle jouvence, commençaient à devenir rares. Par bonheur, l'homme peut désormais se passer du singe. Comme le docteur Paul Farez nous l'apprend, on vient de trouver qu'un simple badigeonnage au phénol produisait les mêmes effets que la greffe et dispensait du risque chirurgical.

Quiconque se laissera aller à la décrépitude sera inexcusable. Une petite phénolisation ne se refuse pas.

Il est même des hommes qui n'ont pas le droit de la refuser. Bien entendu, il ne s'agit point de ceux qui veulent se prolonger dans le rôle de Valmont et de Lovelace. C'est une affaire qui ne regarde qu'eux. Mais il y a la foule des ambitieux attardés, des personnages consulaires qui ne renoncent pas, des grandes vedettes de la politique et des affaires qui, à l'abri des situations acquises, continuent, avec des facultés réduites, à conduire les nouvelles générations. Pour tous ces vieux chefs, le professeur Henry Benjamin, des États-Unis, naturellement, demande que le badigeon soit obligatoire à partir de la cinquante-cinquième année.

Peut-être ce système n'aurait-il pas d'inconvénients en Amérique. Mais en France ? « M. de Voltaire retombe en jeunesse », disait un jour une femme d'esprit. Voyez-vous nos plus illustres parlementaires rajeunis de trente ans d'un seul coup ? Le déclassement des partis serait effrayant. Tel anticlérical retournerait à la messe. Tel radical-socialiste demanderait au duc de Guise de lui signer sa photographie, comme autrefois le duc d'Orléans. Et tel conservateur monterait sur une table pour chanter l'*Internationale* après avoir relu son discours de Saint-Mandé.

LES SOCIALISTES ALLEMANDS

Un journaliste français qui faisait une enquête en Italie, peu de temps après la marche sur Rome, vit un sénateur particulièrement enthousiaste de Mussolini, mais dans la bouche duquel l'éloge du Duce n'allait pas sans inconvénient pour notre confrère. A cette bouche, en effet, manquaient les deux grandes incisives supérieures, de sorte que l'interlocuteur, au supplice, pensait en lui-même : « Oh ! un parapluie ! »

Il apprit bientôt une chose étrange. Ce qui manquait à la mâchoire de ce libéral repenti lui avait été arraché par des fascistes. C'est ainsi qu'il était devenu zélateur du régime. Voilà un homme qui ne pratiquait pas le précepte : « Œil pour œil, dent pour dent. »

Les socialistes allemands sont aussi peu rancuniers que cet Italien. Ils se sont inclinés devant Hitler avec une docilité étonnante. C'est la deuxième déception qu'ils infligent à leurs camarades français. Pas plus qu'en 1914 ils ne s'étaient opposés à la guerre ils n'auront, en 1933, défendu la République. Où sont les barricades ? Où sont les défenseurs de la liberté ? Où sont Harmodius et Aristogiton ?

Cette soumission est nouvelle, même en Allemagne. En 1848, Richard Wagner avait fait le coup de feu pour la révolution dans les rues de Dresde. Et un député au Parlement de Francfort, qui se nommait Robert Blum, avait été pris les armes à la main et fusillé.

Que ferait notre Blum à nous en pareille occurrence ? Imiterait-il le représentant du peuple Baudin et tomberait-il glorieusement, faubourg Saint-Antoine, en criant : « Voilà comment on meurt pour soixante mille francs et une retraite de conseiller d'État » ?

Le 2 décembre 1851, la résistance au coup de force était aussi vaine qu'elle pouvait l'être ces jours-ci en Allemagne. Tandis que Baudin se sacrifiait, les ouvriers parisiens, au témoignage de Proudhon, jouaient au billard. Il y eut pourtant mille ou douze cents insurgés pour se battre à Paris. Et tous les fils de républicains ont trouvé dans la bibliothèque de leur père le livre où Ténot avait pieusement raconté la suprême résistance à Louis-Napoléon Bonaparte des militants de province.

Une autre fois, seraient-ils seulement autant à sauver l'honneur de la démocratie ? Seraient-ils plus nombreux en France qu'ils ne l'ont été en Italie et en Allemagne ? La foi qui fait les martyrs brûle-t-elle encore ?

HITLER

L'autre jour, comme un culte était célébré au Quai d'Orsay en l'honneur du saint de la maison, notre confrère Georges Gaudy, qui est un ancien combattant, s'écria d'une voix forte qu'Aristide Briand avait compromis la paix du monde. Ce qui produisit le même scandale que si, dans une mosquée, le Prophète avait été appelé imposteur.

Il y a toujours des gens qui ne veulent pas reconnaître qu'ils se sont mis le doigt dans l'œil. On répète pourtant que la plus grande preuve d'intelligence qu'un homme puisse donner est de concevoir qu'il a commis une erreur. Mais tout le monde n'a pas le courage de dire, comme Napoléon : « Je me suis trompé. Mais cela m'est arrivé si souvent que je ne rougis pas d'en faire l'aveu. »

On s'est trompé sur l'Allemagne à tel point que c'en est effrayant. Si l'on reproduisait aujourd'hui une petite partie seulement de ce qui s'est dit et imprimé sur la République allemande pendant près de quinze ans, on obtiendrait un sottisier prodigieux. Souvenez-vous qu'on démontrait encore, quinze jours avant l'arrivée du *Führer* au pouvoir, que c'était un pauvre maboul destiné au cabanon, que d'ailleurs il avait fait son plein, que le mouvement hitlérien était « étale » et, par conséquent, ne pouvait plus que reculer.

La démocratie allemande s'est effondrée. Ceux qui sentaient souffler l'esprit de Locarno ne veulent pas en avoir le démenti. Ils continuent à se pavaner comme l'âne qui portait les reliques. Le plus curieux, c'est que la foule ne rit même pas.

J'en suis vexé pour le peuple le plus spirituel de la terre, celui chez lequel on disait jadis que le ridicule tuait. Qu'y a-t-il de plus ridicule que la fausse prophétie débitée avec assurance et persévérance ? Les Français sont devenus respectueux justement quand il ne le faudrait pas. C'est ce qui s'appelle être gobeur.

Mais, sur Hitler et le reste, ceux qui ont eu raison ont eu tellement raison qu'ils auraient préféré que l'erreur fût de leur côté. Ils ne triomphent pas. Peut-être sont-ils sages. Ils se rappellent qu'à force de voir juste, la pauvre Cassandre se rendit odieuse et fut massacrée.

LE CONGRÈS DES PEN-CLUBS

En marge de la conférence du désarmement, il s'en est tenu une autre pour la pacification morale. Elle a siégé à Dubrovnik, qui, si je ne me trompe, est Raguse. Ah ! si le désarmement pouvait commencer par celui des appellations géographiques !

A Dubrovnik s'est donc réuni le congrès des Pen-Clubs, c'est-à-dire des sociétés de gens de lettres du monde entier. Le Pen-Club américain en avait pris l'initiative avec ce mot d'ordre : « L'art ne connaît pas de frontières ; intellectuels de tous les pays, unissez-vous. »

C'était une brillante assemblée. Des écrivains de tous les genres et en toutes langues étaient venus. Comme disait autrefois un poète trop modeste dont j'ai recueilli pour la postérité des vers parfaits :

> *Il y avait là des penseurs*
> *Avec leurs femmes et leurs sœurs.*

Ce qui n'a pas empêché ce congrès philharmonique de finir dans les querelles et la cacophonie. Une allusion à la liberté de l'esprit abolie par Hitler a mis le feu aux poudres. La délégation allemande menaçait de se retirer si le rapport Thomas (Belgique) était adopté. A huis clos, le congrès tenta de rapprocher les points de vue et d'établir un accord selon les préceptes de la diplomatie. On croyait avoir trouvé la formule de conciliation, grâce à M. Marinetti (Italie), lorsque les écrivains allemands élevèrent de nouvelles exigences auxquelles le président Campbell (États-Unis) ne put lui-même souscrire. Alors les intellectuels germaniques quittèrent la salle « au milieu d'une agitation indescriptible », tandis que Mme Amers Kueler (Hollande) jetait ce cri de désespoir :

— Maintenant les Pen-Clubs sont finis ! Si Galsworthy était encore là, une pareille chose ne serait pas arrivée.

Je doute que Galsworthy lui-même eût retenu les irascibles intellectuels allemands, qui devaient être au nombre fatidique de quatre-vingt-treize. Je crains surtout que les autres conférences ne finissent de la même manière et qu'on ne s'écrie un de ces jours, à celle de Genève : « Ah ! si Stresemann était encore là ! » Mais il n'y a pas à se dissimuler qu'il n'y est plus.

LES NOUVEAUX SNOBS

Lorsque Édouard Herriot, se rendant à Washington, s'était arrêté à Rouen, l'acte de naissance de son père lui avait été remis solennellement par le maire de cette ville. Ces jours-ci, on a publié l'acte de mariage du grand-père. Et ce parchemin-là a dû faire à M. Herriot encore plus de plaisir que l'autre.

En effet, s'il est le fils d'un capitaine, ce qui, sans atteindre jusqu'à l'officier supérieur, est fort distingué, on apprend que son aïeul était un simple caporal, lui-même fils de Quirin Herriot, manœuvre. Je pense que le chef du parti radical-socialiste fera décorer l'archiviste intelligent qui a établi sa généalogie démocratique.

Beaucoup d'hommes ont la faiblesse de dissimuler leurs origines et s'inventent des ancêtres. On voit bien qu'ils ne font pas de politique. Édouard Herriot descend d'un manœuvre. C'est son titre de noblesse devant l'électeur.

C'est même un avantage qu'il prend sur l'autre Édouard, lequel ne manque pas une occasion de rappeler que l'auteur de ses jours était boulanger. Nous n'en sommes plus à ceux qui ne disaient pas trois mots sans citer leurs aïeux qui étaient soit aux Croisades, soit à la Convention, pépinière de l'aristocratie républicaine. M. Daladier tient à ce que l'on sache la profession de son père. Il n'y a pas longtemps, il racontait dans les couloirs de la Chambre que, condamné au régime, il n'avait pas mangé de pain depuis un an. Et il ajoutait :

— C'est curieux, moi qui suis fils de boulanger.

Quelqu'un dit alors à la cantonade :

— C'est curieux qu'il soit radical-socialiste, car tous les boulangers sont conservateurs.

Que les bien-nés se réjouissent, disait Figaro. Nous avons enfin des démocrates qui se sont donné la peine de naître. Seulement, là aussi, il y a concurrence. Grâce à l'humble prolétaire qu'il peut produire, Édouard Herriot enfonce Édouard Daladier dont le père, tenant boutique, était un bourgeois. Il est vrai qu'un jour M. Herriot lui-même fut mis en état d'infériorité manifeste. Comme il se vantait, à la tribune, d'avoir été boursier, Pierre Laval lui répondit triomphalement :

— Moi, je n'ai été qu'à l'école primaire et c'est comme pion que j'ai passé mon bachot.

Ce jour-là, Édouard Herriot fut écrasé. Mais, avec l'arrière grand-père Quirin, manœuvre, l'archiviste de la Roche-sur-Yon lui apporte une fameuse revanche.

CLAUDIO TRÈVES

Le nom de Claudio Trèves ne dit pas grand' chose à la jeunesse d'aujourd'hui. Saluez ce militant, mort dans un exil obscur. Il fut jadis de ceux qui, avec Bedel et Jaurès, annonçaient l'Internationale qui devait être le genre humain.

L'autre jour, un cortège étrange s'est acheminé vers le Père-Lachaise. Derrière la dépouille de Claudio Trèves, ancien député de Milan, ancien directeur de la *Libertà*, ancien chef du parti socialiste italien, c'était un défilé de proscrits. Il y avait là, avec le drapeau antifasciste, une poignée d'irréductibles qui ont fui la terre de Mussolini et qui regrettent les beaux jours où ils menaçaient la société à Montecitorio. Et ils étaient accompagnés, nous disent les journaux, par les « délégués de la social-démocratie en costume ».

Ce dernier détail laisse rêveur. Quel peut être l'uniforme des socialistes allemands persécutés par Hitler ? En tout cas, le chant que l'on entendait au colombarium du Père-Lachaise n'était pas *Giovinezza*. C'était du passé qui s'en allait.

Et il y a des gens qui trouvent que notre temps est plat ! Mais il est rempli de situations dramatiques à faire la fortune d'un romancier. Balzac, se promenant aujourd'hui dans Paris, puiserait des sujets à pleines mains. Cet homme près de qui je viens de passer, est-ce un Romanof ou est-ce Kerensky ? Et votre voisin d'autobus, c'est peut-être un grand d'Espagne chassé par la révolution ou un ancien ministre du Reich chassé par Hitler.

Alphonse XIII, lorsqu'il était encore roi, avait eu l'élégance d'envoyer une couronne aux obsèques de Salmeron, président de la République espagnole, la première. Don Alfonso ne s'était pas seulement comporté en gentilhomme. Avec esprit et mélancolie, il avait indiqué le « Chacun son tour ».

Et c'est le thème qu'aurait dû développer M. Paul Faure lorsqu'il a prononcé l'éloge funèbre du camarade Claudio Trèves. En 1815, les régicides avaient pris sur la terre étrangère la place des émigrés. Qui peut se flatter de ne pas être un exilé demain ?

LES LETTRES D'AMOUR DE NAPOLÉON

On a mis en vente, ces jours-ci, des lettres de Napoléon à Joséphine qui ont trouvé amateur pour une quarantaine de mille francs. Sans aucun doute, elles valaient au moins ce prix, comme document historique et comme document humain.

Bonaparte vient de se marier. Il est général en chef de l'armée d'Italie. Il est en train de se couvrir de gloire dans une campagne immortelle, chef-d'œuvre de l'art militaire. Entre deux batailles, il écrit à Joséphine des lettres enflammées, où l'on trouve un hommage tel que jamais aucune femme n'en a reçu : « Je tiens à l'honneur, puisque tu y tiens ; à la victoire, puisque cela te fait plaisir ! »

Tandis que le héros amoureux mettait à ses pieds Arcole et Rivoli, que faisait Joséphine ? Elle inventait des mensonges, elle simulait une prochaine maternité pour ne pas rejoindre son mari. Le théâtre de ses exploits à elle, c'étaient les lieux de plaisir de Paris où elle s'affichait avec un M. Charles, simple officier d'intendance, mais joyeux vivant et qui savait distraire les femmes.

Soyez donc un grand homme, rêvez d'associer votre compagne à l'immortalité pour qu'elle vous préfère un rigolo !

Là-dessus, tout le monde accablera Joséphine, qui n'avait pas su reconnaître la valeur de celui qu'elle appelait « son petit Bonaparte ». Moi, je lui trouve des circonstances atténuantes.

Qu'avait-elle pensé lorsqu'elle avait lu que son mari ne gagnait des victoires que pour lui faire plaisir ? Dans le langage du temps, qui ne devait pas être tout à fait le nôtre, elle avait dit : « C'est du chiqué », ou l'équivalent.

Et peut-être n'avait-elle pas tellement tort. Car si Napoléon, dans ses lettres de jeune marié, délirait romantiquement et mourait par métaphore, il n'en gardait pas moins la tête libre.

Il ne calculait pas ses plans de campagne avec son cœur et il faisait de la haute stratégie très froidement.

De même, plus tard, il fit de la haute politique lorsqu'il répudia Joséphine pour épouser une archiduchesse. C'est pourquoi je pardonne à la jolie créole d'avoir trouvé que son mari exagérait et d'avoir pris un peu de bon temps avec M. Charles.

LA MODE HITLÉRIENNE

Les amis de M. Herriot ne veulent pas qu'il ait été nommé colonel de l'armée rouge. Mais *Je suis partout* nous apprend qu'il n'y a plus de colonels en Russie. On n'y connaît que des *komandirs*. Inversement notre Révolution, à nous, avait interdit l'appellation de « domestique » comme attentatoire à la dignité de l'homme et du citoyen. Elle l'avait remplacée par celle d'« officieux ».

Il reste que M. Herriot a goûté la soupe du soldat soviétique au Camp d'Octobre et l'a jugée digne des plus fameux restaurants lyonnais. D'ailleurs, ce n'est pas seulement la gamelle qu'il a trouvée excellente. Tout, en Russie, lui a paru supérieur et parfait.

Avec cette aptitude à un enthousiasme que Nietzsche appelait drôlement l'enthousiasme en bras de chemise, voyez-vous ce qui arriverait si, à son retour, M. Herriot s'arrêtait en Allemagne ? Il ne tarderait pas à découvrir les beautés du régime nazi et il ferait l'éloge d'Adolphe Hitler comme il a fait celui de Staline.

Car je ne donne plus très longtemps pour que le régime hitlérien et la doctrine hitlérienne soient l'objet du snobisme qui a déjà servi les gens de Moscou. L'engouement sera même bien plus fort. Les modes intellectuelles qui viennent d'Allemagne prennent toujours chez nous. Après Karl Marx, pourquoi pas l'anti-Karl Marx ?

Justement, la *Nouvelle Revue Française*, cette avant-garde des idées, consacre tout un numéro à Hitler. Je vous prie de croire que ce n'est pas pour le rabaisser, mais pour révéler qu'il n'est pas ce qu'un vain peuple pense. Sa philosophie est prise au sérieux et je parie qu'elle ne tardera plus à faire des adeptes à Paris, à commencer par les cénacles de la vraie gauche.

D'ailleurs, une simple toile d'araignée sépare les théories. Qu'enseigne Hitler ? Le désintéressement, le sacrifice, l'anéantissement de l'individu, la grandeur préférable au bien-être, l'héroïsme à la vie, l'idéalisme au matérialisme. Cela tient à la fois de Jean-Jacques Rousseau et de Gandhi. C'est absurde comme Sparte, mais ce n'est pas vil. Il se peut même que ce soit exaltant.

On sent que, pour un rien, M. Herriot abandonnerait le potage soviétique pour le brouet noir des nazis qu'il déclarerait plus succulent que les quenelles lyonnaises. Pourvu qu'il ne repasse pas par Nuremberg !

L'ASSASSINAT D'OSCAR DUFRENNE

Oui, doit-on le dire ? Il y a tant de choses qu'on ne dit pas !

Doit-on dire qu'il y a des marins qui se promènent dans Paris et qui ne sont pas de véritables marins ? Doit-on dire qu'on ne sait pas distinguer les vrais des faux ?

Doit-on dire que la police n'est pas capable, en huit jours, d'arrêter un jeune navigateur dont elle possède le signalement complet ?

Doit-on dire qu'on excuse d'avance l'assassin et qu'avant d'avoir mis la main sur lui, on démontre que son crime n'était pas prémédité ?

Doit-on dire que la victime avait de plus belles relations que celles qu'elle entretenait avec les équipages de la flotte ? Doit-on dire que l'entrepreneur de spectacles était une des lumières du parti radical-socialiste et que, s'il n'avait été assassiné, il eût sans doute siégé au Congrès de Vichy ?

Doit-on dire qu'Oscar Dufrenne était conseiller municipal de Paris et qu'il devait ce mandat à l'admiration, à la confiance et à la gratitude de ses concitoyens ?

Doit-on dire qu'il avait été candidat à la députation ? Qu'il avait failli être élu et qu'il avait mis en ballottage un officier supérieur, ancien combattant, dont la mutilation évoquait les tristes images de la guerre, ce qui permettait à son concurrent de le traiter de belliciste ?

Doit-on dire que, s'il était devenu député, et il ne s'en fallut que d'un petit nombre de voix, Oscar Dufrenne, tout comme un autre, eût été capable de faire un ministre ? On lui eût même, peut-être, donné le portefeuille de la Marine.

Doit-on dire qu'il y a dans ce drame des billets de promenoir et des bulletins de vote, de l'or, de la boue et du sang ? Tout cela ne se dit guère et, faute d'un Juvénal, on aime mieux les abîmes du silence.

« SI LE CAPITALISME DISPARAISSAIT... »

Lucien Romier publie un livre dont le titre dit, en lettres d'un rouge menaçant : *Si le capitalisme disparaissait...* Ce n'est pourtant pas un livre révolutionnaire.

En effet, l'auteur démontre que si le capitalisme venait à disparaître, le socialisme mourrait du même coup, car celui-ci ne va pas sans l'autre. Que voulez-vous partager ou distribuer quand il n'y a rien ? Le parasite suppose un hôte riche, le gui un chêne et le pou des cheveux.

Les mots en « isme » sont nombreux et divers. Ils se ressemblent tous par leur caractère vague et la difficulté d'en donner une définition. Qu'est-ce que le capitalisme, par exemple ? Posez-vous la question. Réfléchissez une minute. Invoquez M. de la Palice. Vous vous apercevrez que le capitalisme est essentiellement un état de choses où existent des capitaux.

Il est tout à fait indifférent que le régime capitaliste disparaisse pourvu que le capital reste, puisqu'on ne peut rien faire sans capitaux, pas même du socialisme. Mais, avec notre définition, tout devient clair. La crise du capitalisme n'est qu'un manque d'argent. Et la fin du capitalisme ce sera la misère générale, ce qui peut très bien arriver lorsque nous aurons tout mangé à force de dépenser. Pour un homme ruiné, il n'y a pas de différence entre la crise du capitalisme et celle de son porte-monnaie. Pour la société, il n'y en a pas non plus.

Le premier économiste qui ait parlé congrûment de ces choses c'est le vieux poète dans la fable où le charlatan qui a promis de faire voir le démon ouvre sa bourse vide. Car c'est, dit-il, le diable qu'ouvrir sa bourse et de n'y trouver rien. Je pense aussi que le dernier jour du capitalisme serait celui où nous verrions ce diable-là.

1934

LES RENTIERS SOCIAUX RANÇONNÉS

Le député-maire de Bayonne et le député de Seine-et-Oise, ministre je ne sais combien de fois et même (c'en est comique) garde des Sceaux, avaient promis de lutter contre les puissances d'argent et de défendre l'épargne. Dans les congrès radicaux-socialistes, en réunion publique, à la Chambre, ils dénonçaient les « congrégations économiques » et l'« oligarchie financière ». Jamais on ne s'est moqué du peuple à ce point-là. Mais l'électeur n'a que ce qu'il mérite et, dans l'histoire, c'est la seule chose qui ne soit pas volée.

Il va sans dire que Garat et Dalimier avaient voté des deux mains la loi sur la protection de l'épargne. Pendant ce temps, ils étaient associés et rabatteurs de l'ami Alexandre, qui faisait une rafle de cinq cents millions. Qui gardera le garde des Sceaux ? Qui protégera l'épargne contre ses protecteurs ? Et, sans la moralité, que valent les lois ? Tous les lieux communs classiques sont de mise ici.

Les écumeurs de naguère, qui avaient aussi des patrons à la Chambre, n'étaient encore que de tout petits bandits. Ce n'était pas l'envie qui leur manquait d'opérer en grand. Mais ils n'avaient à piller que les économies des vieilles dames, ce qui n'allait pas très loin. De nos jours, les escrocs de haut vol ont des moyens qui faisaient défaut à leurs prédécesseurs. Ils tapent dans les milliards des assurances sociales.

Ce doit être, en démocratie socialiste, un sujet d'orgueil pour les rentiers sociaux d'être rançonnés comme d'infâmes rentiers bourgeois. C'est la suprême conquête du prolétariat. A son tour d'engraisser des « ventres dorés » et d'entretenir leurs poules de luxe.

Avec l'argent des cotisations ouvrières, la belle Madame Alexandre gagnait le prix au concours d'élégance automobile. Mais, dans un temps où les anciens riches disparaissent, où les grandes fortunes s'écroulent, qui voulez-vous qui fasse marcher le commerce ? Stavisky, c'est encore un client de perdu pour les palaces et les casinos.

Heureusement, il reste la cagnotte de la Caisse des dépôts et consignations. Une prévoyante législation sociale a entassé là quelque chose comme quatre-vingts milliards prélevés sur les travailleurs. C'est de la ressource pour les émules de celui qui avait fondé le Crédit municipal de Bayonne et l'espoir que tous les tripots ne seront pas réduits à fermer prochainement.

LES NOUVEAUX PHARES

Pendant des années, on nous a répété sur tous les tons que, de nos jours, les idées circulaient entre les peuples à la vitesse des ondes sonores et qu'une chose pensée à Paris l'était instantanément à Berlin. C'était le temps où l'on croyait qu'à l'instar de la France le monde entier brûlait de se mettre en démocratie.

Malheureusement, la démocratie a été rejetée par des nations qui comptent un peu. Les Allemands, en particulier, après une expérience qui a été assez longue, n'ont plus consenti à se laisser « f... en République », selon le mot fameux de ce soldat français qui, en parlant ainsi, avait l'air de concevoir une forme nouvelle de la propagation des épidémies et de la guerre bactériologique.

Depuis que l'Italie a Mussolini et l'Allemagne Hitler, on nous parle beaucoup moins de la pénétration des idées et des grands courants internationaux. En effet, on ne voit pas de raison pour que les doctrines fascistes ne passent pas les frontières comme les doctrines démocratiques les ont jadis traversées. Et l'on doit bien reconnaître que les immortels principes ont perdu beaucoup de leur force de séduction.

Comment voulez-vous convaincre ceux de nos voisins qui se sont donné des dictateurs que le régime parlementaire est noble et bienfaisant ? Quand Hitler eut pris le pouvoir et domestiqué le Reichstag, Édouard Daladier, alors président du Conseil, s'écria que la France était « la dernière tranchée de la liberté ». Mais, de cette tranchée, sortent les miasmes des affaires de corruption.

Comme c'est tout ce que la démocratie offre au monde, il n'est pas étonnant qu'elle ne fasse plus école. Ce n'est pas par cet exemple-là qu'on refera des républicains en Allemagne.

Ces choses commencent à être senties en France. Nous étions habitués à nous croire à l'avant-garde des nations. Nous étions les porteurs de flambeaux et les fournisseurs d'idéal. Nous nous imaginions que les autres peuples ne pouvaient aspirer qu'à être gouvernés comme la France. Mais la France présente trop d'affaires Stavisky et trop d'affaires Oustric. Institutions que personne ne lui envie.

Alors ce sont les autres peuples qui fournissent de nouveaux types de gouvernement. Ce n'est pas flatteur pour nous. Encore une branche de nos exportations, la plus brillante, qui est ruinée. Et cette déception est pour beaucoup dans la maladie des enfants du siècle.

CAMILLE CHAUTEMPS N'EST PAS INQUIET

« Une société où la distinction personnelle a peu de prix, où le talent et l'esprit n'ont aucune cote officielle, où la haute fonction n'ennoblit pas, où la politique devient l'emploi des déclassés et des gens de troisième ordre, où les récompenses de la vie vont de préférence à l'intrigue, à la vulgarité, au charlatanisme qui cultive l'art de la réclame, à la rouerie qui serre habilement les contours d'un code pénal... »

De qui est ce tableau ? D'un écrivain à qui la République a rendu de grands honneurs. Il s'appelait Ernest Renan.

Et quand ces lignes sévères ont-elles paru pour la première fois ? En 1883, il y a un demi-siècle, c'est-à-dire aux origines du système que nous avons encore. Ni Oustric, ni Stavisky n'étaient nés. L'affaire Wilson et l'affaire du Panama n'avaient même pas eu lieu. Le diagnostic de Renan était d'une justesse précoce.

Mais, ayant défini les choses, le philosophe s'en accommoda. Les électeurs ont fait comme lui. Ne dites donc pas que le scandale actuel tient au trouble général qui a suivi la guerre et qu'il est un « résidu de l'inflation ». Il y a cinquante ans que cela dure. Comme tout ce qui dure, le mal n'a fait que croître et embellir. Voilà tout.

En 1887, quand on apprit que le propre gendre du Président de la République était associé à un trafic de décorations, il y eut un grand tumulte à la Chambre et dans la rue. Ce fut exactement comme aujourd'hui. La droite réclamait une commission d'enquête. Le président du Conseil, qui ne s'appelait pas Chautemps, mais Rouvier, s'y opposa sous prétexte qu'il ne fallait pas « jeter l'émotion dans le pays », ni le déconsidérer à l'extérieur. Il ajoutait même qu'il importait de ne pas nuire à la conversion des rentes, dont le succès dépendait de la confiance publique.

Il est vrai que Rouvier fut renversé quinze jours plus tard et que le boulangisme naquit de l'indignation des Parisiens. Mais les « pourris » et leurs protecteurs furent absous par la province. Wilson lui-même fut réélu par sa fidèle circonscription de Loches. Le suffrage universel, cette Colinette, n'avait pas trouvé de mal à cela.

Rouvier, compromis à son tour dans le Panama, n'en redevint pas moins président du Conseil. Pourquoi voulez-vous que Camille Chautemps soit inquiet et que Dalimier n'ait pas bon espoir dans l'avenir ?

L'APPEL À GASTON DOUMERGUE

On s'est plaint bien longtemps que la France fût gouvernée par des vieillards. Pour une fois que l'on a essayé d'un ministère où dominaient les jeunes de la Chambre, voyez ce qu'ils ont fait. Ils en ont été eux-mêmes épouvantés.

Alors, vers qui s'est-on tourné ? Vers un Ancien.

C'est, en France, un mouvement instinctif. C'est une sorte de tradition. Dans les moments où tout chavire, on s'adresse à des hommes d'âge, à des sexagénaires ou à des septuagénaires, Thiers en 1871, Clemenceau en 1917, Poincaré en 1926, Doumergue en février 1934. Pourquoi ?

L'âge apparaît d'abord comme une garantie de désintéressement. Un homme qui touche au terme de sa vie ne peut plus rien désirer pour lui-même. On suppose qu'il n'a pas d'autre ambition que le bien de son pays. La moustache blanche de Clemenceau faisait dire que, dans la guerre, celui-là ne cherchait pas un piédestal.

A l'Ancien, on demande aussi la raison et l'expérience, car la France est un pays où le bon sens, plus répandu qu'ailleurs dans la vie courante, meurt chez l'électeur et s'éclipse dans la vie politique. Quant à l'expérience, chaque nation a besoin de la faire elle-même et toujours à ses dépens. Lorsque tant de fautes ont été commises que le sort de tous est en jeu, on recourt aux leçons et à l'arbitrage d'un Nestor.

L'appel à Gaston Doumergue, c'était la chose classique. Mais il n'est pas dit que ce qui a réussi dans d'autres circonstances réussira toujours. Il reste à souhaiter que les intentions conciliatrices, la raison, la finesse s'accompagnent de fermeté, comme il reste à faire que, cette fois, ce ne soit pas trop tard.

ALBERT Ier

Les Belges (et aussi les Français, car Albert Ier était plus qu'un allié pour nous) ne peuvent adresser qu'un reproche à leur roi, un seul. C'est d'avoir été trop peu ménager de sa vie.

Il aimait tout ce qui était dangereux, l'Alpe homicide, les pics et les glaciers, l'avion qu'il pilotait lui-même, la motocyclette lancée sur la route à toute vitesse. Bien des fois, lisant qu'il avait encore fait une ascension ou un raid, nous nous étions dit : « Pourvu qu'il ne lui arrive rien ! »

Seulement, si les risques lui avaient fait peur, aurait-il répondu « non », sans hésiter, le jour où Guillaume II l'avait sommé de livrer passage aux armées allemandes ? Le sport est peut-être meurtrier, mais il va avec le caractère. Voilà ce qu'on admirait d'abord chez le roi Albert, et ce n'était pas tout. Nous avons déjà vu mourir bien des souverains, des chefs d'État, des grands hommes en tout genre. Nous n'en voyons aucun dont la disparition ait autant ému et laissé un tel vide. Pourquoi ? Parce qu'on a senti que, ce qui nous quittait, ce n'était pas seulement une haute figure de l'héroïsme. Nous avons perdu l'image vivante de l'Honnêteté.

La vertu la plus rare chez les puissants du siècle et de la terre ! Ce qu'on leur demandait, le 6 février, place de la Concorde, était là. Le monde s'étonnait, sans bien s'en rendre compte, qu'il y eût un Albert Ier. Dimanche, lorsque la nouvelle de sa fin tragique s'est répandue, c'était comme si quelque chose d'irremplaçable était parti. Les anciens eussent couvert d'un voile de deuil la statue de la Bonne Foi qui a perdu son fidèle serviteur.

Il était le roi du pays qui a fait honneur à sa signature. Il était l'exemple de la droiture dans un temps où les traites ne sont plus honorées, où les chèques sont sans provision, les contrats nuls et les pactes en finasseries. Albert Ier c'était, advienne que pourra, le respect des engagements. Il représentait un capital moral inestimable, une valeur qui n'existe plus.

Alors, malgré soi, on se reprend à regretter qu'il ait été sportif jusqu'à la mort et modeste au point de ne pas savoir le prix de son existence.

DÉCORATIONS

Les procès-verbaux des commissions d'enquête continuent à fournir des perles pour tout un collier. Je vous assure que c'est à lire quand vous en trouverez le temps. Celui qui voudra faire un jour la peinture de nos mœurs politiques et judiciaires n'aura qu'à puiser.

A la commission du 6 Février, M. Ducos, ancien ministre des Pensions, a été entendu contradictoirement avec les deux chefs de l'Union des combattants. Audition pénible. Tout le monde était placé, comme l'avait rappelé le président, « sous le signe du serment ». En simple français, on avait juré de dire la vérité, et M. Ducos a nié comme un beau diable les propos qu'il avait tenus devant les honorables témoins indignés de son parjure.

Qu'avait donc fait M. Ducos qu'il ne voulût plus reconnaître ? Pour dissuader les anciens combattants de manifester, il leur avait dit, en ouvrant un tiroir de sa table : « J'ai encore deux rosettes qui me restent de la dernière promotion. » Les témoins sont formels. M. Ducos proteste qu'il n'a jamais offert de décorations.

— La preuve, s'est-il écrié, que je n'ai pas pu faire une proposition pareille, c'est qu'un ministre n'a pas de rosettes à attacher, séance tenante, à des boutonnières.

Voyons ! voyons ! monsieur l'ancien ministre, ce n'est pas une raison. Sans doute vous n'aviez pas dans votre bureau les deux macarons rouges. Mais vous avez accompli le geste ministériel, le geste traditionnel sinon héréditaire. Vous avez, d'un mouvement tentateur, entr'ouvert le tiroir comme si les croix étaient dedans.

Ne vous en défendez donc pas. Vous avez tous fait comme ça. Et vous savez qu'on ne décore pas les gens tout à fait aussi vite. Le public n'est pas obligé de le savoir. Il s'y trompe. Quand un ministre dit qu'il lui reste deux rosettes, le visiteur comprend qu'elles ne sont pas loin. La main sur la clef du tiroir, c'est un moyen de persuasion, un procédé tout à fait courant, ailleurs même que dans les ministères.

Et puis, si les décorations ne sont pas dans la table-ministre, elles sont souvent dans le téléphone. On entend comme si l'on y était : « Dis donc, vieux, j'ai là des anciens combattants très excités. Tu n'as pas deux rosettes à me passer pour empêcher la manifestation de ce soir ? »

M. Ducos a nié éperdument. Comme c'est naturel ! Il n'a pas voulu trahir un secret de gouvernement qui, pour une fois, n'a pas réussi. Ce qui n'empêche pas qu'il a débiné le truc. Désormais ça ne prendra plus. Qu'on se le dise : les rosettes ne sont pas dans le tiroir !

UNE LETTRE DU GRAND-ORIENT

J'ai reçu comme tout le monde une lettre du Grand-Orient. Il paraît qu'il en a été envoyé cinq millions d'exemplaires. Les francs-maçons tiennent à ce qu'on sache qu'ils sont inoffensifs et qu'ils se bornent à pratiquer la philanthropie.

Quel besoin ont-ils éprouvé de sortir tout à coup de l'ombre ? Par définition, les sociétés secrètes ne sont pas faites pour le grand jour. Aussi se sentent-elles mal à l'aise quand on commence à s'occuper d'elles et l'on a beaucoup parlé de la franc-maçonnerie depuis quelque temps.

Elle a jugé nécessaire de se défendre. C'est mauvais. Sa plus grande force résidait sans doute en ceci que, selon les uns, elle était toute-puissante, tandis que les autres refusaient d'y croire. Il y avait ceux qui rapportaient les moindres événements à son action mystérieuse et ceux qui haussaient les épaules quand on faisait allusion au pouvoir occulte.

La vérité est probablement entre les deux. Les frères doivent être d'abord des craintifs puisqu'ils ont des secrets. Je suppose qu'ils croient eux-mêmes au pouvoir effroyable de la Congrégation et qu'ils tremblent à l'idée de représailles exercées sur les loges par les hommes noirs. Leur état d'esprit doit être catastrophique. Ils n'ont pas inventé le signe de détresse pour rien et c'est peut-être ce qui les rend le plus dangereux.

Pour l'instant, ils sont doux et courtois. A la commission du 6 février, M. Jammy Schmidt, qui ne se cache pas d'être fils de la Veuve relève gracieusement toutes les allusions que les témoins font aux loges. Il est heureux quand il a l'occasion de dire, comme l'autre jour, au duc Pozzo di Borgo, que la maçonnerie se flatte d'avoir compté dans ses rangs de très grands seigneurs et même des rois. Jusqu'où le snobisme va-t-il se nicher !

Mais enfin, c'est encore une attitude défensive. Pleuvrait-il vraiment sur le temple ? Il pourrait bien y pleuvoir du ridicule, qui est libérateur. Il a été publié et non démenti que M. Camille Chautemps portait, dans la société du triangle, le titre de Sublime Prince du Royal Secret. Au vingtième siècle, c'est grotesque.

Et puis, ce n'était pas la peine de se moquer des moutardiers du pape et des sorciers.

LE MYSTÈRE DES PRIX

Si les traitements sont diminués de dix pour cent et si le prix de la vie est réduit de douze, il est évident qu'on y gagne encore. Tout s'arrange ! Quatre commissions ministérielles s'occupent donc de faire baisser les prix.

A première vue, rien n'est plus facile. Il doit suffire de le vouloir. Un économiste (ces messieurs savent des choses extraordinaires) vient de révéler qu'un rôti de veau se vendait aussi cher à Paris qu'un veau sur pied à la campagne. Et la tête de veau ? Et le foie de veau ? et le ris de veau ? On ne nous les donne pas non plus pour rien.

Il y a là plus qu'un scandale. Il y a un mystère. Il faut résoudre sans plus tarder le problème du veau.

Le premier mouvement est de s'en prendre aux bouchers. Leur corporation est ancienne. Elle est puissante. Elle a fait, jadis, des révolutions. La tradition veut même qu'elle ait donné une dynastie à la France et que les Capétiens soient venus de l'étal. Alors vous pensez que les bouchers se mettent au-dessus des lois de la République.

Mais d'autres économistes viennent dire : « Pardon ! Entre le moment où il sort du pré et celui où il est dans votre assiette, le veau a payé vingt fois tribut au fisc. Il est devenu d'or. Ne vous en prenez pas aux détaillants. »

Cette raison n'explique pas encore que la marge soit aussi grande entre la bête vivante et la longe à rôtir. Si l'on consulte les spécialistes, ils soutiennent que la question du veau est bien plus ardue qu'un vain peuple pense. Elle n'est ni politique, ni corporative, ni financière. Elle est morale.

Il paraît qu'aujourd'hui tout le monde exige de la viande de choix. Comme le marquis gastronome de Molière, les clients demandent « une longe de veau de rivière, longue comme cela, blanche, délicate, et qui, sous la dent, soit une vraie pâte d'amande ». Personne ne veut plus les bas morceaux. Ils restent pour compte et c'est ce qui fait renchérir l'escalope.

— Ce n'est pas une question morale, c'est une question sociale, répondent d'autres docteurs. Les ménagères n'ont plus le temps de faire mijoter les mirotons. Et puis la cuisine au gaz, encore plus la cuisine à l'électricité, devient dispendieuse si l'on sort des grillades. Que voulez-vous. C'est le progrès !

Je crois surtout qu'on trouve toujours de bonnes excuses. Si seulement il était possible de vivre à bon marché en vivant à la vieille mode et, comme on disait autrefois, « à petit pot ! »

LA PROPAGANDE PAR L'ÉCOLE

Un professeur de lycée a donné comme sujet de devoir à ses élèves : « Dire ce qu'a été l'œuvre d'Aristide Briand. » Ce professeur, qui ne se rappelle pas le temps où il était lui-même sur les bancs de la classe, n'a pas l'air de se douter qu'il a fait instantanément une vingtaine d'antibriandistes.

S'il y a eu un lycéen frondeur pour rédiger cette composition, il a pu dire que l'œuvre d'Aristide Briand, c'était Hitler. En effet, le système de Briand a conduit à l'évacuation de Mayence. Dès que nous sommes partis de Mayence, les Allemands ont cessé de croire à leur défaite. Alors ils ont acclamé le chef nationaliste et envoyé les républicains dans les camps de concentration.

L'élève qui aurait fait cette réponse n'eût obtenu des félicitations que si le professeur avait apprécié l'indépendance et l'originalité. Aussi la crainte d'une mauvaise note a-t-elle produit un concert d'apologies renouvelées de Plutarque en l'honneur de l'immortel Aristide.

A quoi croit-on que cela serve ? Aiguiser l'esprit de critique et un peu de contradiction avec lequel naissent les Français.

Il monte chez nous en ce moment un grand dégoût des vieilles formules et un scepticisme manifeste à l'égard des idées qui ont cours officiellement. Les événements y sont pour quelque chose. L'exemple de Hitler et de Mussolini n'y est peut-être pas pour rien. Il arrive surtout ce qui devait arriver, c'est-à-dire qu'une autre génération a monté. Elle pense par elle-même. Et, penser par soi-même, c'est toujours réagir contre les dogmes de l'ancienne génération.

Il est bien connu que des équipes d'anticléricaux sont sorties des maisons d'éducation religieuse. Il était impossible qu'à la longue il ne sortît pas de l'Université républicaine des monarchistes et des césariens. Les écoles normales d'instituteurs, ces séminaires de la démocratie, devront fournir à leur tour un bon nombre d'incrédules et de défroqués. Ces effets de la propagande par l'école sont immanquables.

Il est vraiment curieux qu'on ait toujours tenté d'imposer l'unité de pensée à un peuple dont un des goûts les plus vifs est de penser *autrement*.

LE SIÈCLE DE LOUIS XV

L'exposition du siècle de Louis XV a un succès immense. En effet, c'est un ensemble merveilleux. On y découvre qu'il faisait bon vivre sous le « bien-aimé », qui le fut de son temps moins qu'il ne l'est du nôtre. Nous regrettons l'âge où Pompadour, diffamée comme son royal protecteur, régnait à Versailles et sur les arts.

Faites une exposition Louis XIV. Comme sous Maintenon, la France sera encore ravie. Mais Verlaine voulait remonter plus haut et rembarquer pour le moyen âge. Si nos cœurs sont « naufragés » comme le sien, ils sont moins exigeants. Pourvu qu'on nous ramène un peu en arrière, nous sommes heureux. Rendez-nous seulement 1900 !

Toute rétrospective, fût-ce celle des ballets russes, attire nos foules. Penseraient-elles, comme le poète pessimiste :

> *Le présent est plein d'odieuses choses,*
> *L'avenir est morne et désespéré ?...*

Quand on a tant de goût pour le passé, c'est qu'on ne se trouve pas très bien dans le présent et qu'on a peu de confiance dans l'avenir.

Cependant d'autres foules se sont rassemblées à Venise. Ce n'était pas pour revoir la scène du mariage des doges avec la mer. Ce n'était pas pour une exposition du Titien ou de Tiepolo. C'était pour acclamer Mussolini et Hitler.

Les deux dictateurs ont été accueillis aux sons alternés de l'hymne fasciste et de l'hymne hitlérien. *Giovinezza* n'a pas encore tourné à la rengaine. Nous, nous n'avons rien à chanter, sinon avec un nostalgique soupir, des romances d'autrefois.

Peuples qui regardent devant eux, peuples qui se réfugient dans le souvenir, peuples qui espèrent, peuples dégoûtés de ce qui est sous leurs yeux, peuples « dynamiques » et peuples « statiques »... Est-ce que ces deux mots auraient un sens vrai ?

LA BONNE COULEUR

On nous assure que, depuis le 6 février, il y a quelque chose de changé en France et qu'un grand souffle purificateur a passé. En tout cas, le procureur de la République à Saint-Omer ne l'a pas senti.

Ce magistrat debout a prononcé un réquisitoire révoltant dans une affaire où le jury, lui, a bien jugé. Fritsch et Théry étaient indiscutablement en état de légitime défense quand, menacés de mort par des agresseurs communistes, ils avaient tiré pour sauver leur vie. Les témoins étaient formels en leur faveur. Cependant, le procureur a demandé qu'ils fussent déclarés coupables de meurtre, refusant même de tenir compte de leurs antécédents magnifiques, car l'un et l'autre étaient d'anciens combattants.

Seulement, Fritsch et Théry étaient royalistes, ce qui n'a pas empêché les jurés de rendre leur verdict selon la justice que le procureur Vigneron foulait aux pieds.

Cet homme travaille pour son futur avancement. Il est visible qu'il ne l'attend pas de l'Union nationale mais de ce qui suivra. Il mise sur la rouge. Les trois bons quarts de la magistrature et les neuf dixièmes du corps préfectoral font comme lui.

Pourquoi renonceraient-ils à leur martingale ? Depuis plus de trente ans, ceux qui parient pour la gauche gagnent à coup sûr, tandis que, sur l'autre tableau, il n'y a rien à craindre ni à espérer. Le plus modeste des fonctionnaires sait que le propre d'un gouvernement modéré est de pousser la modération jusqu'à l'abandon de ses amis.

On nous parle de redressement, de réforme, d'esprit nouveau. Le procureur Vigneron et un grand nombre de ses semblables restent sceptiques. Ils continuent de jouer la couleur qui, jusqu'ici, a été la bonne.

Quand ils joueront sur l'autre, alors il y aura vraiment du neuf en France, ce qui n'arrivera pas avant que les réformateurs des mœurs et de l'État aient assez de confiance en eux-mêmes pour en inspirer à leurs propres agents.

LE MARÉCHAL LYAUTEY

Jusqu'au dernier moment, le maréchal Lyautey s'est fait lire son courrier et ses journaux. Il a même, selon son habitude, découpé les articles intéressants. Il avait reçu l'extrême-onction dans l'intervalle, ce qui ne l'empêchait pas de s'occuper de la terre.

On le reconnaît bien là. Il n'y a pas longtemps, se trouvant avec des amis qui n'étaient pas non plus très jeunes et comme on parlait d'âge, il les invita à dîner pour son centenaire.

— Quel jour ? demanda quelqu'un.

— Le 23 novembre 1954.

Le quelqu'un, qui était Louis Barthou, consulta son carnet et répondit froidement :

— Je suis libre.

Avec cela, Lyautey n'avait aucune appréhension de la mort. Le 7 février, s'il l'eût fallu, il était prêt à se mettre à la tête des anciens combattants en grand uniforme.

— Qu'est-ce que ça me fait d'être fusillé ? disait-il du même ton dont il invitait à son dîner séculaire.

Les Anglais ont cette maxime que l'on doit toujours se comporter comme si l'on devait mourir le lendemain et comme si l'on ne devait jamais mourir. Je ne sais si le maréchal connaissait le précepte, mais il l'a appliqué jusqu'au bout, le plus naturellement du monde.

Ni anxieux, ni timide, il n'avait pas peur de mourir et n'avait pas, chose non moins rare que l'autre, cette « peur de vivre » dont le diagnostic est dû à Henry Bordeaux. Il n'avait même pas peur de parler et c'est lui qui, chez le président de la République, faisait un jour cette déclaration :

— Monsieur le Président, je suis monarchiste.

Après une profession de foi aussi carrée, personne ne l'embêtait plus avec ses opinions politiques. Il se faisait respecter en disant ce qu'il avait sur le cœur.

Lyautey était un de ces hommes comme on n'en rencontre pas beaucoup et qui ont le don de rester libres dans tous les milieux et dans toutes les circonstances. Ils sont nés indépendants. Il y en a tant d'autres que la prudence rend esclaves !

RAYMOND POINCARÉ

Quelqu'un que je connais disait à Raymond Poincaré, un peu après son miraculeux sauvetage financier de 1926 :

— Monsieur le Président, les deux Napoléon avaient eu des millions de voix. Vous, vous avez eu un plébiscite de soixante milliards.

En effet, il avait suffi que Raymond Poincaré fût chargé de la conduite des affaires publiques. Sur l'heure, l'argent qui s'enfuyait revint comme par enchantement.

La signature Poincaré était la bonne, celle qui vaut de l'or, et l'on vit alors la force irrésistible de la confiance. Mais pourquoi la confiance qui se refusait à d'autres se donnait-elle à lui ?

La politique n'avait pas grand'chose à voir là-dedans. Ni les opinions de Raymond Poincaré, ni ce que tout le monde savait de son rôle depuis plus de trente ans, ni son esprit national, ni même sa réputation de grand juriste et d'ami des lois ne suffisent à expliquer l'élan qui entraîna les bas de laine et les coffres-forts. Un parlementaire dix fois plus modéré aurait pu venir sans provoquer cet afflux enthousiaste des milliards qui rétablit en quarante-huit heures une situation désespérée.

Ce n'était pas un mystère. La raison tenait à Raymond Poincaré lui-même. D'où lui venait cet immense crédit ? De son désintéressement personnel.

Sans doute on savait que, loin d'avoir trempé dans des affaires suspectes, il n'appartenait à aucune sorte d'affaire, fût-elle excellente. Il n'était administrateur nulle part. Devenu ministre très jeune, après le Panama, lorsque la République avait besoin de retrouver des réputations intactes et des mains pures, il avait toujours gardé cette intégrité. Il poussait le scrupule au point de refuser les cadeaux que font les villes de France au président qui leur rend visite.

Mais ce n'était pas assez pour appeler une si haute estime de la foule. Tandis que d'autres s'étaient enrichis au pouvoir, il s'y était ruiné ; tandis qu'ils y avaient fait fortune, il avait dépensé la sienne. Sortir des hautes charges sans posséder ni capital ni rente, n'avoir même pas fait d'économies sur ses émoluments, c'est déjà une chose rare. C'en est une plus rare encore de s'être appauvri au service de l'État. Cette réputation d'austérité répandait sur Raymond Poincaré comme un parfum antique.

Que l'argent est une bizarre créature ! Il se donne à qui le méprise. On ne fait pas injure aux Français quand on dit qu'ils sont près de leurs pièces. Ils ont du respect pour celui qui fixe à sa vie un autre but que l'enrichissement.

Cette bonne renommée nous valut, en 1926, une ceinture dorée. On vit alors ce que peut l'intervention d'un homme et à quel point elle est capable de changer les événements comme on l'avait vu en 1917, quand le président Poincaré, effaçant les rancunes, avait appelé Clemenceau. Tout près du désastre, ce fut alors un redressement, comme c'en fut un en 1926.

On a dit que la France n'était pas sûre de s'offrir toujours ces « miracles ». Ce qui est sûr, c'est qu'ils ne se font pas tout seuls et qu'il faudra toujours trouver quelqu'un pour y aider.

ATTENTION À L'ALLEMAGNE

Lorsque le maréchal Pétain, avec les idées et le caractère qu'on lui connaît, déclare que nous avons besoin de compléter nos forces défensives, on ne peut pas croire qu'il ait envie de jouer aux soldats.

Lorsque Gaston Doumergue avertit ses auditeurs, amis et concitoyens, par la T.S.F., que, même sans guerre civile, nous courons le danger de la guerre étrangère et qu'avec la guerre civile ce danger deviendrait certain, il doit savoir des choses que le commun des mortels ignore.

Lorsqu'Édouard Herriot donnait avis au congrès de Nantes que nous aurions, le 13 janvier, dans la Sarre, et à quelques autres dates, des rendez-vous aussi forcés que préoccupants, il est difficile de penser que le président du parti radical et radical-socialiste succombait soudain à un accès de militarisme et de bellicisme.

Lorsque Léopold III informe les Belges qu'une heure après l'ouverture des hostilités, Bruxelles, Anvers et Liége seraient en cendres, il est peu probable qu'il s'amuse à donner la chair de poule à son peuple.

Lorsque M. Baldwin, fumeur encore plus flegmatique qu'Édouard Herriot, révèle aux Anglais, entre deux pipes, que leur frontière est sur le Rhin, j'échappe avec peine à l'impression qu'avant de parler cet homme laconique a dû peser ses mots.

Et, d'autre part, quand je lis un peu partout que les Allemands se sont donné une aviation puissante, des engins de mort scientifiques et perfectionnés, une armée égale à celle qu'ils avaient en 1914, il me semble imprudent de parier que c'est pour la pompe et l'ostentation.

Quand le Dr Schacht suspend les paiements de l'Allemagne, je me souviens désagréablement que, sous Guillaume II, des mesures financières extraordinaires avaient précédé la mobilisation.

Quand l'auteur de *Mein Kampf*, qui recommande l'extermination de l'ennemi héréditaire, devient Führer, puis Reichführer à vie, je crains qu'il y ait excès d'optimisme à espérer que ces fonctions lui sont conférées en vue d'une églogue.

Ce sont de telles évidences que tout le monde les reconnaît. Au bout de cinq minutes, elles sont oubliées et l'on se livre à d'autres combats. Je commence à croire aussi que cela finira mal.

LES EXPÉRIENCES INTERROMPUES

Le « premier geste », comme l'on dit, de l'un des nouveaux ministres a été de porter des fleurs à la statue de son vieux patron. C'est très touchant, très gentil, très sentimental. C'est même une profession de foi. En accomplissant cet acte de piété envers Clemenceau, M. Mandel a protesté silencieusement contre l'ingratitude, enfant grognon de la cité moderne si l'ostracisme était, selon le mot de l'autre, le mot irrité de la cité antique.

L'épisode mélancolique de la vie de Clemenceau, c'est celui de sa candidature à la présidence. Le jour de l'élection, le Tigre avait fait toilette pour recevoir les félicitations et les visiteurs. On vint lui annoncer l'échec. Naguère, il était le sauveur de la patrie. Maintenant, il n'avait plus qu'un petit groupe de fidèles dans son cabinet de la rue Franklin.

Est-ce que ce n'est pas aussi l'histoire de Gaston Doumergue ? Après le 6 février, on le supplie de sortir de sa retraite. Neuf mois plus tard, il est étranglé dans un coin du sérail. La seule consolation qu'on lui offre c'est de donner son nom à une rue, en attendant l'effigie de bronze.

Mais, sapristi ! et sans compter ce qu'il y a de peu chic dans ces abandons, pourquoi ne laisse-t-on jamais un homme finir ce qu'il a commencé ?

Le traité de Versailles n'était pas fameux. On reprochait à Clemenceau de l'avoir fait. Il fallait lui dire : « Débrouillez-vous. C'est votre œuvre. Vous devez savoir le moyen de vous en servir. » Tout au moins n'eût-il pas eu le droit de se plaindre, comme ses successeurs, que l'outil était mauvais.

Gaston Doumergue avait un projet de réforme constitutionnelle. Nous ne saurons jamais ce qu'il valait puisqu'il n'aura pas été essayé. Il était bien plus simple de permettre au réformateur de la République de montrer si la République pouvait être réformée ou non.

Pendant ce temps, les Américains ont approuvé leur président par un vote triomphal. Pour eux, le mérite de Franklin Roosevelt c'est qu'il fait quelque chose. Que ce soit bon ou mauvais, on le verra bien au résultat. En attendant, il reçoit le mandat de poursuivre son expérience, tandis que, chez nous, les expériences sont toujours interrompues. Ce n'est pas la peine d'avoir des idoles pour les mettre dans un coin au bout de six mois.

L'ASSASSINAT DE KIROF

Tel un grand-duc ou même un tsar, Kirof, une des puissances de l'État soviétique, vient d'être assassiné. On dit qu'un pays ne change jamais, quel que soit son régime. Il faut que ce soit vrai puisqu'il y a toujours des nihilistes en Russie. L'assassin de Kirof était un rouge. Ce sont les bolchevicks eux-mêmes qui le disent et, du reste, ils n'ont pas dû laisser beaucoup de blancs.

Le mort a eu des obsèques solennelles, accompagnées d'un sacrifice humain. Pour venger le meurtre de Kirof, soixante-six personnes qui n'avaient rien de commun avec le crime ont été fusillées.

Quand Dora Kaplan avait tiré sur Lénine, la Tchéka avait déjà recouru à cette « terreur massive ». Alors, un cri d'horreur s'était élevé dans le monde. L'indignation de la presse française, en particulier, n'avait pas eu de limites.

L'holocauste en l'honneur de Kirof n'a rien indigné du tout. Il a passé comme une lettre à la poste. Pas une protestation. Pas un commentaire. Nous apprenons au contraire que M. Marchandeau est à Moscou, où il festoie avec nos fidèles alliés.

Pendant ce temps, on célèbre l'amitié de « Monsieur » Litvinof avec qui Louis Barthou était à tu et à toi, et qui renouvelle avec M. Pierre Laval cette réjouissante intimité. Il serait tout à fait malséant de rappeler qu'en des temps encore peu lointains le même Litvinof avait attaqué une voiture postale à Tiflis, massacré l'escorte, volé les roubles, puis, s'étant réfugié à Paris après ce beau coup, avait été l'hôte de nos prisons.

Vous ne trouverez plus un mot de tout cela dans nos journaux. Puisque nous sommes redevenus des alliés de la Russie, il ne faut plus que Litvinof soit Cartouche ni Staline Mandrin. La consigne n'est plus de les traiter de bandits mais d'hommes d'État, ce qui est accepté d'une âme égale par le lecteur.

Dans la première édition de *Mein Kampf*, Hitler avait écrit qu'en se donnant un peu de peine on pouvait faire croire aux Allemands n'importe quoi. Depuis qu'il est chancelier, il a biffé cette phrase de son bouquin. Mais pourquoi nous moquer des Allemands ? Philippe Berthelot, qui vient de mourir, professait qu'on peut faire admettre aux hommes toutes les opinions que l'on veut. Et, de la règle, il n'excluait pas les Français.

CITROËN

Un grand fabricant d'automobiles est en liquidation judiciaire. Alors, c'est à qui lui chantera pouille, sort de tous les joueurs malheureux. Mais qui donc l'avait mis en garde contre les entraînements auxquels il a succombé ?

On se récriait d'admiration devant ses agences somptueuses. Aujourd'hui seulement, on fait le compte de ce qu'avaient coûté le palais du quartier de l'Europe et celui du quartier de l'Opéra. La réclame lumineuse de la Tour Eiffel était une idée géniale. On dit maintenant : « Hein ? Croyez-vous ? Dix mille francs par jour ! » Quant à la traversée de l'Asie par l'expédition Citroën, elle a été célébrée comme une démonstration de l'audace française jusqu'au moment où l'on s'est répété avec scandale que vingt-cinq millions y avaient passé.

Combien fallait-il vendre de voitures pour rentrer dans les frais de cette publicité gigantesque ? On pose la question un peu tard. Citroën est rappelé sévèrement aux règles du doit et avoir depuis qu'il est en déconfiture. On lui fait un crime d'une mégalomanie, que les badauds ont excitée.

On ajoute même que sa faillite est celle du capitalisme. Mille pardons. C'est tout le contraire. Un vrai capitaliste met ses bénéfices de côté en vue des vaches maigres au lieu d'agrandir indéfiniment ses usines, de produire plus qu'il ne peut vendre et de s'engager au delà de ce qu'il peut gagner. Le tort de Citroën a été d'imiter l'État, qui n'adapte pas ses dépenses à ses recettes mais court après des recettes hypothétiques pour couvrir des dépenses sans cesse accrues.

Si le vaincu de cette bataille a vu trop grand, c'est comme les auteurs du plan quinquennal. Il ne reste plus qu'à exaucer le vœu de M. Léon Blum et à socialiser la populaire petite « citron ». Alors le déficit, qui est déjà gros, pourra prendre pour devise : « Où ne monterai-je pas ? »

Cependant M. Léon Blum réclame le « droit au travail » pour les dix-neuf mille ouvriers de l'entreprise déchue. Encore a-t-il fallu que ce droit fût créé. Et par qui l'a-t-il été, sinon par le patron qu'on encensait comme un « animateur » fécond avant de le honnir comme un spéculateur téméraire ?

1935

NOTRE PAIN QUOTIDIEN

Une baisse de vingt-cinq centimes par kilo de pain, ce sont nos étrennes. Elles devraient faire sensation. Je suis bien obligé de constater que les populations restent sans enthousiasme, tandis qu'à d'autres époques c'eût été un hosanna de gratitude. Car du prix de l'aliment essentiel dépendait la facilité de la vie.

Mais justement ce n'est plus l'aliment essentiel. La diminution de l'entrecôte et de l'escalope intéresse bien davantage les Français d'aujourd'hui. Ils ont perdu le goût du pain. On le leur a fait passer.

C'est qu'il est devenu exécrable. Il est sans saveur. Il est indigeste. Il ne tente plus. Oh ! pour être blanc, il est blanc. Il l'est tellement que les médecins recommandent le pain bis qu'on est obligé de faire exprès et qui coûte plus cher que l'autre. On finira par dire : « Exquis comme du pain d'orge. »

Bien entendu, personne ne comprend rien aux questions de blutage et autres qui occupent les commissions d'agriculture, ni aux débats ou aux accords des minotiers et des boulangers. Donnez-nous de bon pain, nous recommencerons à en manger pour de bon. Une pâte insipide, des morceaux d'éponge rebutent les solides consommateurs de céréales que nous avons été. Le Français ne se définira plus : « Un monsieur qui redemande du pain. »

On ajoutait : « Un monsieur décoré. » L'inflation du ruban rouge a déprécié les décorations. L'excès des emblavures a fait le blé léger, la farine médiocre, le pain mauvais, le client rétif. La quantité a été augmentée aux dépens de la qualité. Alors on a nui à la consommation par le moyen même qui aurait exigé qu'elle s'accrût.

Les économistes, les financiers et les gouvernements pâlissent sur le problème du blé et sur le problème de la vigne. C'est un seul et même problème. L'industrie et la grande production ont renouvelé la multiplication des pains. Seulement, invités à ces noces d'un Cana gigantesque, nous trouvons que ce n'est pas la peine de déranger l'ordre de la nature pour nous servir de l'immangeable et de l'imbuvable. Si ce sont tous les miracles que l'économie scientifique sait faire, il n'est pas étonnant qu'elle nous demande, en outre, de racheter ses stocks d'invendus.

LE GÉNÉRAL WEYGAND

Il fut un temps où l'on pouvait renvoyer le généralissime, contraindre Jamont ou Négrier à donner leur démission sans émouvoir sérieusement le public. Aujourd'hui on s'inquiète parce que la loi de limite d'âge est appliquée au général Weygand dans toute sa rigueur.

Pourquoi cette alarme ? Le général Gamelin, qui lui succède, peut faire un aussi bon chef et, qui sait ? encore meilleur ! Mais justement nous n'en savons rien, tandis que, pour Weygand, nous étions fixés. Et c'est de là que vient le malaise.

Évidemment, on ne peut pas faire la guerre exprès pour découvrir Annibal ou Napoléon. L'ennuyeux, c'est qu'il faut que la guerre ait eu lieu pour qu'on connaisse la valeur de celui qui a été appelé à conduire les armées. Renan disait qu'un général toujours vaincu ne saurait être un grand capitaine. Mais, tant qu'il n'y a pas eu de bataille, personne, pas même lui, ne sait si le commandant en chef est un stratège de génie ou une mazette. Les Allemands avaient eu le temps de se faire battre à la Marne avant de s'apercevoir que leur type épatant était Hindenburg.

Au moins Weygand a fait ses preuves. On dira ce qu'on voudra. Nous savons tous que, partout où il est allé, il a réussi, Que ce fût auprès de Foch, en Pologne ou en Syrie, dès qu'il était là nos affaires allaient bien. Comment n'aurions-nous pas eu confiance ? C'était expérimental pour les autres comme pour nous. Weygand en imposait au dehors au moins autant qu'à l'intérieur. Il représentait un capital non seulement de prestige mais de crainte révérentielle, ce qui est une des plus sûres garanties de la paix.

On ne change pas de chemise dans un courant d'air ni de général en chef quand Hitler vient de remporter dans la Sarre un triomphe excitant. Et c'est ce que nous nous sommes dit en apprenant que Weygand avait reçu son congé définitif sans même garder une voix au Conseil supérieur de la guerre, ce qui est un excès d'ingratitude, de muflerie et, en outre, de mépris des « compétences », comme si nous en possédions trop.

LE TYPE FLASQUE

Un des plus grands intellectuels de ce temps, un de ceux qui auraient vraiment droit à la tour d'ivoire, disait ces jours-ci devant nous :

— Je voudrais ne jamais lire un journal. Les nouvelles que j'apprends m'inspirent une sorte d'horreur. Et pourtant je ne puis ignorer que l'Allemagne guerrière s'est réveillée et nous menace.

Quatre-vingt-dix élèves de l'École normale supérieure, semblables à Grosjean qui en remontrait à son curé, ne sont pas de l'avis de ce maître. Ils ont signé une protestation contre la prolongation du service militaire et l'ont envoyée à la presse.

Leurs camarades ont rédigé une autre note où ils font remarquer que les communistes ne sont pas la majorité dans la maison de la rue d'Ulm. Ils ajoutent avec bon sens que l'École n'est qu'une « école » et que le titre de normalien ne confère pas de compétence ni d'autorité particulière en matière de politique.

C'est bien pensé et bien dit. Mais pourquoi le directeur de Normale ne se charge-t-il pas de rappeler à l'ordre les amateurs de manifestations révolutionnaires ? Il a l'air de regarder son établissement comme une simple pépinière de politiciens et comme une centre d'élevage qui favorise la reproduction des types Herriot, Blum ou Tardieu, au lieu de former des humanistes et des professeurs.

Le tapage antimilitariste et antipatriotique, qui se fait à tous les degrés de l'enseignement supérieur, secondaire ou primaire, ne durerait pas trois jours si des mesures disciplinaires étaient prises. On ne les prend pas parce que les autorités sont de cœur avec les manifestants et parce qu'il n'y a pas d'esprit public pour enjoindre aux autorités de faire leur devoir.

Lorsque les jeunes élèves de l'École normale ou les instituteurs de l'*Information sociale* signent leurs manifestes, ils se bornent le plus souvent à traduire en style prétentieux ce qu'ils ont entendu dans leur famille. Les parents disaient : « On nous embête avec l'Allemagne. Vivement la fin de ces histoires-là ! » Les enfants répétaient : « Qu'importe si nous devenons Allemands ? »

Ce n'est pas de la révolution. C'est de l'avachissement. Car l'étudiant communiste qui interprète correctement la doctrine de Moscou est le plus assidu au cours de préparation militaire et sait par quel chemin on fait marcher les petits bourgeois du type flasque.

LE DANGER AÉRIEN

Connaissez-vous la jolie petite ville d'Espalion ? Tapie dans une heureuse vallée où coule nonchalamment le Lot, huit ou neuf cents kilomètres la séparent de la frontière. S'il est un endroit où l'on puisse dormir en paix, à l'abri des bombardements aériens, il semble que ce soit celui-là. Et pourtant nous avons lu la note suivante dans le journal de la « localité » :

« La municipalité d'Espalion avise les cadres de la population civile que le lieutenant de gendarmerie donnera, dans la salle des écoles publiques, des séances d'instruction sur la défense passive contre les gaz de combat. »

Suit l'énumération des « personnes appelées à constituer les cadres de la défense passive » qui comprennent, avec les autorités, les sapeurs-pompiers et les sages-femmes, tous les citoyens qualifiés par leur compétence technique ou leur formation professionnelle ».

J'entends d'ici ceux qui vont dire que cette municipalité aveyronnaise a un petit air de Tarascon et qui penseront à Tartarin faisant la chasse aux gothas. Ils auront grand tort. Moi, je n'ai pas trouvé cela ridicule.

Je connais une cité un peu plus grande qu'Espalion et dont les habitants sont beaucoup plus exposés à se réveiller une nuit, ou plutôt à ne plus se réveiller du tout, à la suite d'une promenade au-dessus de leurs têtes. Que fait-on pour les protéger ? Qui se charge de leur apprendre à mettre des masques et même de leur indiquer les établissements publics où l'on pourra s'en munir ?

On nous parle à chaque instant de ces Byzantins qui disputaient du sexe des anges à l'heure où les Turcs donnaient l'assaut à leur ville. Il est à craindre qu'on raconte encore dans quelques centaines d'années qu'au moment où, de l'autre côté du Rhin se levait une Armada de l'air, la Chambre, au bord de la Seine, s'occupait de la péréquation des circonscriptions parisiennes.

Tout ce qu'on fait pour la ville de Paris c'est d'agiter la question de savoir si elle aura ou si elle n'aura pas dix conseillers municipaux de plus. Une belle jambe en cas d'alerte !

Mais on a peur de regarder le danger en face. On a peur d'avertir. On a peur des communistes qui sabotent les exercices de défense. On craint tout, excepté la chose horrible et redoutable : le sauve-qui-peut au milieu des cris de malédiction et de la confusion nocturne.

LES ATTARDÉS

M. Salvador de Madariaga a été à Paris, pendant quelque temps, l'ambassadeur enthousiaste et même indiscret de la République espagnole. Il ne trouvait pas les Français assez chauds pour la révolution qui avait renversé Alphonse XIII et, un soir, dans la salle du Trocadéro, il eut la fâcheuse idée de leur donner des leçons de républicanisme.

Depuis, il s'est passé, au delà des Pyrénées, des événements encore plus fâcheux et M. de Madariaga a été envoyé à Genève où il a réfléchi. Ses réflexions ont le mérite de la sincérité, non pas de l'originalité. Nous connaissons bien, en France, le type de ces révolutionnaires qui déplorent le mal quand il est fait, c'est-à-dire un peu tard. Tel ce duc qui, parlant des journées de 1830 auxquelles, dans sa jeunesse, il avait participé, disait sentencieusement : « Il fallait être aussi étourdis que nous le fûmes pour faire ce que nous fîmes. »

L'Espagne était-elle mûre pour la République ? Oh ! comme M. de Madariaga et ses amis eussent été sages de se le demander un peu plus tôt !

Aujourd'hui, ils s'aperçoivent que le régime républicain, pour ne pas les décevoir, supposait que les ouvriers ne seraient pas stupides, ni les paysans bornés, ni les bourgeois égoïstes, ni les politiciens ambitieux, et que les gouvernants seraient désintéressés. Comme ces conditions ne se sont pas trouvées en Espagne, M. de Madariaga se demande si la République répond bien à la « réalité intime » de son pays.

Que dirons-nous du nôtre ! Aux vertus qu'elle exige des peuples, la démocratie ne doit être d'aucun pays ni d'aucun temps.

Mais, sur le chemin de ces amères pensées, M. Salvador de Madariaga se demande encore si, en 1931, les auteurs de la révolution espagnole n'ont pas fait une autre sorte de gaffe. N'ont-ils pas proclamé le règne des idées libérales et démocratiques au moment où celles-ci étaient déjà entrées dans une ère de discrédit et souvent même de décadence ?

Mussolini, Hitler et même notre excellent Doumergue, revenu de ses illusions d'autrefois, font, en effet, que les républicains d'outre-monts paraissent bien démodés. « Nos révolutionnaires, dit M. de Madariaga, sont attardés dans leur révolution. » Bref, les auteurs de la République espagnole étaient, comme on dit chez nous, des « demeurés ». Je n'aurais jamais osé l'écrire sans M. de Madariaga.

LA MONARCHIE ANGLAISE

On admire et l'on célèbre avec raison le loyalisme des Anglais. Le jubilé royal vient encore de montrer que ce culte sans dissidence était en hausse. Mais, mais, mais… Il me semble qu'il n'en a pas toujours été ainsi en Angleterre.

Nous avons entendu parler d'un certain Charles Ier, dont l'exécution a précédé celle de Louis XVI et lui a même servi de modèle, ce qui, dit Paul Valéry, prouve la malfaisance de l'histoire. Un certain Cromwell, qui était assez républicain, n'est pas davantage un inconnu. Enfin, les révolutions et les renversements de dynasties sont, dans les annales anglaises, des phénomènes assez fréquents pour faire le désespoir des candidats au baccalauréat.

Et la maison d'aujourd'hui si heureusement régnante n'a pas toujours été populaire. Comme, en outre, elle était d'origine allemande, on a pu croire pendant longtemps qu'elle n'arriverait pas à se faire accepter, sans oublier que ses sujets avaient quelques autres reproches à lui faire.

On accuse encore Louis XV d'avoir perdu le Canada. Mais que dire de George le Troisième ?

Un Anglais, pilotant un jour à travers Londres un Américain, fit un profond salut en passant devant la statue de ce roi.

— Pourquoi donc saluez-vous ? fit le Yankee étonné.

Et l'autre de répondre :

— C'est un de nos plus grands monarques. Il a fait cette chose extraordinaire : il a perdu l'Amérique.

Si Victoria n'avait succédé à ces Georges calamiteux dont l'un fut même fou, personne ne sait ce que la monarchie anglaise serait devenue. L'éclat de ce règne féminin, la haute personnalité d'Édouard VII, la noble figure de George V, voilà ce qui a renoué le mariage de l'Angleterre avec sa dynastie. De sorte que l'on peut aller jusqu'à dire que, chez nos voisins, l'amour de leurs monarques est nouveau.

Le peuple anglais passe pour le plus traditionnel du monde. Au fond, il est comme les autres. Il a plusieurs traditions, et il en change. Celle du royalisme est la dernière en date, mais ses reines et ses rois y sont pour quelque chose.

LA GUERRE IDÉALISÉE

Le président de la British Legion ayant eu l'idée d'envoyer une députation à Berlin en a demandé l'autorisation au prince de Galles qui l'a approuvé en ces termes : « J'ai le sentiment que personne n'est plus qualifié pour tendre aux Allemands la main de l'amitié que nous autres, anciens soldats du front, qui avons combattu contre eux pendant la guerre mondiale et qui, aujourd'hui, avons tout oublié de ce passé. »

Nous nous permettons très respectueusement d'être d'un autre avis que le futur roi d'Angleterre.

Ce serait sans doute une plaisanterie indécente d'observer que, si tout est oublié, la British Legion n'a qu'à se dissoudre, étant donné que, par son existence même, elle rappelle des épreuves pénibles.

Quelque chose de plus sérieux semble échapper à l'attention. L'apôtre de la paix, Aristide Briand lui-même, n'y avait pas pensé quand déjà, avec Stresemann, il parlait de la camaraderie de ceux qui s'étaient durement entrechoqués sur la ligne de feu.

Que font les soldats qui furent ennemis et qui fraternisent ? D'abord, comme leurs associations elles-mêmes, ils entretiennent le culte du passé au lieu de l'abolir par le silence. Ils semblent même éprouver un certain plaisir à évoquer la gloire des combattants. C'est le mot héroïque de l'*Énéide* : « Peut-être, un jour, vous sera-t-il agréable de vous rappeler ces choses », ou, en traduction vulgaire : « Si vous en revenez, cela vous fera des souvenirs. »

Mais surtout ces anciens combattants qui se serrent la main idéalisent la guerre. Ils effacent ce qu'elle a eu de laid. Ils la font paraître sous l'aspect généreux et noble. Ils exaltent le sentiment de l'honneur militaire. Ils ressuscitent la chevalerie.

Pendant les hostilités, le kronprinz faisait des politesses aux généraux français qui commandaient en face de lui et leur envoyait son portrait avec une dédicace aimable. Alors, ces marques d'estime par-dessus les tranchées étaient mal reçues. On répondait : « Pas de Fontenoy ! Messieurs les Allemands, il ne fallait pas tirer les premiers. Votre guerre n'est plus la guerre courtoise ni la guerre en dentelles. »

Est-ce qu'à son insu le prince de Galles ne serait pas, comme son cousin Hohenzollern, sous l'influence des vieilles traditions ? Il est beau que de vieux adversaires s'honorent à la façon des Russes et des Français après le siège de Sébastopol. C'est peut-être trop beau car c'est aussi le moyen d'honorer et d'offrir en exemple ce qu'ils ont fait, sans compter que le salut de l'épée suppose qu'on tient encore l'épée.

LA REVUE DU QUATORZE JUILLET

Je ne sais qui a eu le premier l'idée de faire voler six cents avions au-dessus de Paris, le matin du 14 juillet, mais c'était mieux qu'une idée de gouvernement. C'était une inspiration.

Ce déploiement d'ailes, tout le monde a été obligé de le voir. Et que personne ne fasse le malin. A ce spectacle splendide, les plus endurcis ont senti entre leurs côtes la petite pince des saintes émotions.

Il est bien d'avoir élevé les pensées de la foule en même temps que ses yeux. Qu'y avait-il là-haut, dans l'ordre puissant de cette Armada de l'air ? Des Français qui ne réclamaient pas au nom des fameux « droits acquis » mais qui faisaient leur devoir et qui sont prêts à le faire encore. Service commandé ! Tout, par bonheur s'est passé sans accident, mais cette revue aérienne pouvait coûter quelques vies. Elles s'étaient sacrifiées d'avance. Tandis que le mot « revendication » traînait sur la terre, « dévouement » s'inscrivait au ciel.

Nous avons tous senti, à cette heure-là, que le pays était défendu et qu'il y avait, pour le défendre, des caractères, des courages, des hommes, enfin, qui protègent les antimilitaristes comme les autres et garantissent aussi les jours du professeur Langevin, du professeur Rivet et du professeur Perrin. Les véritables idéalistes, ce sont les soldats de la phalange aérienne qui veillent sur leurs obscurs blasphémateurs.

L'allégorie était éclatante. Elle était magnifique. Elle parlait au cœur et à l'esprit de tous. Encore une fois, les compliments ne doivent pas être marchandés à ceux qui l'ont conçue.

C'est une leçon qu'ils ont donnée. Puissent-ils en profiter eux-mêmes et retenir que, pour gouverner un grand pays, il ne suffit pas d'être retors et procédurier, démagogue et complaisant. Les sentiments nobles existent. Ils comptent aussi. Pourquoi s'adresser toujours à ce qui est bête et bas ? L'avenir appartient peut-être à ceux qui sauront regarder un peu au-dessus du niveau du sol, tout simplement.

LA MORT DE LA REINE ASTRID

La mort tragique de cette jeune reine qui semblait sortie d'un conte de fées scandinave ou d'une légende du Nord nous a consternés presque autant que les Belges. Nous avons été émus comme après l'accident mortel d'Albert Ier. On dirait que, faute de souverains à eux, les Français adoptent ceux de leurs voisins.

Épouse aimée, heureuse mère, la reine Astrid, dont le tragique destin arrache des larmes, offre une image touchante. Mais, en apprenant l'accident de Lucerne, tout le monde s'était écrié : « Et le roi ? »

Le hasard a épargné Léopold III qui courait le même danger. On frémit en pensant que, lui aussi, il aurait pu périr. Il avait juste l'âge d'homme pour succéder à son père. Après lui, il ne fût resté qu'un petit prince de cinq ans et pour la Belgique, dont la dynastie fait le ciment, les incertitudes d'une longue régence.

Alors une question vient à l'esprit. Ceux qui ont charge d'âmes, ceux qui ont la charge de millions d'âmes ont-ils le droit de risquer leur existence ? C'est bien assez qu'ils soient, comme Alexandre Ier, exposés aux coups des assassins. Le sport est homicide. En dix-huit mois, il a frappé cruellement la famille royale de Belgique.

Jadis, il n'eût pas été permis aux rois de France de faire de l'alpinisme. La chasse à courre était le seul exercice qu'on leur accordât. Hors cela ils étaient sous bonne garde à Versailles et quelque chose de ces traditions subsiste, puisque les hôtes de l'Élysée se plaignent tous de la surveillance dont ils sont l'objet et qui est probablement insuffisante puisque deux présidents ont déjà été assassinés.

Rois et chefs d'État ont toujours eu horreur de Madame l'Étiquette dont ils sont les premières victimes. Après les ascensions dangereuses, la motocyclette était le plus grand plaisir d'Albert Ier, et Léopold III, le jour de l'accident, conduisait sa voiture lui-même. C'est ainsi que les forçats de la couronne, comme les appelait Proudhon, se donnent l'illusion d'être libres.

C'est tout naturel. Seulement, au lieu de les retenir, la badauderie universelle les félicite de leur simplicité démocratique. Et puis, quand un malheur arrive, c'est tout juste si on ne leur reproche pas d'être trop casse-cou.

LES GRANDS COMMIS

Lorsque les frères Cambon furent devenus ambassadeurs après une brillante carrière administrative, Jules dit un jour à Paul :

— Sais-tu bien qu'aujourd'hui nous ne pourrions plus être préfets ?

Des années passèrent encore et aussi des événements. Paul était mort. Jules avait pris sa retraite. Et il disait, en regardant le train des choses avec son indulgence railleuse :

— Aujourd'hui, ni Paul ni moi ne pourrions être ambassadeurs.

Il était difficile d'exprimer plus finement la décadence du régime. Aux obsèques de Jules Cambon, on pensait que la République avait eu bien de la chance de rencontrer de pareils hommes pour la servir mais qu'elle avait fait tout ce qu'elle avait pu pour ne plus en retrouver.

Les frères Cambon étaient républicains dès le temps de M. Thiers, c'est-à-dire depuis le commencement, ce qui signifie qu'il y a belle lurette qu'ils ne l'étaient plus assez. Pour cette raison, l'État républicain se serait passé des services de ces deux hommes remarquables s'ils étaient nés deux ou trois douzaines d'années plus tard.

Quant à la diplomatie, longtemps laissée à peu près hors de l'atteinte des politiciens, Jules Cambon la voyait envahie à son tour. Il est inutile de se plaindre qu'il n'y ait plus de grands ambassadeurs lorsque les gens du métier n'avancent guère qu'à la condition de donner des gages et, bien souvent, sont privés de leur bâton de maréchal par quelque parlementaire en mal de promotion mondaine.

Car il est arrivé une chose dont s'amusait l'ironie de Jules Cambon, le plus simple des hommes, qui avait tout vu et à qui les grandeurs n'en imposaient pas. Les fonctions diplomatiques sont devenues la savonnette à vilain de la démocratie et l'ambition des vieilles coquettes du sénat et de la Chambre qui rêvent de ne pas mourir sans avoir été appelées Excellences.

LES SANCTIONS

En somme, on n'a pas réussi à attendrir le monde en faveur de ce pauvre Négus dont les sujets, il y a moins de six mois, massacraient l'administrateur français Bernard et son escorte.

On n'a pas trouvé non plus de volontaires pour s'enrôler d'enthousiasme dans ses armées, ce qui est pourtant le signe le plus visible des justes causes.

Mais enfin, supposons que celle de l'Éthiopie eût été meilleure et digne de plus d'intérêt. Eh bien ! ce serait tout simplement affreux.

Il y a déjà plus de trois semaines que les Italiens ont commencé leur offensive. Il y a bien plus longtemps qu'ils accumulaient des troupes et du matériel. Il n'était douteux pour personne qu'ils préparaient la guerre. Qu'a fait la Société des Nations ? Rien du tout. Elle ne s'est occupée de l'affaire que le jour où l'attaque a commencé.

Et même à partir de ce jour-là, l'Italie, désignée comme l'agresseur, a été parfaitement libre de mener ses opérations militaires comme elle l'entendait. On annonce maintenant que les sanctions économiques ne seront appliquées — si elles sont applicables — qu'à partir du 31 octobre.

C'est à peu près le temps qu'il avait fallu aux Allemands, en 1914, pour arriver à vingt kilomètres de Paris.

On dira que la France a fait des objections à l'action collective et qu'elle a paralysé la machine à faire la guerre à la guerre. Soit ! Mais alors il y a gros à parier que, dans un autre cas, encore plus grave, il y aura toujours un pays pour discuter les ordres de la Société des Nations. La victime pourra, cette fois, être vraiment intéressante. Elle n'en sera pas moins égorgée.

Si la S. D. N. a été faiblarde dans la circonstance, que dire des marchands de canons ? Comment ! Il y avait des années qu'on nous disait que l'industrie lourde menait le monde à la guerre et elle n'a pas été fichue de faire jouer les sanctions militaires contre l'Italie ? Elle a laissé passer l'occasion d'un immense conflit et de bénéfices incalculables ? Les marchands de canons, considérés comme la première des puissances occultes, me paraissent bien surfaits.

LA RÉVOLUTION BELLIQUEUSE

L'autre jour, le groupe radical-socialiste délibérait pour savoir s'il devait, à la requête de ses alliés du Front populaire, renverser Pierre Laval coupable de chercher un accord avec l'Italie, lorsqu'un M. Chichery, député du département rural, je crois, de l'Indre, s'écria :

— Nos populations paysannes ne nous ont pas élus pour faire la guerre, fût-ce au nom de la Société des Nations !

Cette parole simple est la plus profonde et, ma foi, la plus vraie que l'on ait prononcée depuis longtemps. Les ruraux, qui sont toujours chez nous la masse la plus compacte, continuent de dominer la politique française et ils détestent les partis belliqueux.

L'accusation de bellicisme est celle que la gauche, pendant plus d'un demi-siècle, n'a cessé de porter contre la droite avec un succès constant. Pour renverser des majorités modérées, le cartel n'avait pas besoin de se mettre en frais d'imagination, il lui suffisait d'écrire sur les murs : « Poincaré la guerre » ou « Tardieu la guerre. »

Les modérés ont une bonne occasion de rétorquer que le Front populaire, c'est la guerre. Cette occasion, ils sont capables de la laisser passer parce qu'au jeu des idées ils ne sont pas très malins.

Et pourtant les mots, les idées, les positions mêmes passent d'un parti à l'autre avec la plus grande facilité. Nous avions déjà vu, le 6 février, des apprentis dictateurs prêts à monter un coup d'État de gauche. Nous voyons aujourd'hui les socialistes et les communistes qui, hier, avec ce bon M. Kellogg, condamnaient la guerre « comme instrument de politique nationale », et qui la prônent aujourd'hui comme instrument de politique internationale.

Le parti républicain a été longtemps belliqueux. La Révolution a été belliqueuse. L'Empire, acclamé au plébiscite après avoir promis la paix, s'est écroulé dans la guerre que la troisième République n'a pas évitée en niant qu'elle fût possible. Les électeurs de M. Chichery, qui paient chaque fois les pots cassés, sont las de ces déboires. Mais ils feront bien de se méfier.

1936

Un historien de la Révolution a dit de Marat qu'à force de soupçonner et de croire au mal il arrivait à la clairvoyance. Mais Marat n'était pas d'ici. Par bienveillance, sociabilité, optimisme, les Français refusent généralement de croire au mal.

Ainsi ils admettent difficilement l'idée que l'étranger intervient dans nos affaires intérieures. Il leur semble toujours que c'est du roman historique. Et pourtant !

Quelques-uns avaient dit que si Pierre Laval avait des ennemis aussi acharnés c'était principalement à cause de son absence d'enthousiasme pour la nouvelle alliance russe. Ils avaient dit encore que le mot d'ordre des hommes de Moscou au Front commun était de renverser Laval, à n'importe quel prix et dans n'importe quelles conditions. Qu'est-il arrivé ?

Pierre Laval a été renversé, non sans peine. Et le Front commun s'est écrié : « C'est tout ce que nous voulions. » Il n'a même pas fait attention au successeur. Il a voté et fait voter pour Albert Sarraut.

Voilà un premier point acquis et une indication déjà assez nette. La seconde indication n'est pas moins claire. En effet, la ratification du pacte avec les Soviets est au programme du nouveau ministère et elle est inscrite à l'ordre du jour d'une prochaine séance.

Autrefois, au temps du tsar et de Félix Faure, les ministères qui se sentaient menacés se glorifiaient d'avoir resserré les liens de la France avec la grande nation amie et alliée, ce qui réussissait souvent à les tirer d'un mauvais pas. Aujourd'hui, il faut presque une révolution, il faut une révolutionnette pour que l'alliance russe soit renouvelée.

Il est malheureusement trop clair que les fêtes de jadis, les revues de Bétheny et de Cronstadt, les toasts aux glorieux souverains russes n'ont pas fini dans les chants et les apothéoses. Alors, les Français étaient devenus rétifs, il a fallu inventer le Front commun pour les ramener dans le giron de la Russie.

Et une autre fois, comment l'histoire se terminera-t-elle ?

J'ai grand peur de le deviner. Pour pouvoir faire enfin la paix avec l'Allemagne, les Russes avaient renversé puis égorgé le tsar fidèle à l'Entente. Ils sont très capables, à la prochaine occasion, de pendre Staline et d'aller chercher un empereur quelque part pour nous laisser encore la guerre sur les bras.

TABLE DES MATIÈRES

1925

1926

1927

1928

1929

1930

1931

1932

1933

1934

1935

1936

Ce volume,
le cinquantième
de la collection « le goût des idées »,
publié aux Éditions Les Belles Lettres,
a été achevé d'imprimer
en mars 2015
sur les presses
de l'imprimerie SEPEC
01960 Péronnas, France

Numéro d'impression : 05425150306
Numéro d'éditeur : 8075
Dépôt légal : avril 2015

JACQUES
BAINVILLE